Frank Drescher

Grundmodelle Geistlicher Begleitung

D1666809

Theologia mundi ex urbe

Römische Studien/Roman Studies

Kleine Schriften/Collected Papers

herausgegeben von
edited by

Prof. P. Dr. Markus Graulich SDB

Università Pontificia Salesiana, Roma

und/and

Prof. Dr. Markus Tymister

Pontificio Ateneo S. Anselmo
Pontificio Istituto Liturgico, Roma

Band/Volume 1

LIT

Frank Drescher

Grundmodelle Geistlicher Begleitung

Eine kritische Betrachtung
im Lichte des II. Vatikanischen Konzils

LIT

Umschlagbild:
Daniel Bonnell: *The Road to Emmaus II* (Oil on canvas, 2016)
Mit freundlicher Genehmigung des Künstlers. https://bonnellart.com/

Gedruckt auf alterungsbeständigem Werkdruckpapier entsprechend
ANSI Z3948 DIN ISO 9706

Bibliografische Information der Deutschen Nationalbibliothek
Die Deutsche Nationalbibliothek verzeichnet diese Publikation in der
Deutschen Nationalbibliografie; detaillierte bibliografische Daten sind
im Internet über http://dnb.dnb.de abrufbar.

ISBN 978-3-643-91336-4 (br.)
ISBN 978-3-643-96336-9 (PDF)

© LIT VERLAG GmbH & Co. KG Wien,
Zweigniederlassung Zürich 2020
Flössergasse 10
CH-8001 Zürich
Tel. +41 (0) 76-632 84 35   E-Mail:
zuerich@lit-verlag.ch   http://www.lit-verlag.ch
Auslieferung:
Deutschland: LIT Verlag, Fresnostr. 2, D-48159 Münster
Tel. +49 (0) 2 51-620 32 22, E-Mail: vertrieb@lit-verlag.de

Meinen Lehrern
in tiefer Dankbarkeit

Editorial

An keinem anderen Ort der Welt treffen Studentinnen und Studenten der Theologie aus der ganzen Welt so konzentriert aufeinander, wie in Rom. Theologie Studieren in Rom ist immer eingebunden in eine Auseinandersetzung mit unterschiedlichen Kulturen und ermöglicht gerade dadurch einen für die Theologie fruchtbaren akademischen Diskurs. Die Reihe *Theologia mundi ex Urbe. Römische Studien/Roman Studies* möchte genau diese Vielfalt aufgreifen und veröffentlicht Forschungsergebnisse der in Rom an den unterschiedlichen Fakultäten Lehrenden und Studierenden, die einen wirklichen Beitrag in ihrem jeweiligen Fachgebiet bieten. Die in den unterschiedlichen Sprachen der römischen Fakultäten veröffentlichten Arbeiten spiegeln die Internationalität der römischen Theologie wieder. Begleitet wird die Reihe von der Serie *Theologia mundi ex Urbe. Kleine Schriften/Collected papers,* die die Möglichkeit bietet, auch Lizenzarbeiten, die einen Beitrag zur theologischen Forschung leisten, zu veröffentlichen.

Die Reihe soll Wissenschaftlern und theologisch Interessierten Zugänge zum breiten Fundus der römischen Theologie erleichtern und Impulse für die Weiterarbeit ermöglichen. Der *LIT Verlag* kann dieses Anliegen durch seine differenzierte theologische Programmarbeit samt internationaler und transdisziplinärer Ausrichtung positiv verstärken.

Non c'è un altro luogo al mondo in cui le studentesse e gli studenti di teologia di diversa provenienza si incontrano in modo così concentrato come a Roma. Lo studio della teologia a Roma è sempre inserito in un confronto con culture diverse e proprio per questo consente un proficuo discorso accademico per la teologia. La collana *Theologia mundi ex Urbe. Römische Studien/Roman Studies* si propone di cogliere proprio questa pluralità e pubblica i risultati delle ricerche di docenti e studenti delle diverse facoltà romane, che offrono un contributo vero alla ricerca scientifica nei rispettivi campi di studio. Le opere pubblicate nelle diverse lingue delle facoltà romane riflettono l'internazionalità della teologia romana. Inoltre, la collana è accompagnata dalla serie *Theologia mundi ex Urbe. Kleine Schriften/Collected papers*, che offre la possibilità di pubblicare anche tesi di licenza che offrono un vero contributo alla ricerca teologica.

La serie ha lo scopo di facilitare l'accesso all'ampio alveo della teologia che si studia a Roma, per gli studiosi e per i semplici cultori della materia e di fornire nuovi scenari di ricerca per ulteriori lavori. La casa editrice LIT-Verlag può rafforzare questo obiettivo con un programma teologico differenziato grazie a un'impostazione internazionale e transdisciplinare.

There is no other place in the world where students of theology from all over the world meet in such a concentrated way as in Rome. Studying theology in Rome always takes place in the context of an encounter with different cultures, and thus enables a fruitful academic discourse for theology. The series *Theologia mundi ex Urbe. Römische Studien/Roman Studies* aims to take advantage of this diversity and publishes those research results of teachers and students from the various Roman faculties which offer a real contribution in their respective fields. The works published in the different languages of the Roman faculties reflect the international aspect of Roman theology. The major series is accompanied by a minor series, *Theologia mundi ex Urbe. Klein Schriften/Collected Papers*, which offers the possibility of publishing license theses that make a contribution to theological research.

The series is intended to facilitate access to the broad fund of Roman theology for scholars and those interested in theology, and to provide stimuli for further work. The publishing house *LIT-Verlag* is able to strengthen this objective in a positive way through its differentiated theological program, with its international and multi-disciplinary approach

Il n'y a pas un autre lieu dans le monde où il y a une forte concentration d'étudiants en théologie venus de divers horizons qu'à Rome. L'étude de la théologie à Rome s'inscrit toujours dans une confrontation avec des cultures différentes et enrichit le discours théologique. La série *Theologia mundi ex Urbe. Römische Studien/Roman Studies* a justement pour objectif de tenir compte de cette pluralité et publie les résultats des recherches des enseignants et des étudiants des différentes facultés de Rome, qui offrent une réelle contribution dans leurs domaines respectifs. D'ailleurs, les ouvrages des facultés romaines publiés dans les différentes langues sont le reflet du caractère international de la théologie à Rome. En plus, la série est accompagnée de la série *Theologia mundi ex Urbe. Kleine Schriften/Collected papers*, qui offre la possibilité de publier des thèses de licence qui apportent une contribution efficiente à la recherche théologique.

Cette série est aussi destinée à faciliter l'accès au vaste champ de la théologie romaine aux chercheurs et aux personnes intéressées par la théologie en vue de lui donner une impulsion pour de nouvelles recherches. La maison d'édition *LIT-Verlag* veut répondre positivement à cette préoccupation grâce à ses différentes contributions théologiques, incluant une orientation internationale et interdisciplinaire.

Die Herausgeber

Inhaltsverzeichnis

XIV

Vorwort zur Drucklegung und Danksagung

Die vorliegende Studie wurde im Sommersemester 2019 als Lizentiatsarbeit im Studiengang Theologie der Spiritualität am Institut für Spiritualität der Päpstlichen Universität Gregoriana verfasst und im September desselben Jahres angenommen. Für die Drucklegung im LIT Verlag wurde das Manuskript noch einmal durchgesehen und an einigen Stellen sprachlich und orthographisch verbessert sowie an das vorgegebene Druckformat angepasst. Außerdem wurden die letzten Abschnitte des Schlusskapitels noch einmal überarbeitet und um einige Details erweitert.

Ich danke an dieser Stelle noch einmal ganz herzlich allen, die mich beim Abfassen dieser Arbeit begleitet und mit Rat und Tat unterstützt haben. Den Herren Professoren Markus Tymister und Markus Graulich danke ich für die Aufnahme meiner Arbeit in die von ihnen herausgegebene Schriftenreihe: „Theologia mundi ex urbe. Römische Studien/ Roman Studies. (Kleine Schriften/Collected Papers)". Herrn Dr. Michael J. Rainer vom LIT Verlag möchte ich für die freundliche Unterstützung bei der Drucklegung dieser Schrift danken. Ebenfalls danke ich den Verantwortlichen im Erzbistum Dublin, allen voran meinem Erzbischof Dr. Diarmuid Martin, die mit ihrer großzügigen finanziellen Unterstützung die Veröffentlichung dieser Arbeit überhaupt erst ermöglicht haben.

Abschließend möchte ich Herrn Pfarrer Joe McDonald und den Gläubigen in der Pfarrei St. Patrick and St. Bridget in Celbridge und Straffan im County Kildare danken, die mich während meines Diakonatspraktikums in Vorbereitung auf die anstehende Priesterweihe in vielfältiger Weise gelehrt haben, was es heißt, als Seelsorger in einer zeitgenössischen Großpfarrei mit all ihren Herausforderungen, aber auch Segnungen zu dienen. Ich bin von Herzen dankbar für die Möglichkeit, nun in die Praxis umsetzen zu dürfen, was ich über viele Jahre im Priesterseminar bzw. im Hochschulstudium gelernt habe.

Celbridge im Juli 2020,

Frank Drescher

Geleitwort von Prof. Dr. Mihály Szentmártoni SJ

Die Geistliche Begleitung nimmt in der zeitgenössischen Theologie der Spiritualität eine ganz zentrale Rolle ein. Dies gilt auch und besonders für die Forschung und Lehre am Institut für Spiritualität der Päpstlichen Universität Gregoriana, wo ich bis zu meiner Emeritierung im vergangenen Jahr die Ehre und auch das Vergnügen hatte, mich über beinahe drei Jahrzehnte hinweg als Hochschullehrer für Pastoralpsychologie an der Ausbildung einer Vielzahl an Geistlichen Begleitern aus aller Welt zu beteiligen.

Frank Dreschers Lizentiatsarbeit mit dem Titel: „Grundmodelle Geistlicher Begleitung. Eine kritische Betrachtung im Lichte des II. Vatikanischen Konzils", war die letzte wissenschaftliche Arbeit im Studiengang Theologie der Spiritualität, die ich zum Abschluss meiner langen akademischen Karriere betreuen durfte. Und ich kann mit Freude und auch mit einigem Stolz sagen, dass sie eine der besten Arbeiten ist, die mir bislang zur Begutachtung vorgelegt worden sind.

Die Qualitäten seiner Arbeit sind zahlreich und es würde zu viel Raum einnehmen, sie an dieser Stelle alle gesondert aufzuzählen. Hervorheben möchte ich jedoch die umfassende Definition der Geistlichen Begleitung im ersten Teil der Arbeit sowie ihre Abgrenzung von anderen Formen helfender Gespräche, wie z.B. der Psychotherapie oder dem Mentoring. Diese Klarstellung bzw. Unterscheidung ist sein besonderer Verdienst.

Herrn Drescher ist außerdem eine gründliche Auswertung der thematisch relevanten Dokumente des II. Vatikanischen Konzils sowie des Codex Iuris Canonici und des Katechismus der Katholischen Kirche gelungen, wobei Herr Drescher insbesondere bei Letzterem einen originären wissenschaftlichen Beitrag geleistet hat. Die vier von ihm hieran anschließend erforschten Grundmodelle Geistlicher Begleitung haben eine besondere Relevanz für das kirchliche Glaubensleben, was den Ergebnissen seiner Arbeit auch eine praktische Bedeutung für die Seelsorge verleiht.

Die von Herrn Drescher für seine Arbeit zusammengestellte Bibliographie ist umfassend und auf dem aktuellen Stand der Forschung. Sie ist für jeden interessierten Leser, der sich eingehender mit der behandelten Thematik beschäftigen möchte, von großem Nutzen.

Alles in allem ist Herrn Drescher ein wissenschaftlicher Beitrag gelungen, der für die theologische Forschung sowie die Ausbildung künftiger Geistlicher Begleiter am Institut für Spiritualität der Päpstlichen Universität Gregoriana von großem Nutzen sein kann. Ich gehe sogar so weit zu sagen, dass sich diese Arbeit aufgrund ihrer inhaltlichen Qualität und Breite als Lehrbuch der Geistlichen Begleitung für die Ausbildung künftiger Seelsorgerinnen und Seelsorger eignet. Das ihm zuerkannte Prädikat „summa cum laude" hat er sich wohlverdient.

Ich gratuliere Herrn Drescher ganz herzlich zur Aufnahme seiner Arbeit in die Reihe „Theologia mundi ex urbe. Römische Studien/Roman Studies. (Kleine Schriften/Collected Papers)" des LIT Verlages und wünsche ihm für seine weitere Zukunft als Seelsorger im Erzbistum Dublin sowie als Geistlicher Begleiter von Herzen alles Gute und Gottes reichen Segen.

Rom, am Gedenktag des hl. Ignatius von Loyola 2020,

Prof. Dr. Mihály Szentmártoni SJ
Professor emeritus für Pastoralpsychologie
Institut für Spiritualität der Päpstlichen Universität Gregoriana

Vorwort

Die Vorgeschichte zu dieser wissenschaftlichen Arbeit reicht inzwischen einige Jahre zurück, – 13 Jahre, um genau zu sein. Es war im Sommer 2006. Damals befand ich mich in Gesprächen mit den deutschen Dominikanern, um für mich herauszufinden, ob ich vielleicht eine dominikanische Berufung haben könnte.

Eines dieser Gespräche führte ich mit dem damaligen Postulatsleiter, Pater Cletus. Wir redeten über mich und meinen persönlichen Hintergrund, und was genau mich an den Dominikanern faszinierte. Irgendwann wurde es konkreter und Pater Cletus fragte mich, wie ich mir denn mein Leben als Dominikaner im Falle eines Eintritts so vorstellen würde. Er wollte auch wissen, ob es vielleicht irgendeinen Seelsorgebereich gebe, in dem ich später einmal als Priester besonders gerne arbeiten würde. Ich kannte die Dominikaner inzwischen ein wenig und sprach alle möglichen Optionen an, je nachdem, was der Orden nach meiner Priesterweihe gerade am besten brauchen könne. Pater Cletus überlegte kurz und sagte dann etwas, womit ich zu jenem Zeitpunkt niemals gerechnet hätte: „Ich glaube, wir werden dich zum Geistlichen Begleiter ausbilden. Du bist jemand, der immerzu mit Gott ringt, aber doch niemals los lässt. Du kennst den Zweifel und die Hoffnung, und hast auch ein Verständnis für die Natur des Menschen. Ja, ich glaube, wir sollten dich zu einem Geistlichen Begleiter machen." Am Ende kam es anders und ich bin nicht bei den Dominikanern eingetreten. Aber Pater Cletus' Worte haben mich nie losgelassen. Sie sollten sich in gewisser Hinsicht als prophetisch erweisen.

Hier und heute, viele Jahre und so manche Umwege später, bereite ich mich auf das Priesteramt für das Erzbistum Dublin vor. Mein Erzbischof, Dr. Diarmuid Martin, eröffnete mir im Sommer 2017 sehr großzügig die Möglichkeit, an der Pontificia Università Gregoriana für ein theologisches Lizentiat zu studieren und ließ mir die freie Wahl der Spezialisierung. Dem Charisma folgend, welches Pater Cletus damals bei mir erkannte, entschied ich mich für den Studiengang in Theologie der Spiritualität. Durch diesen Studiengang war mir die Möglichkeit gegeben, mich auf Pastoralpsychologie zu spezialisieren, welche den Bereich der Geistlichen Begleitung mit einschließt.

Bei der Suche nach einem Thema für meine Lizentiatsarbeit vor gut einem Jahr schwebte mir ein Vergleich zwischen monastischen und ignatianischen Ansätzen in der Geschichte der Geistlichen Begleitung vor. Mein geschätzter Lehrer und akademischer Mentor, Prof. Mihály Szentmártoni SJ, machte mir einen anderen Vorschlag. Er gab mir einen Text über Modelle Geistlicher Begleitung zu lesen und weckte damit mein Interesse an diesem noch wenig erforschten Thema in der Pastoralpsychologie. Bei meinen Recherchen stellte sich heraus, dass es inzwischen eine ganze Reihe solcher Modelle gibt, die sich zudem unterschiedlichen Kategorien zuordnen lassen. Ich musste nun entscheiden, ob ich für den begrenzten Rahmen einer solchen Abschlussarbeit viele Modelle oberflächlich beschreiben möchte, oder ob ich nur einige wenige auswähle, dafür aber in die Tiefe gehe und sie von dort her ausleuchte. Ich entschied mich für letztere Option.

Bei der Vorauswahl für diese Arbeit stachen vier Modelle Geistlicher Begleitung besonders hervor, die konsistent, erprobt, vielfach bewährt und fest in der Tradition und Praxis der Kirche verankert waren: Das Emmaus-, das charismatische, das sakramentale und das juridisch-dogmatische Modell. Es lag also nahe, diese Modelle für eine genauere wissenschaftliche Betrachtung in einer Lizentiatsarbeit auszuwählen. Als theologische Folie für diese Betrachtung bot sich das II. Vatikanische Konzil an, das nicht nur eine grundlegende Erneuerung der Theologie und des kirchlichen Lebens mit sich brachte, sondern auch in seinen Dokumenten den besonderen Wert der Geistlichen Begleitung für jeden einzelnen Christen immer wieder hervorhob. Da die Arbeit im Fach Pastoralpsychologie geschrieben werden sollte, musste die Thematik naturgemäß um eine psychologische Fragestellung erweitert werden. So kristallisierte sich über einen mehrmonatigen Prozess eine konkrete Themen- und Fragestellung heraus, nach der diese Arbeit in den vergangenen Monaten verfasst werden konnte. Nun, am Ende eines nicht immer ganz einfachen Produktionsprozesses, reiche ich sie zur Begutachtung ein und hoffe, dass ich mit ihr einen kleinen Beitrag zum wissenschaftlichen Erkenntniserwerb in der Spirituellen Theologie und Pastoralpsychologie geleistet habe.

Mein Dank an dieser Stelle gilt zuallererst meinem Erzbischof, Dr. Martin, der mir im festen Glauben an mich und meine Fähigkeiten die

Gelegenheit zum Abschluss meiner Priesterausbildung am Pontifical Irish College sowie zum Studium an der Pontificia Università Gregoriana gab. Ebenso möchte ich dem Rektor des Irish College, Msgr. Dr. Ciarán O'Carroll von Herzen danken, der mich in den vergangenen zwei Jahren unermüdlich unterstützt und ermutigt hat.

Meinen ganz besonderen Dank möchte ich nicht zuletzt auch meinem akademischen Lehrer und Mentor Prof. Mihály Szentmártoni SJ aussprechen, der mich in den vergangenen zwei Jahren sehr viel Heiliges, Nützliches und Kluges gelehrt hat, auch außerhalb der akademischen Theologie und Pastoralpsychologie. In diesen Dank schließe ich auch meine anderen Professoren am Istituto di Spiritualità mit ein, die mich oft nicht nur durch ihre große Fachkompetenz, sondern auch durch ihre Menschlichkeit und Herzlichkeit zutiefst beeindruckt haben. Ihr Vorbild wird mich für mein weiteres christliches Leben begleiten.

Nicht vergessen möchte ich an dieser Stelle meine beiden Freunde Dr. Patrick Blömeke und Andreas Bokelmann, die mit schier unerschöpflicher Hilfsbereitschaft und Geduld sowie mit vielen wertvollen Rückmeldungen und Ratschlägen diese Lizentiatsarbeit für mich korrekturgelesen haben. Möge Gott sie hierfür segnen.

Rom, im September 2019,

Frank Drescher

1. Allgemeine Einführung in die Thematik und Fragestellung dieser Arbeit

1.1 Zum Hintergrund bzw. zur Relevanz des gewählten Themas

In der uralten Institution der Geistlichen Begleitung ist der Kirche ein Schatz anvertraut worden, der in seinem Wert für das spirituelle Wachstum und die Reifung eines Christen, nach dem Zeugnis der Tradition und des kirchlichen Lehramts sogar *eines jeden* Christen, gar nicht überschätzt werden kann. Nach einer Phase der Krise und des Niedergangs, vor allem in den 1960ern, hat sich in den vergangenen Jahrzehnten ein regelrechter „Boom" um das Angebot und die Möglichkeiten der Geistliche Begleitung entwickelt.[1] Die seit den 1980er Jahren veröffentlichte Literatur zum Thema füllt ganze Bücherschränke, und in den vergangenen Jahren hat eine zunehmende Professionalisierung der Funktion des Geistlichen Begleiters stattgefunden. Die Zahl der Kurse in Geistlicher Begleitung ist inzwischen unüberschaubar geworden und geht über alle Konfessionsgrenzen hinweg.[2]

Dahinter steht sicherlich das allgemein-gesellschaftliche, durch veränderte Sozialstrukturen und eine fortschreitende Individualisierung des Subjekts hervorgerufene Bedürfnis nach Einzelberatung und -begleitung, oft verstärkt durch ein Gefühl der existentiellen Einsamkeit.[3] Daraus erwächst bei vielen Menschen ein intensiver Wunsch nach Kommunikation mit einem menschlichen Gegenüber, welches fähig und bereit ist, Auf-

---

[1] Vgl. hierzu und zum Folgenden Bischof Viktor J. Dammertz, OSB: Vorwort. In: Sekretariat der Deutschen Bischofskonferenz (Hg.): „Da kam Jesus hinzu…" (Lk 24,15). Handreichung für geistliche Begleitung auf dem Glaubensweg. Arbeitshilfen Nr. 158, Bonn 2001, S. 5.

[2] Vgl. auch Claudia Kohli Reichenbach: Gleichgestaltet dem Bild Christi. Kritische Untersuchungen zur Geistlichen Begleitung als Beitrag zum Spiritualitätsdiskurs. Herausgegeben in der Reihe: Praktische Theologie im Wissenschaftsdiskurs, Bd. 11, Berlin; Boston (MA), USA 2011, S. 1 ff.

[3] Vgl. Klemens Schaupp, Hildegard Tillmanns, OFM: Geistliche Begleitung – Berufung oder Beruf? Überlegungen zum Problem der Professionalisierung der geistlichen Begleitung. In: Sekretariat der Deutschen Bischofskonferenz (Hg.): „Da kam Jesus hinzu…" (Lk 24,15). Handreichung für geistliche Begleitung auf dem Glaubensweg. Arbeitshilfen Nr. 158, Bonn 2001, S. 85.

merksamkeit und Verständnis für die eigene Person und Lage aufzubringen.[4] Dies schlägt sich gegenwärtig in einer verstärkten Nachfrage nach Coaching, Supervision und Psychotherapie nieder, aber eben auch in dem sich ausbreitenden Wunsch nach einer spirituellen Lebensberatung. Geistliche Begleitung mag in letzter Zeit vielleicht auch deswegen vermehrt von hilfesuchenden Menschen nachgefragt werden, weil der Besuch bei einem Geistlichen Begleiter weniger mit einem Stigma behaftet ist, als z.B. der Besuch bei einem Psychologen bzw. Psychotherapeuten. Dies soll allerdings nicht heißen, dass es nicht auch zahlreiche Christen gibt, die um den wirklichen Wert und Zweck der Geistlichen Begleitung wissen und diese für ihr geistliches Wachstum nutzen möchten; eher das Gegenteil ist der Fall.

Die vielen Jahrhunderte der kirchlichen Praxis, die bemerkenswerte Anzahl bedeutender Heiliger in der Spiritualitätsgeschichte, die sich der geistlichen Begleitung anderer im Wandel der Zeiten verschrieben haben, und nicht zuletzt der Boom der letzten Jahrzehnte hat eine Vielzahl unterschiedlicher Formen der Geistlichen Begleitung hervorgebracht, die gewissermaßen auf dem freien Markt der spirituellen Angebote miteinander konkurrieren. Neben diesen neueren, zeitgenössischen Modellen der Geistlichen Begleitung gibt es aber auch die klassischen Modelle der katholischen Kirche, die über Jahrhunderte erprobt wurden und sich vielfach bewährt haben. Diese sind das Emmaus-Modell, das charismatische Modell, das sakramentale Modell und das juridisch-dogmatische Modell. Diesen vier Grund- bzw. Standardmodellen der katholisch-kirchlichen Tradition ist ein wesentlicher Teil dieser Arbeit gewidmet, in welchem diese einer gründlichen, aber auch kritischen Betrachtung unterzogen werden sollen.

1.2 Zur konkreten Fragestellung dieser Arbeit

Da diese Lizentiatsarbeit eine Qualifikationsschrift im Bereich der Spirituellen Theologie mit Spezialisierung im Fach Pastoralpsychologie darstellt, interessieren vor allem zwei wesentliche Aspekte bei der Analyse der ausgewählten Modelle:

---

[4] Vgl. Mihály Szentmártoni, SJ: Camminare insieme. Psicologia pastorale, Cinisello Balsamo (Mi) 2001, S. 80.

Der erste Aspekt betrifft die Lehre der Kirche in Bezug auf die Geistliche Begleitung, wodurch hier die Fragestellungen und Herangehensweisen insbesondere der systematischen Theologie zum Tragen kommen werden. Aus methodischen und Raumgründen wird der Fokus in den theologischen Abschnitten dieser Arbeit auf das II. Vatikanische Konzil sowie das kirchliche Lehramt der Nachkonzilsperiode gelegt. Die Fragestellung wird hierbei wie folgt sein: Was bedeutet Geistliche Begleitung im Sinne der Konzilsväter bzw. der von ihnen angeregten nachkonziliaren kirchlichen Lehre? Gibt es bestimmte Formen bzw. Modelle der Geistlichen Begleitung, die in den Konzilsdokumenten besonders erwähnt oder gar empfohlen werden? Wird mit der Geistlichen Begleitung eine besondere Zielsetzung verbunden, bzw. hat sie im Sinne der Konzilsväter eine besondere Aufgabe zu erfüllen? Welche Anforderungen stellt das Konzil an einen Geistlichen Begleiter? Und an wen richtet sich das Angebot der Geistlichen Begleitung? Haben die Konzilsdokumente hierbei besondere Personengruppen im Blick?

Der zweite Aspekte betrifft spezifische Fragestellungen der Pastoralpsychologie, für welche diese Abhandlung einen wissenschaftlichen Beitrag leisten möchte. Hierbei wird der Fokus auf das handelnde Subjekt gerichtet, dem die Pastoralpsychologie als praktisch-theologische Disziplin zu dienen hat. Damit sind sowohl der Geistliche Begleiter gemeint, als auch die begleitete Person[5], die beide im Rahmen dieses speziellen seelsorgerischen Beratungsverhältnis miteinander kooperieren. Angesichts dieser von der Natur der Sache vorgegebenen Konstellation bietet sich die Erstellung und Anwendung zweier Fragekomplexe in Hinblick auf die Thematik dieser Arbeit an:

Der erste Fragenkomplex zielt auf den Geistlichen Begleiter und die ihm zur Verfügung stehenden Mittel ab, da er derjenige ist, der zwischen den Modellen zu wählen bzw. diese in der Praxis einzusetzen hat: Wie wird jemand zum Geistlichen Begleiter? Was qualifiziert ihn und über welche Eigenschaften muss er verfügen? In welchem theoretischen und methodischen Rahmen kann er sich bewegen, wo liegen seine Grenzen?

---

[5] Im Englischen steht für die begleitete Person der Ausdruck „Directee" zur Verfügung, der allerdings leider noch keine Eindeutschung erfahren hat, so dass die Benennung der begleiteten Person im Deutschen mitunter ein wenig umständlich ausfällt.

Was setzt diesen Rahmen und wie gestaltet er sich in der Anwendung?
Kann der Begleiter frei zwischen verschiedenen Rahmen bzw. Modellen
wählen? Und wie verhalten sie sich zur Tradition und Praxis der Kirche?
Etc.[6]

Damit wäre zum zweiten Fragenkomplex übergeleitet, welcher sich
auf den oder die „Geistlich Begleitete(n)" dreht: Welche sind die unterschiedlichen Personengruppen, denen man in der Geistlichen Begleitung
begegnen kann? Was genau zeichnet sie aus? Welche individuellen Fragen und Bedürfnisse haben sie? Und mit welchen Modellen der Geistlichen Begleitung ist ihnen am besten gedient? Gibt es bestimmte Modelle,
die sich ganz gezielt an gewisse Personengruppen richten, vielleicht sogar
speziell für diese entwickelt worden sind? Etc.[7]

1.3 Methodik, Rechtfertigung und Originalität dieser Arbeit

Bei der Eingangsrecherche für diese wissenschaftliche Arbeit sowie
der Formulierung ihrer Thematik und Fragestellung hat sich zunächst
folgendes Problem ergeben:

Die Gesamtzahl der lehramtlichen Dokumente der vergangenen Jahrzehnte, welche das Thema der Geistlichen Begleitung aufgreifen und
weiter ausführen, erscheint auf den ersten Blick schwer überschaubar.
Die verschiedenen Päpste, Bischofssynoden, Kongregationen, Räte der
Kurie etc. haben seit dem Ende des II. Vatikanischen Konzils zahlreiche
Texte veröffentlicht, welche sich mehr oder minder ausführlich mit diesem Thema auseinandersetzen. Sie alle berücksichtigen bzw. inhaltlich
darzustellen zu wollen, würde den Rahmen dieser Arbeit sprengen.

Hinzu kommt, dass einige dieser Dokumente sehr speziell sind bzw.
sich gezielt mit einzelnen Modellen der Geistlichen Begleitung auseinandersetzen bzw. diese gesetzgeberisch regulieren wollen; dies gilt insbe-

---

[6] Siehe hierzu ausführlicher den Fragenkatalog zur Person des Geistlichen Begleiters unter Punkt 2.3.3 dieser Arbeit.
[7] Siehe hierzu ebenfalls ausführlicher den Fragenkatalog zur Person des geistlich
Begleiteten unter Punkt 2.3.3 dieser Arbeit.

sondere für den Bereich der Priesterausbildung.[8] Der Fokus innerhalb dieser Studie wird deswegen aus praktischen Erwägungen neben den vier relevanten Dekreten des II. Vatikanums auf zwei autoritative Dokumente des kirchlichen Lehramts gelegt, die zum einen allgemein genug sind, um ausreichend Raum für die verschiedenen Modelle und ihre Eigenheiten zu lassen, die zum anderen aber die Lehren und Instruktionen des II. Vatikanischen Konzils gezielt aufgreifen, sammeln, auslegen und für die Praxis nutzbar machen sollen. Diese sind der Katechismus der Katholischen Kirche (KKK) von 1992 sowie der Kodex des Kanonischen Rechts (*Codex Iuris Canonici*, kurz CIC) von 1983.

Im Weiteren hat sich für das Verständnis der verschiedenen hier zu behandelnden Modelle Geistlicher Begleitung die Notwendigkeit ergeben, erst einmal das Konzept der Geistlichen Begleitung als solches zu verstehen sowie die dahinter liegenden theologischen Ideen und Zielsetzungen zu erfassen. Ohne eine Festlegung bzw. Schärfung der Begriffe gerät man schnell ins Missverständliche, da nicht bereits zu Anfang methodisch sauber klargemacht wurde, was mit dem Gesagten eigentlich gemeint ist.

Bei den strukturellen Ähnlichkeiten der Geistlichen Begleitung mit anderen Formen helfender Gespräche, wie z.B. dem Coaching, der Supervision, der Psychotherapie oder dem Pastoral Counseling, die jedoch ganz andere Zielsetzungen verfolgen, besteht zudem eine Gefahr der Vermischung oder Verwechslung der verschiedenen Ansätze und Prozesse in der Praxis. Dies ist dem grundsätzlichen Bedürfnis beider Seiten in dieser sensiblen Beziehung nach einem Gefühl der Orientierung, die auch Sicherheit verschafft, abträglich und belastet womöglich von vornherein die für ein Gelingen des Begleitungsprozesses unbedingt notwendige

---

[8] Hier wären insbesondere folgende zwei Verlautbarungen des kirchlichen Lehramts zu nennen: Papst Johannes Paul II. (hl.): Nachsynodales Apostolisches Schreiben „Pastores dabo vobis" an die Bischöfe, Priester und Gläubigen über die Priesterbildung im Kontext der Gegenwart. Mit einem Vorwort von Karl Lehmann und Erläuterungen von Karl Hillenbrand, Würzburg 1992.
Außerdem: Kongregation für den Klerus: Das Geschenk der Berufung zum Priestertum. Ratio Fundamentalis Institutionis Sacerdotalis. Verlautbarungen des Apostolischen Stuhls Nr. 209, hrsg. vom Sekretariat der Deutschen Bischofskonferenz, Bonn 2017.

6

Vertrauensbeziehung zwischen dem Begleiter und der begleiteten Person. Aus diesem Grund werden im folgenden Kapitel in einem gesonderten Unterpunkt die allgemeinen Begriffe und Konzepte rund um die Geistliche Begleitung vorgestellt und beschrieben; dies allerdings nur soweit, wie es zum Verständnis der einzelnen Modelle notwendig ist. Es erschien bei der Abfassung dieses Kapitels zudem sinnvoll, auf die theologische Anthropologie einzugehen, die der Geistlichen Begleitung zugrunde liegt. Auch sie spielt für die Pastoralpsychologie als solche eine entscheidende Rolle und gibt ihr eine zusätzliche spirituell-theologische Dimension.

Außerdem hat die Recherche für diese Arbeit ergeben, dass der Modell-Begriff für die Geistliche Begleitung zwar in der einschlägigen Literatur[9] recht „selbstverständlich" zur Beschreibung von unterschiedlichen Ansätzen bzw. Konzepten rund um die Geistliche Begleitung Verwendung findet, jedoch ohne dass eingehender auf einen dezidiert psychologischen Modell-Begriff, wie er für die Pastoralpsychologie übernommen werden könnte, reflektiert wurde.[10] Ein intuitives Verständnis des Begriffs „Modell" scheint beim interessierten, sach- bzw. fachkundigen Leser schlicht vorausgesetzt zu werden. Aus Gesprächen im Vorfeld dieser Arbeit ist dem Verfasser allerdings bekannt, dass nicht jedem Gesprächspartner auf Anhieb klar war, was das Wort „Modell" in der Psychologie denn nun eigentlich genau bedeuten soll. Handelt es sich hierbei um eine bestimmte Herangehensweise, eine Methodik, eine Technik, ein allgemeines Handlungskonzept, eine Theorie, oder doch einfach nur ein Beispiel aus einem Katalog von verschiedenen Möglichkeiten? Und wie

---

[9] Siehe hierzu David L. Fleming, SJ: Models of Spiritual Direction. In ders. (Hg.): The Christian Ministry of Spiritual Direction. Review for Religious. The Best of the Review, Vol. 3 (Sammelband), St. Louis (MO), USA 1988, S. 106 ff. Ebenso Claudia Kohli Reichenbach: Gleichgestaltet dem Bild Christi. Kritische Untersuchungen zur Geistlichen Begleitung als Beitrag zum Spiritualitätsdiskurs. Herausgegeben in der Reihe: Praktische Theologie im Wissenschaftsdiskurs, Bd. 11, Berlin; Boston (MA), USA 2011, S. 23 f. Sowie George E. Demacopoulos: Five Models of Spiritual Direction in the Early Church, Notre Dame (IN), USA ³2011, S. 1 ff.

[10] Ein einziger, allerdings eher knapp gehaltener Definitionsversuch für einen Modell-Begriff hat sich bislang lediglich in folgendem Einführungswerk finden lassen: Sue Pickering: Spiritual Direction. A Practical Introduction, Norwich, UK ⁵2017, S. 24.

genau unterscheidet sich ein Modell von ihm nahe verwandten Begriffen wie „Analogie", „Abbild" oder „Paradigma"?

Ohne eine genaue Definition wird sich der Modell-Begriff, so steht zu befürchten, irgendwo zwischen dem Ungefähren und dem Unverständlichen bewegen. Deswegen hat es sich der Verfasser zur Aufgabe gemacht, auf der Grundlage der einschlägigen Fachliteratur einen näher definierten Modellbegriff in der psychologischen Wissenschaft herauszuarbeiten und weiter zu präzisieren, der sich pastoralpsychologischen Fragestellungen entsprechend auf die unterschiedlichen Formen und Ansätze der Geistlichen Begleitung übertragen lässt.

Die fortlaufende Recherche beim Verfassen dieser Arbeit hat zudem ergeben, dass sich zum Thema Vocational Growth Counseling in der allgemein zugänglichen Fachliteratur sehr wenig Konkretes finden lässt, insbesondere in Abgrenzung zur Geistlichen Begleitung. Der Inhalt des entsprechenden Abschnitts unter Punkt 2.2.3 beruht also zu einem großen Teil auf den eigenständigen Nachforschungen bzw. einer Syntheseleistung des Verfassers.

Gleiches gilt in Bezug auf die Lehren bzw. Vorgaben des Katechismus der Katholischen Kirche zur Geistlichen Begleitung. In der einschlägigen Fachliteratur hat sich hierzu praktisch nichts finden lassen, so dass der Abschnitt 3.2 zu einem Großteil auf der Forschungs- und Reflexionsleistung des Verfassers beruht.

Obwohl es sich bei der Geistlichen Begleitung derzeit um ein „Boom"- bzw. Modethema handelt, hat die Tatsache, dass es überhaupt *verschiedene* Modelle Geistlicher Begleitung gibt, von einzelnen Veröffentlichungen einmal abgesehen, bisher relativ wenig Aufmerksamkeit seitens des Fachpublikums erhalten. Einige wenige Fachbücher und wissenschaftliche Zeitschriftenartikel benennen zwar einzelne Modelle und liefern eine Kurzbeschreibung derselben. Eine ausführliche Abhandlung zu diesem Thema hat es aber offenbar in der katholischen Theologie bislang noch nicht gegeben. Dies soll von dieser Lizentiatsarbeit geleistet werden, allerdings mit einer Beschränkung auf die vier einflussreichsten bzw. gängigsten Modelle in der Tradition und Praxis der Kirche, wie sie eingangs bereits aufgelistet worden sind. Diese sind, noch einmal zur

Wiederholung, das Emmaus-Modell, das charismatische Modell, das sakramentale Modell und das juridisch-dogmatische Modell.

Dass es neben diesen vier Grund- bzw. Standardmodellen auch noch weitere Modelle gibt, die fest in der Spiritualitätsgeschichte verankert sind und zudem eine weite Verbreitung gefunden haben, wie z.b. das Modell der benediktinischen Gastfreundschaft, das Modell der Dritten Orden sowie die verschiedenen ignatianischen Modelle, darauf soll abschließend in einem kurzen Ausblick hingewiesen werden. Zum Gegenstand dieser Arbeit können sie aus methodischen und Raumgründen leider nicht gemacht werden.

An dieser Stelle sei noch angemerkt, dass diese Abschlussarbeit den Gewohnheiten des Verfassers entsprechend nach den an deutschen Universitäten gebräuchlichen Regeln zum Zitieren und Belegen von Literatur in wissenschaftlichen Arbeiten folgen wird.

1.4 Zum Strukturschema dieser Arbeit

Aus dem zuvor Gesagten ergibt sich ein Aufbau dieser Arbeit, der sich aus insgesamt fünf Kapiteln zusammensetzt: Dieses erste Kapitel diente soweit der Einführung in die Thematik, d.h. in die Problem- bzw. Fragestellung dieser Arbeit sowie der Offenlegung der angewandten Methodik in Hinblick auf die Bearbeitung ebenjener.

Das zweite Kapitel ist den allgemeinen Grundlagen, Konzepten und Begriffen gewidmet, wie sie zur weiteren Bearbeitung bzw. zum Verständnis dieser Arbeit rund um die Geistliche Begleitung und ihren diversen Ausformungen herangezogen werden müssen. Da ist zunächst die Geistliche Begleitung selbst, die ganz allgemein ihrem Wesen und Zweck nach dargestellt wird. Ist damit erst einmal ein grundsätzlicher Verständnishorizont dafür geschaffen, was Geistliche Begleitung im eigentlichen Sinne ist, muss sie im nächsten Schritt von anderen Formen helfender Gespräche abgegrenzt werden, wie z.B. der Supervision, dem Pastoral Counseling und in gewisser Hinsicht auch dem Beichtgespräch. Zum Abschluss des zweiten Kapitels ist ein Modellbegriff für die Pastoralpsychologie in Hinblick auf die Geistliche Begleitung herauszuarbeiten, der

zur Identifikation und Beschreibung der verschiedenen Modelle herangezogen werden kann.

In Kapitel 3 wird es um die speziellen Vorgaben, Anforderungen und
Zielsetzungen der Geistlichen Begleitung gehen, wie sie durch das kirchliche Lehramt im Anschluss an das II. Vatikanische Konzil im KKK und
im CIC ausformuliert worden sind, damit diese als normativer Maßstab
an die vier ausgewählten Modelle der Geistlichen Begleitung angelegt
werden können.

Mit Hilfe dieses theoretischen und methodischen Unterbaus wird
schließlich im 4. Kapitel eine Auswahl der bereits genannten vier Grund-
bzw. Standardmodelle der Geistlichen Begleitung untersucht, bzw. mit
anderen Worten, einer ebenso gründlichen, wie kritischen Betrachtung im
Lichte der Fragestellung dieser Arbeit unterzogen. Dabei wird, soweit
dies möglich ist, jener Fragekatalog zur Anwendung gebracht, wie er
unter Punkt 2.3.3 dieser Arbeit eingehender ausformuliert worden ist.

Im abschließenden 5. Kapitel werden schließlich im Rahmen einer
Zusammenfassung die wichtigsten Erkenntnisse dieser Arbeit zusammengetragen. Dabei soll auch ein Ausblick auf das weitere Feld der Mo-
dellbildung in der zeitgenössischen Geistlichen Begleitung vorgenommen
werden, da mit der Darstellung bzw. Erforschung der vier Grundmodelle
in dieser Lizentiatsarbeit diese Thematik noch lange nicht ausgeschöpft
worden ist.

2. Allgemeine Definition der Hauptbegriffe dieser Arbeit

2.1 Modellunabhängige Definition und Charakteristik der Geistlichen Begleitung

In der themenbezogenen Gesprächsführung scheint es nicht immer ganz klar bzw. frei von Missverständnissen oder Vorurteilen zu sein, was sich genau hinter den Begriffen „Geistliche Begleitung" und „Psychologisches Modell" verbirgt. Es scheint daher nicht nur methodisch sinnvoll, sondern geradezu notwendig, die grundlegenden Begriffe gleich zu Anfang dieser wissenschaftlichen Arbeit festzulegen und zu erläutern. Ein weiterer Nutzen dieser Vorgehensweise liegt sicherlich auch darin, dass für den interessierten Nichtfachmann in Hinblick auf die Lektüre dieser Lizentiatsarbeit ein hermeneutischer Horizont geschaffen wird, vor welchem ihm die Fragestellung und Argumentation dieser Arbeit wesentlich klarer einleuchten wird.

2.1.1 Begriff, Wesen und Zweck der Geistlichen Begleitung

Der im Deutschen gängige Begriff der „Geistlichen Begleitung" wurde ursprünglich in der evangelisch-kirchlichen Pastoral gebildet, wo er im eigentlichen Sinn die Praxis der zuhörenden seelsorgerischen Begleitung von Menschen auf dem Sterbebett bezeichnete.[11] In der katholischen Tradition war über lange Zeit der Ausdruck „Seelenführung"[12] gebräuchlich, welcher sich im Englischen bis heute als „spiritual direction" bzw. im Italienischen als „direzione spirituale" gehalten hat. Unter dem prägenden Einfluss non-direktiver Beratungsansätze in der Nachfolge Carl Rogers

---

[11] Vgl. hierzu und zum Folgenden Michael Schneider, SJ: Geistliche Begleitung im Lebensprozeß [sic!, F.D.], Vortragsmanuskript für das „Erste Treffen der Eremitinnen und Eremiten" in Lindenberg bei St. Peter (Schwarzwald) am 26. und 27.09.2010.
Online verfügbar unter:
https://patristisches-zentrum.de/texte/vortrag/2010_09_eremiten.pdf
(aufgerufen am 09.08.2019)
[12] Oder auch „geistliche Führung"; vgl. den entsprechenden Gebrauch des Ausdrucks in Josef Sudbrack, SJ: Geistliche Führung, Freiburg i.Br. 1981.

bis hinein in die gegenwärtige Spirituelle und Pastoraltheologie[13], aber auch wegen des spezifischen Charakters der Geistlichen Begleitung vor allem in der ignatianischen Tradition, wird seit einigen Jahrzehnten der Begriff „Geistliche Begleitung" in der entsprechenden christlichen Seelsorgepraxis bevorzugt.

Im Allgemeinen beschreibt der Begriff der „Geistlichen Begleitung" den Prozess sowie die Gesamtheit der Mittel und Methoden, mit deren Hilfe ein spirituell erfahrener und verständiger, d.h. mit entsprechender geistlicher Autorität ausgestatteter Christ einem anderen Christen dabei hilft, in seiner geistlichen Entwicklung, d.h. in seinem Glaubens- und Gebetsleben sowie in seinem moralischen Handeln[14], stetig voranzuschreiten und dadurch in seiner von Liebe getragenen Gottesbeziehung unablässig zu wachsen.[15] Oder, mit anderen Worten bzw. christozentrisch gewendet:

> *"[S]piritual direction is a relationship through which we come to better know, love, and follow Christ though the help of a kind of spiritual coach. It is a process through which we come to know and love Christ and ultimately experience the heights of spiritual union with Him, even in this life. The director and directee work together, through the grace and guidance of the Holy Spirit, to understand God's will, and then determine how to follow that leading in a concrete way on a day-to-day basis, into a deeper intimacy with Him."*[16]

Eigentlicher Akteur in dieser privilegierten Beziehung ist nach dem Verständnis der Kirche, wie in dem soeben zitierten Textabschnitt ange-

---

[13] Vgl. hierzu exemplarisch Peter Köster, SJ: Geistliche Begleitung. Eine Orientierung für die Praxis, Sankt Ottilien [4]2018, S. 17-27.

[14] Vgl. Mihály Szentmártoni, SJ: Camminare insieme, S. 81.

[15] Eine vergleichbare Definition findet sich bei George E. Demacopoulos: Five Models of Spiritual Direction in the Early Church, Notre Dame (IN), USA [3]2011, S. 1.

[16] Daniel Burke, unter Mitarbeit von John Bartunek, LC: Navigating the Interior Life. Spiritual Direction and the Journey to God, Steubenville (OH), USA 2012, S. 3. Vgl. hierzu auch Mihály Szentmártoni, SJ: Camminare insieme, S. 81.

deutet worden ist, der Heilige Geist selbst.[17] Er leitet den sich ihm voll und ganz anvertrauenden Christen menschlich, moralisch und spirituell durch alle Entwicklungsstufen seines individuellen Lebens hindurch und verhilft ihm hierdurch dabei, zur vollen menschlichen Reife zu wachsen.[18]

Dieser geistgeleitete Reifungsprozess vollzieht sich in der völligen, unbedingten Annahme seiner selbst, d.h. in der fraglosen Annahme der Einmaligkeit und „Andersartigkeit" eines jeden Menschen, die Geschenk Gottes und zugleich eine höchst individuelle Lebensaufgabe ist. Diese Lebensaufgabe besteht darin, kontinuierlich zum eigenen Wesenskern vorzudringen und die dort vorgefundene Wirklichkeit zu erkennen, d.h. auch *anzuerkennen*, und folglich jeder für sich selbst anzunehmen.[19] Diese Wirklichkeit aber ist nicht mehr und nicht weniger als Gottes wahrhaftige Präsenz in jedem einzelnen Menschen, der uns als sein Abbild erschaffen und in diese Welt gesetzt hat, um mit uns und durch uns zu wirken. Einmal als Tatsache erkannt, können wir uns dieser Wirklichkeit nicht mehr entziehen, ohne Schaden an uns selbst und unserer Seele zu nehmen.

Gott hat jeden einzelnen Menschen „beim Namen gerufen" (Jes 43,1). Dieser Ruf lädt jeden zu einer individuellen, ganz persönlichen Antwort ein, indem er zugleich als „Berufung" zu etwas wahrgenommen und verwirklicht wird. Mit anderen Worten, die einzige wahrhaftige und glaubwürdige Antwort des Menschen auf das Angerufensein durch Gott ist immer zuerst die Tat, die sich stets auch in der individuellen Lebensführung (und Lebensform) des Einzelnen niederschlägt.

---

[17] Vgl. John R. Sheets, SJ: Spiritual Direction in the Church. In David L. Fleming, SJ (Hg.): The Christian Ministry of Spiritual Direction. Review for Religious. The Best of the Review, Vol. 3 (Sammelband), St. Louis (MO), USA 1988, S. 56 f.

[18] Vgl. hierzu und zum Folgenden Michael Schneider, SJ: Geistliche Begleitung im Lebensprozeß, S. 10 f.

[19] In seinem Klassiker zur Geistlichen Begleitung beschreibt der Jesuit Jean Laplace ebendiese als „the help one man gives to another to enable him to become himself in his faith". Ders.: Preparing for Spritiual Direction. Übersetzt von John C. Guinness, Chicago (IL), USA 1975 (²⁹1988), S. 26.

In dem eben Gesagten liegt etwas Ehrfurchtgebietendes, vielleicht auch etwas Verunsicherndes oder gar Erschreckendes, ganz bestimmt aber etwas Herausforderndes, denn den Willen Gottes zu tun, erfordert als ersten Schritt immer zunächst, ihn mit Sicherheit auch als solchen erkennen zu können. Aber auch in der Radikalität des Gesagten in Bezug die Gottebenbildlichkeit als sichtbar verwirklichte Lebensgestalt des Individuums kann etwas Beängstigendes liegen, nämlich die Angst der Überforderung. Denn jeder einzelne Mensch ist in seiner Natur von Anbeginn an, so lehrt es die Schöpfungserzählung im Buch Genesis, „erdverhaftet" und von der Ursünde verformt. In all diesen Herausforderungen bleibt der einzelne Mensch aber durch göttliche Vorsehung nicht sich selbst überlassen. Zum einen stehen ihm, sofern er nur darum bittet, die Kraft und die Führung des Heiligen Geistes durch alle Episoden und Entwicklungsstufen des individuellen Lebens hindurch zur Seite. Zum anderen ist der Kirche, um dieser Führung eine menschengemäße Gestalt zu geben, die Institution der Geistlichen Begleitung in all ihren verschiedenen Formen anvertraut worden.

Hierbei dient der geistliche Begleiter dem Ratsuchenden in den meisten Modellen als demütiges, zuhörendes und beobachtendes „Werkzeug des Heiligen Geistes", welcher dem Wirken des Geistes im Geschöpf seine Aufmerksamkeit schenkt, ohne sich dabei in den Weg zu stellen.[20] Seine wichtigsten Hilfsmittel bzw. Geistesgaben, über die er für seinen Dienst verfügen muss, sind hierbei die „Unterscheidung der Geister" sowie die „Herzenskenntnis".[21] Durch diese kann der göttliche Wille in Bezug auf den Einzelnen in seinem jeweiligen Stadium der geistlichen Reife erkannt, nachvollzogen und in die Tat umgesetzt werden. So kann und wird die partnerschaftliche Ganzhingabe des Menschen an den Dreieinen Gott bis hin zur mystischen Vereinigung gelingen, und zwar in einer Bedingungslosigkeit, welche nur die Liebe zu bewirken vermag. Am Ende dieses lebenslangen Prozesses der Reife und Ganzhingabe des Menschen an Gott steht die Gleichförmigkeit mit Christus, welche unbestreitbares und unveräußerliches Ziel eines jeden getauften Christen ist.[22]

---

[20] Vgl. Ignatius von Loyola: Die Exerzitien, Bemerkung Nr. 15. Übertragen von Hans Urs von Balthasar, Freiburg i.Br. [15]2016, S. 11.

[21] Vgl. ebd., S. 4. Vgl. auch Peter Köster, SJ: Geistliche Begleitung, S. 16.

[22] Vgl. John R. Sheets, SJ: Spiritual Direction in the Church, S. 54-71. Vgl. zu dieser Formulierung auch Papst Johannes Paul II. (hl.): Nachsynodales Apostoli-

2.1.2 Theologisch-anthropologische Grundlagen der Geistlichen Begleitung

Der Dienst der Geistlichen Begleitung ist mindestens so alt wie die Kirche selbst. Bereits Jesus Christus hat seine Jünger während seines irdischen Lebens und darüber hinaus in jeglicher Hinsicht *begleitet*, ihnen als ihr „Meister"[23] dabei Gott als bedingungslos liebenden Vater nahegebracht und sie auf ihren Wunsch hin das Beten gelehrt.[24] Zudem gilt die bekannte und beliebte Emmaus-Geschichte (Lk 24,13-35) vielen mit diesem Thema vertrauten bzw. betrauten Theologen als *das Grundmodell* für das echte und wahre Wesen der Geistlichen Begleitung, in welchem das Individuum auf seinem Glaubensweg in der Tat nicht etwa geführt, sondern in seinem eigenen Tempo schrittweise begleitet wird.[25] In theologischer Hinsicht muss daher Jesus Christus selbst in seinem beispielgebenden Handeln als das vollkommene, unübertreffliche Vorbild für einen jeden Geistlichen Begleiter gelten.[26]

Dabei entspricht die Geistliche Begleitung einem menschliches Ur- bzw. Grundbedürfnis, welches nicht auf die Jüngerinnen und Jünger Christi beschränkt war und ist. Denn schon immer hat es Menschen gegeben, die sich in Momenten des Zweifelns oder der Krise, oder wenn es um grundsätzliche bzw. folgenschwere Lebensentscheidungen ging, vertrauensvoll an die „weisen Männer" bzw. „weisen Frauen" ihrer Zeiten

---

sches Schreiben CHRISTIFIDELES LAICI über die Berufung und Sendung der Laien in Kirche und Welt (1988), Nr. 57. Online verfügbar unter: http://w2.vatican.va/content/john-paul-ii/de/apost_exhortations/documents/hf_jp-ii_exh_30121988 _christifideles-laici.html (aufgerufen am 07.08.2019)

[23] Vgl. z.B. Mt 23,10; Lk 5,5; 8,24 etc.

[24] Vgl. Mihály Szentmártoni, SJ: Camminare insieme. Psicologia pastorale, S. 80.

[25] Vgl. hierzu u.a. Willi Lambert, SJ: Geistliche Begleitung auf dem Glaubensweg. „Was sind das für Dinge, über die ihr auf eurem Weg miteinander redet?" Lk 24, 17. In: „Da kam Jesus hinzu…" (Lk 24,15). Handreichung für geistliche Begleitung auf dem Glaubensweg. Arbeitshilfen Nr. 158, hrsg. vom Sekretariat der Deutschen Bischofskonferenz, Bonn 2001, S. 23.

[26] John R. Sheets, SJ: Spiritual Direction in the Church, S. 62 f.; 71.

und Kulturen gewandt haben.[27] Von diesen Sehern und Heilern, den Me-
dizinmännern und Schamanen, den Propheten, Rabbinern, Priestern,
Mönchen, Einsiedlern und all den anderen „Heiligen Männern" der Reli-
gionsgeschichte (um einen ganz bestimmten Archetyp zu bedienen, ohne
die „Heiligen Frauen" dabei ausschließen zu wollen), hat man sich eine
tiefere Einsicht in die Wirklichkeit der Dinge erhofft, die oft aus tradier-
tem „religiösen Expertenwissen" hervorgegangen ist, angereichert mit
viel persönlicher Lebenserfahrung. Auf einen höheren Weisheitsgrad
dieser Menschen vertrauend, bat man sie um einen Ratschlag oder eine
Weisung, ein Wort des Trostes oder der Heilung, oder vielleicht auch
einfach nur eine lehrreiche Geschichte. Hinter all dem steht eine tief in
der Psyche der Menschen verwurzelte Intuition, die sich in einer aus
Äthiopien stammenden Redensart ausdrückt:

„Das Land in deinem Herzen kannst Du nicht selbst bestellen.
Den Weg zu dir selbst kannst du nicht selbst finden.
Das Wort, das dir hilft, kannst du dir nicht selbst sagen."[28]

Als menschliche Wesen sind wir grundsätzlich auf andere Menschen
ver- und angewiesen, und nur, wenn wir dem anderen begegnen und uns
ihm gegenüber öffnen, können wir zu uns selbst finden, d.h. uns selbst als
diejenigen erkennen, die wir wirklich und wahrhaftig sind.[29] Wir sind
unserer Natur nach relationale Wesen, und als solche lebendige Abbilder
des Dreifaltigen Gottes, der von Ewigkeit her in Beziehung lebt.[30] Als
solche sind alle getauften Christen in die *eine* Kirche als dem Leib Christi

---

[27] Vgl. zum Folgenden u.a. die verschiedenen Beiträge in Norvene Vest (Hg.):
Tending the Holy. Spiritual Direction Across Traditions, Harrisburg (PA), USA
2003.
[28] Zit. in Heiko Merkelbach: Trinität – zum Glück!. In George Augustin, Christian Schaller, Sławomir Śledziewski (Hgg.): Der dreifaltige Gott. Christlicher
Glaube im säkularen Zeitalter. Für Gerhard Kardinal Müller, Freiburg i.Br. 2017,
S. 171.
[29] Auch die zeitgenössische Psychoanalyse hat den "Spiegel des Anderen" als
relationales Momentum methodisch für sich wiederentdeckt, vgl. Martin Altma-
yer: Im Spiegel des Anderen. Anwendungen einer relationalen Psychoanalyse.
Reihe: Psyche und Gesellschaft, Gießen 2003.
[30] Vgl. Heiko Merkelbach: Trinität – zum Glück!, S. 171, sowie Mihály Szentmártoni, SJ: Camminare insieme, S. 79.

eingebunden (vgl. 1 Kor 12,12 ff.) und keiner glaubt für sich allein.[31] Und ebendiese Kirche ist im Prozess der Geistlichen Begleitung stets gegenwärtig, und zwar durch die begleitende Person, welche sich an diese Glaubens- und Erfahrungsgemeinschaft rückgebunden weiß und aus deren reichem Schatz der spirituellen Tradition sie bei ihrem Dienst am Mitchristen schöpft.[32]

Aus dem zuvor Gesagten ergibt sich, dass es sich bei der Institution der Geistlichen Begleitung um einen von Christus selbst gestifteten und praktizierten Grunddienst der Kirche handelt, der letztlich auf das Heil der Seelen abzielt und daher als für alle Christen als dringend empfohlen, wenn nicht sogar als notwendig angesehen werden kann. Hierin stimmen auch alle großen Heiligen (zumindest der letzten 500 Jahre) überein, die selbst durch einen kontinuierlichen Prozess der Geistlichen Begleitung gegangen sind und hierdurch wurden, was sie sind.[33]

2.1.3 Beschreibung der unterschiedlichen Rollen sowie ethischer Grundsätze innerhalb der Geistlichen Begleitung

Modellunabhängig können für alle Formen und Methoden der Geistlichen Begleitung einige wesentliche Charakteristika und Grundprinzipien festgehalten werden, die für die jeweiligen Inhaber der unterschiedlichen Rollen in diesem besonderen Beratungsverhältnis gelten, d.h. sowohl für den Begleiter als auch für den Begleiteten. Diese werden in den folgenden zwei Abschnitten näher behandelt.

---

[31] Vgl. Katechismus der Katholischen Kirche (KKK), Nr. 166. Online verfügbar unter: http://www.vatican.va/archive/DEU0035/_P14.HTM (aufgerufen am 06.08.2019)
Vgl. auch Mihály Szentmártoni, SJ: Camminare insieme, S. 79.
[32] Vgl. Willi Lambert, SJ: Geistliche Begleitung auf dem Glaubensweg, S. 13.
[33] Vgl. J. Emilio González Magaña, SJ, unter Mitarbeit von Anton Uka: La Direzione Spirituale. Breve percorso storico. Unveröffentlichtes Manuskript zum internen Gebrauch der Studierenden, PUG, Istituto di Spiritualità, Wintersemester 2017, S. 26 - 36. Vgl. auch Mihály Szentmártoni, SJ: Camminare insieme, S. 81.

2.1.3.1 Allgemein Geltendes in Bezug auf den Geistlichen Begleiter

Auch wenn der Heilige Geist der Hauptakteur im Prozess der Geistlichen Begleitung ist, so kommt dem Geistlichen Begleiter hierbei doch als menschlichem „Beobachter und Interpreten" des Wirkens des Geistes eine ganz wesentliche Rolle zu. Von seiner Persönlichkeit, seinen Gaben und Fähigkeiten, seiner Integrität sowie seiner Erfahrung in spirituellen Angelegenheiten hängt zu einem guten Teil das Gelingen des Begleitungsprozesses zum geistlichen Nutzen des Begleiteten ab.

Trotz des Professionalisierungsprozesses in der Geistlichen Begleitung, die sich in den vergangenen Jahrzehnten entwickelt hat, bleibt sie doch ein Charisma, d.h. eine Begabung oder besser: eine Gnadengabe des Heiligen Geistes, die man bei sich entdecken, kultivieren und weiterentwickeln, die man sich aber selbst nicht verleihen kann.[34] Auch macht man sich nicht selbst zum Geistlichen Begleiter, sondern wird von der Kirche bzw. dem einzelnen Christen aufgrund empfangener Charismen (vgl. 1 Kor 12,7-11) und persönlicher Eignung hierzu berufen bzw. ausgewählt. Konkret heißt das, dass im Prinzip jeder Christ einen anderen Christen begleiten kann, sofern er die entsprechende Erfahrung, die geistliche Autorität sowie die Gaben der Unterscheidung und der Herzenskenntnis besitzt. In der Praxis bedeutet dies, dass im kirchlichen Leben folgende Personengruppen in verschiedenen Lebensphasen oder Situationen als Geistliche Begleiter fungieren können: „Tauf- und Firmpaten, Vater und Mutter, Religionslehrer/innen, Kommunioneltern, [...] ein guter Beichtvater, ein Freund"[35], etc.

Meistens ist der erwählte Geistliche Begleiter ein Mensch, der „wegen seiner persönlichen Qualitäten im Leben und Glauben besonders geschätzt wird."[36] Er wird in der Regel einen gewissen „Vorsprung" im Glauben und im geistlichen Leben haben, damit er den anderen aus seiner persönlichen Erfahrung heraus auf dem „Glaubensweg" ein mehr oder

---

[34] Vgl. Mary Winifred, CHS: Imaging Spiritual Direction. In: Review for Religious, Ausgabe Nr. 54/1995, St. Louis (MO), USA, S. 531. Vgl. auch Michael Schneider, SJ: Geistliche Begleitung im Lebensprozeß, S. 1 ff.

[35] Willi Lambert, SJ: Geistliche Begleitung auf dem Glaubensweg, S. 11.

[36] Michael Schneider, SJ: Geistliche Begleitung im Lebensprozeß, S. 1.

minder langes Stück begleiten kann.[37] Notwendig ist ein solcher Vorsprung in der eigenen geistlichen Entwicklung allerdings nicht, ebenso wenig ein höherer Bildungsgrad, als ihn der Begleitete vorweisen kann, da es sich bei der Geistlichen Begleitung nicht um ein „Ausbildungsverhältnis" zwischen dem Begleiter und dem Begleiteten handelt. In einigen Fällen mag sogar der Begleitete einen gewissen Vorsprung vor seinem Begleiter im Glauben und im geistlichen Leben haben, vielleicht sogar die bessere (akademische) Ausbildung; dies mag vor allem dann der Fall sein, wenn der Begleitete bereits älter und lebenserfahrener ist oder einem religiösen Orden bzw. der kirchlichen Hierarchie angehört. In erster Linie kommt es beim Geistlichen Begleiter auf hinreichende Erfahrung im Glaubens- und Gebetsleben an, auf eine grundsätzliche Offenheit und Aufrichtigkeit, eine tief im Evangelium verwurzelte Liebe zu Gott und zu den Menschen sowie die Fähigkeit, dem anderen die Gegenwart und das Wirken Gottes in dessen Leben in den Gesprächen widerzuspiegeln.[38]

Zum Geistlichen Begleiter sollte von Anfang an ein besonderes Vertrauensverhältnis bestehen (können), damit man mit ihm jene Gedanken, Fragen und Seelenvorgänge teilen kann, die man vor anderen lieber verborgen hält. Dies setzt naturgemäß die nötige geistige Offenheit und Verschwiegenheit des Geistlichen Begleiters als Grundbedingung voraus, damit der andere sich ihm voll und ganz öffnen kann.[39] Zudem sollte er die Fähigkeit haben, einen Menschen in einen fortlaufenden Dialog mit Gott zu bringen, denn hierum geht es ganz besonders im geistlichen Leben. Als Christ und als Mensch sollte der Geistliche Begleiter dem Begleiteten in gewisser Hinsicht als Vorbild dienen können, dem es mit reinem Gewissen nachzueifern gilt. Denn ein guter Geistlicher Begleiter führt andere weniger durch Fertigkeiten oder Wissen, die er sich auf welche Weise auch immer angeeignet hat, sondern vielmehr „dadurch, was er ist und lebt".[40]

---

[37] Vgl. hierzu und zum Folgenden ebd., S. 2.
[38] Vgl. Thomas Acklin, OSB und Boniface Hicks, OSB: Spiritual Direction. A Guide for Sharing the Father's Love, Steubenville (OH), USA 2017, S. 236.
[39] Vgl. Klemens Schaupp: Gott im Leben entdecken. Einführung in die Geistliche Begleitung, Würzburg ²2011, S. 18.
[40] Michael Schneider, SJ: Geistliche Begleitung im Lebensprozeß, S. 2.

Auch sollte der Geistliche Begleiter über die Klugheit und Wärme des Herzens verfügen, denn „Liebe […] stärkt mehr als Strenge und Ermahnung".[41] Es muss dem Geistlichen Begleiter daher fern liegen, über andere urteilen zu wollen; ein guter Geistlicher Begleiter ist allein daran interessiert, dass der andere das Heil Gottes erfährt und gerettet wird.[42] Er möchte ihm durch seinen Liebesdienst „zu einer neuen Art und Weise zu leben und zu glauben verhelfen."[43] Durch die Gesamtheit seiner Persönlichkeit, seines Auftretens und seines Wirkens kann ein guter und fähiger Geistlicher Begleiter „für den anderen zu einem Sakrament der Liebe Gottes werden."[44]

2.1.3.2 Allgemein Geltendes in Bezug auf den Geistlich Begleiteten

Die Institution der Geistlichen Begleitung steht grundsätzlich jedem Menschen offen, der sich auf sie einlassen möchte, wird aber erfahrungsgemäß in der Praxis überwiegend, wenn auch nicht ausschließlich, von Menschen in Anspruch genommen, die im kirchlichen Dienst stehen bzw. arbeiten. Einige Modelle richten sich allerdings an ganz verschiedene Personengruppen, die Laien in der Kirche oder auch Gottsuchende ohne besonderen kirchlichen Anschluss mit eingeschlossen, was deren Existenz und Vielzahl anzeigt.

Der Begleitete hat als spirituell Ratsuchender deutlich weniger Kriterien zu erfüllen, als sein Geistlicher Begleiter. In erster Linie muss er da sein und sich aufrichtig begleiten lassen wollen, was bereits eine Herausforderung sein kann, wenn der Begleitete zur Geistlichen Begleitung verpflichtet ist, wie es z.B. bei Novizen oder Seminaristen der Fall ist. Er

---

[41] Ebd.
[42] Vgl. ebd., S. 7.
[43] Ders.: Seelenführung und Beichte. Beitrag auf Radio Horeb vom 12.02.2015, S. 2. Online verfügbar unter: https://patristisches-zentrum.de/radio/radio_2015/radio_2015_02.pdf (aufgerufen am 10.08.2019)
[44] Ders.: Geistliche Begleitung auf dem Glaubensweg, S. 2. Vgl. zu diesem Gedanken auch Meinrad Dufner, OSB, und André Louf, OCSO: Geistliche Begleitung im Alltag, Münsterschwarzacher Kleinschriften Band 26, Münsterschwarzach 2006, S. 43-74.

muss Sehnsucht nach Gott verspüren, die Bereitschaft zum Gebet mitbringen und in geistiger Hinsicht hinreichend gesund und stabil für den
Begleitungsprozess sein.[45]

Zu seinen Pflichten zählt es, sich entsprechend auf die Treffen mit
dem Geistlichen Begleiter vorzubereiten sowie zuverlässig und pünktlich
zu erscheinen, um den Zeitaufwand, die Großzügigkeit und Hilfsbereitschaft sowie den guten Willen des anderen entsprechend zu ehren und
wertzuschätzen.[46] Sollte ein Termin aus einem triftigen Grund nicht
wahrgenommen werden können, so ist er rechtzeitig vorher abzusagen.
Sollte der Geistliche Begleiter seiner Funktion als religiöser Spezialist
freiberuflich, d.h. selbständig und gegen Entlohnung versehen, so sind
die Honorarzahlungen pünktlich und in der vereinbarten Höhe zu leisten,
in der Regel am Ende eines jeden Treffens.[47] Diese Fragen des Anstands
sollten im Grunde genommen selbstverständlich sein und werden an dieser Stelle nur der Vollständigkeit halber aufgeführt.

Der Begleitete sollte Fragen an Gott und an sich selbst haben, an seine
geistliche und moralische Lebensführung, seinen Stand im Leben und
seine persönliche Berufung als Christ, bzw. daran, welche individuellen
Pläne Gott für ihn in diesem einmaligen irdischen Leben hat. Steht der
Mensch in einem Entscheidungsprozess, so sollte er diesen soweit für
sich ausformulieren, dass er ihn ins Begleitungsgespräch mit einbringen
kann. Er muss Vertrauen und geistlichen Gehorsam (im Sinne von: mit
offenem Verstand und Herzen auf den Heiligen Geist *hören*) aufbringen
können sowie offen für den Begleitungsprozess sein, d.h. auch Ver-
besserungswillen bzw. Veränderungsbereitschaft aufweisen. [48]

Folgende Fragen können für den Einstieg ins bzw. den Verlauf des
Gesprächs mit dem Geistlichen Begleiter hilfreich sein: Wie ergeht es
dem Menschen augenblicklich in geistlicher Hinsicht, was hat sich seit

---

[45] Vgl. Klemens Schaupp: Gott im Leben entdecken, S. 42 ff.
[46] Vgl. hierzu und zum Folgenden John R. Mabry: Starting Spiritual Direction. A
Guide to Getting Ready, Feeling Safe, and Getting the Most Out of Your Sessions, Berkeley (CA), USA 2017, S. 57 ff.
[47] Vgl. Teresa Blythe: Spiritual Direction 101. The Basics of Spiritual Guidance,
Berkeley (CA), USA 2018, S. 156 f.
[48] Vgl. Klemens Schaupp: Gott im Leben entdecken, S. 22 f.

dem letzten Treffen mit dem Geistlichen Begleiter getan? Welche Schwierigkeiten oder Rückschläge in moralischer Hinsicht, im Glaubens- oder Gebetsleben haben sich dem Menschen seit dem letzten Treffen in den Weg gestellt? Welche Fortschritte haben sich in ethisch-moralischer Hinsicht, im Gebetsleben, im Verhältnis zu Gott, zu anderen Menschen oder zu sich selbst ergeben? Was bedeutet das konkret für das eigene Handeln, jetzt und in der Zukunft? Was lässt sich in spiritueller Hinsicht aus diesen Erfahrungen lernen? Welche Pläne hat man für das weitere Leben, welchen Entscheidungen oder Veränderungen stehen für die eigene Entwicklung oder Lebensführung an? Wie kommt man zu guten Entscheidungen in diesen Fragen, die im Einklang mit Gottes Willen und Vorsehung für einen selbst stehen?[49]

2.1.3.3 Zur allgemeinen Ethik in der Geistlichen Begleitung

In ethischer Hinsicht kann der Begleitete folgendes[50] für sich erwarten: Zunächst einmal, dass ihm vor allen Dingen aufmerksam und wohlwollend zugehört wird, und dass er in dem, was er aus seinem Herzen zu teilen bzw. mitzuteilen hat, nicht ständig unterbrochen wird. Außerdem benötigt er einen geschützten Rahmen, damit er sich entsprechend öffnen kann. Das setzt, mit wenigen Einschränkungen aufgrund geltenden Rechts (wie Suizidalität oder eine Gefährdung anderer, einschließlich Kinder und Jugendlicher sowie deren sexuelle Integrität und Selbstbestimmung), strikte Verschwiegenheit seitens des Geistlichen Begleiters voraus. So sind auch Treffen an öffentlichen Orten wie Cafés oder Restaurants für ein Begleitungsgespräch denkbar ungeeignet. Auch sollte das Gespräch nicht durch Telefonanrufe oder Ähnliches unterbrochen werden.[51]

Die religiösen Ansichten bzw. Überzeugungen des Begleiteten sind in aller Regel zu respektieren und als Teil von dessen Persönlichkeit und Entscheidungsfindung anzunehmen. In dem Gespräch geht es um den Ratsuchenden und sein Glaubensleben, nicht um den Geistlichen Begleiter.

---

[49] Vgl. Daniel Burke, John Bartunek, LC: Navigating the Interior Life, S. 50.
[50] Vgl. Teresa Blythe: Spiritual Direction 101, S.
[51] Vgl. ebd., S. 97.

Es sollte auch genug Raum im Beratungszimmer für und zwischen den Gesprächsteilnehmern gegeben sein, damit das Bedürfnis nach persönlichen Grenzen bzw. Distanz zwischen den Individuen gewahrt bleibt. Nähe und Distanz drücken sich auch in der Häufigkeit der Treffen aus, über die der Begleitete zusammen mit dem Begleiter entscheidet. Der eine Mensch wünscht sich ein Treffen alle drei Wochen, während einem anderen alle zwei Monate ein Treffen genügt.[52] Grundsätzlich ist Geistliche Begleitung aber auf eine gewisse Dauer und Regelmäßigkeit angelegt, sonst handelt es sich nicht um eine „Wegbegleitung" im spirituellen Sinne, sondern lediglich um eine „Wegauskunft", um im sprachlichen Bild zu bleiben. Dies ist beim Ausbalancieren von zeitlich-räumlicher Nähe und Distanz auf jeden Fall zu berücksichtigen.[53]

Am wichtigsten ist aber der Respekt psychischer Grenzziehungen, die der Geistliche Begleiter unter allen Umständen zu wahren hat. Unerwünschte bzw. unangebrachte Fragen nach dem Intimleben bzw. Details daraus sind ebenso zu vermeiden, wie unerwünschte Berührungen jeglicher Art, noch dazu, wenn sie, bewusst oder unbewusst, sexuell motiviert bzw. intendiert sind.[54] Und wenn die Zeit naht, die regelmäßigen Treffen zu einem Ende zu führen oder gar den Geistlichen Begleiter aus welchen Gründen auch immer zu wechseln, so hat der Begleitete selbstverständlich das Recht hierzu.

---

[52] Michael Schneider, SJ: Seelenführung und Beichte, S. 2:

> „Es handelt sich [bei der Geistlichen Begleitung, F.D.] um eine sehr tiefe Beziehung, die weder dauerhaft noch ausschließlich sein muß und die sich je nach Umständen wandeln kann. Die Gespräche in der Geistlichen Begleitung sind unterschiedlich häufig, je nach Alter und Bedarf. Wesentlich in der Geistlichen Begleitung ist die Qualität, nicht die Quantität der Treffen, ebensowenig [sic!] die Anzahl der Briefe und die Dauer der Gespräche."

[53] Vgl. Willi Lambert, SJ: Geistliche Begleitung auf dem Glaubensweg, S. 14.
[54] Vgl. Teresa Blythe: Spiritual Direction 101, S. 135. Vgl. auch Daniel Burke, John Bartunek, LC: Navigating the Interior Life, S. 44; 90.

Abhängigkeitsverhältnisse bzw. Instrumentalisierungen auf beiden Seiten sind unbedingt zu vermeiden.[55] Der Begleitete hat nicht den Zweck, den Geistlichen Begleiter in seiner Kompetenz oder in seinem Ego zu bestätigen. Auch eine übermäßige Neugier, Manipulationen und „Machtgelüste" seitens des Begleiters, haben in dieser hochsensiblen Vertrauensbeziehung zwischen zwei Menschen nichts zu suchen. Der Geistliche Begleiter dient immer und in erster Linie als Helfer und Werkzeug des Heiligen Geistes; eine innere, professionelle Distanz zum Begleiteten in „heiliger Indifferenz" ist hier das Mittel der Wahl zur Vermeidung von Fehlentwicklungen oder Extremen. Sonst droht leicht die Gefahr, dass der Geistliche Begleiter zu einem dominanten Übervater (oder zur Übermutter) mutiert und am Ende alle Entscheidungen für den Begleiteten trifft. Die Entscheidungsfreiheit des Christen ist Teil seiner gottgegebenen Würde und als solche unantastbar. Auch droht bei mangelnder innerer Distanz die Gefahr einer zu starken emotionalen Bindung zwischen den Beteiligten, die leicht zu den eingangs genannten Abhängigkeitsverhältnissen oder „Beziehungskisten"[56] aller Art führen kann.

Alle weiteren Modalitäten bzw. Präzisierungen, wie spezielle Grundannahmen sowie Methoden, Art und Ausformung der Beziehung, genaue Festlegung der Rollen, spezifische Rechte und Pflichten auf beiden Seiten, Organisatorisches, etc., die mitunter voneinander abweichen können, sind Bestandteile bzw. Gegenstand der verschiedenen Einzelmodelle, auf die in späteren Abschnitten dieser Arbeit noch näher eingegangen wird.

Methodisch muss auch sauber und konsequent zwischen der Geistlichen Begleitung und anderen Formen helfender Gespräche unterschieden werden. Um die grundlegenden Unterschiede zwischen der Geistlichen Begleitung und einer Auswahl ihr mehr oder weniger ähnlicher Formen helfender Beziehungen wird es im folgenden Abschnitt gehen.

---

[55] Zu den allgemeinen Gefahren von spirituellem Missbrauch in der Geistlichen Begleitung siehe u.a. Doris Wagner: Spiritueller Missbrauch in der katholischen Kirche. Mit einem Vorwort von Klaus Mertes, SJ. Freiburg i.Br. 2019, S. 51 ff.

[56] Vgl. Willi Lambert, SJ: Geistliche Begleitung auf dem Glaubensweg, S. 13.

2.2 Abgrenzung der Geistlichen Begleitung von anderen Formen helfender Gespräche

Geistliche Begleitung bewegt sich heute in einem Umfeld vieler anderer Formen der Begegnung und Begleitung im helfenden Gespräch. Auch, wenn strukturelle Ähnlichkeiten zwischen ihnen bestehen, so haben sie mit der eigentlichen „Seelenführung" sehr wenig zu tun. Es handelt sich bei ihnen auch nicht um unterschiedliche Modelle der Geistlichen Begleitung, wie man beim Mentoring, beim Vocational Growth Counseling oder beim Pastoral Counseling leicht annehmen könnte. Beim Beichtgespräch handelt es um einen Sonderfall, da es in der Vergangenheit oft den Rahmen für die „Seelenführung" geliefert hat, worauf im entsprechenden Abschnitt noch entsprechend einzugehen sein wird. Um eine klare Unterscheidung bzw. Abgrenzung dieser unterschiedlichen Formen der Seelsorge voneinander bzw. auch von der Psychotherapie wird es in den folgenden Abschnitten gehen.

2.2.1 Unterweisung im Glauben: Katechetische Begleitung

Bei der Katechese geht es um die Einführung eines oder mehrerer Christen bzw. „Katechumenen" (Taufbewerber) in die christlichen Glaubensgeheimnisse und deren Feier, bzw. um eine Vertiefung des bereits vorhandenen Glaubenswissens in der Begegnung des Gläubigen mit der Heiligen Schrift sowie mit der Tradition der Kirche. Katechese „soll zur Nachfolge Christi [...] und zur Mitgestaltung des Lebens der Kirche befähigen."[57] Diese Katechese findest zumeist in Gruppen statt, und zwar innerhalb der eigenen Kirchengemeinde oder auch im Religionsunterricht. In der Regel dient die Katechese der Vorbereitung auf den Empfang eines Sakraments (Taufe, Erstkommunion, Firmung, Ehe), ist aber nicht hierauf beschränkt. Sie kann auch als fortlaufende Schulung im Glauben stattfinden, z.B. in Bibelkreisen, Familien- und Jugendgruppen, etc.[58]

---

[57] Günter Biemer: Artikel „Katechese". In: Isidor Baumgartner, Peter Scheuchenpflug (Hgg.): Lexikon der Pastoral. Auf der Grundlage des Lexikon für Theologie und Kirche (LThK), 3. Aufl., Freiburg i.Br. 2002, Sp. 809.
[58] Vgl. Klemens Schaupp: Gott im Leben entdecken, S. 27 f.

Während es bei der Katechese um einen (fortlaufenden) Glaubenserwerb bzw. den Aufbau einer gläubigen Identität geht, dient die Geistliche Begleitung in erster Linie einer Vertiefung des eigenen Glaubens sowie der Glaubenspraxis, und damit letztendlich der persönlichen Gottesbeziehung. Dabei findet Geistliche Begleitung fast immer in Form von Einzeltreffen und -gesprächen statt, und zwar schon allein, um die Intimität und Vertraulichkeit des Geteilten zu wahren, während Katechese fast immer in Gruppen stattfindet. Auch gibt es in katechetischen Gruppen meist einen oder mehrere Leiter, die in der Regel den eigenen Glauben (mit)teilen, während hingegen der Geistliche Begleiter dem Begleiteten in erster Linie als Zuhörer sowie als Reflexionshilfe (im Sinne von „Spiegelung" der seelischen Vorgänge im Begleiteten als Beobachter bzw. Interpret des Wirkens Gottes) dient. Geistliche Begleitung kann bei Zweifeln und Glaubenskrisen helfend und klärend beistehen; eine Glaubensvermittlung kann und soll sie nicht leisten.[59] Und umgekehrt bietet Katechese, selbst wenn sie in Form von Einzeltreffen stattfindet, nicht den geeigneten Rahmen, um Angelegenheiten wie Glaubenskrisen, Fragen der persönlichen Berufung oder wichtige Lebensentscheidungen anzugehen. Es muss daher klar zwischen der katechetischen und der Geistlichen Begleitung unterschieden werden.

2.2.2 Seelsorgerische Krisenintervention („Pastoral Counseling")

Es gibt immer wieder Situationen im Leben, in denen Menschen schwere Schicksalsschläge verkraften müssen: Sie werden mit Verlust und Trauer konfrontiert, dem Scheitern einer Ehe, dem plötzlichen Verlust der Arbeitsstelle, der Diagnose einer schweren oder gar zum Tode führenden Erkrankung, oder sie fühlen sich, oft in Folge der zuvor genannten Ereignisse, von Isolation und Einsamkeit betroffen.[60] Aber auch alltäglichere Probleme können für den Menschen zur besonderen Belastung werden, wie z.B. Partnerschaftsprobleme bzw. familiäre Schwierig-

---

[59] Vgl. ebd.
[60] Vgl. hierzu University of Canberra, Multi-Faith Centre: Pastoral Care: What is it?
http://www.canberra.edu.au/current-students/canberra-students/student-support/multi-faith-centre/pastoral-care/pastoral-worker
(aufgerufen am 13.08.2019)

keiten, finanzielle Sorgen, übermäßiger Stress, Probleme mit Suchterkrankungen aller Art, sexuellem Missbrauch und seinen Folgen, ein vermindertes Selbstwertgefühl, Zweifel am Sinn ihres Lebens oder gar eine Depression.[61] Diese Menschen befinden sich infolge der Ereignisse und Situationen bzw. ihrer inneren Zustände in einer emotionalen sowie spirituellen Notlage, verspüren starken Kummer und Schmerz und benötigen Hilfe bei der Verarbeitung und Bewältigung ihrer Lage, oft mithilfe therapeutischer Lösungsansätze.[62] Wenn es sich bei diesen Menschen um gläubige und praktizierende Christen handelt, werden sie sich oft als ersten Schritt hilfesuchend an ihre Seelsorger vor Ort wenden, d.h. den Gemeindepfarrer, Diakon oder Pastoralreferenten[63], oft auch in Ermangelung geeigneter psychotherapeutischer Angebote an ihrem Wohnort.[64]

Damit stellen sie eine besondere Herausforderung dar, die den einfachen Gemeindeseelsorger vor Ort fordert, manchmal aber auch überfordert.[65] Um ihn in solchen Situationen zu unterstützen und den Betroffenen professionelle Hilfe anzubieten, hat die Pastoralpsychologie die Institution des Pastoral Counseling hervorgebracht, in der sich seelsorgerische Ansätze und Überzeugungen mit Methoden aus der zeitgenössischen Psychotherapie verbinden.[66] Die Kompetenz zur praktischen Anwendung des Pastoral Counseling wird in einer gesonderten Zusatzausbildung vermittelt, da diese über die üblichen Inhalte der Theologenausbildung hinausgeht. Sie befähigt den Seelsorger zur pastoralen Krisenintervention mithilfe von Counseling-Methoden, die den Betroffenen dabei helfen, geeignete Maßnahmen zur Lösung ihrer Probleme zu erkennen und zu

---

[61] Vgl. Ruth Hetzendorfer: Pastoral Counselling Handbook. A Guide for Helping the Hurting, Kansas City (MO), USA 2009, S. 33 ff.; 123 ff.; 175 ff. etc.
[62] Vgl. Mark K. Kipfmueller: Pastoral Counseling Handbook. For Pastors, Deacons and Spiritual Advisors, erschienen im Eigenverlag 2014 (Amazon Digital Services LLC), S. 55 ff.
[63] Vgl. Mihály Szentmártoni, SJ: Camminare insieme, S. 34.
[64] Vgl. Sue Pickering: Spiritual Direction, S. 15.
[65] Vgl. zum Folgenden ebd., S. 14 ff.
[66] Vgl. hierzu auch Isidor Baumgartner: Artikel „Pastoral Counseling". In ders., Peter Scheuchenpflug (Hgg.): Lexikon der Pastoral, Sp. 1264 f. Vgl. auch ders.: Artikel „Heilende Seelsorge". Ebd., Sp. 699 f.

28

ergreifen bzw. Resilienz- und Bewältigungsstrategien[67] zu entwickeln, die ihnen ihr Schicksal aus einem Geist der Zuversicht heraus erträglicher machen.[68]

Die Unterschiede zur Geistlichen Begleitung sind offensichtlich: Pastoral Counseling verfolgt eine therapeutisch-beratende Zielsetzung, indem sie Gesprächshilfe bei Lebenskrisen, Beziehungsproblemen aller Art oder Identitätskrisen anbietet und bei Entwicklungsprozessen unterstützt. Sie zielt auf Wachstum und Entfaltung der Person und will ihr zu mehr Autonomie und Freiheit verhelfen. Im Unterschied zur Psychotherapie behandelt sie allerdings keine *krankhaften* Prozesse, die psychischen Leidensdruck verursachen.[69] Mit Geistlicher Begleitung, die auf die Gottesbeziehung des Einzelnen, Innere Bewegungen, Entscheidungsfindung sowie eine Deutung und Bewertung von Alltagserfahrungen im Licht des Glaubens ausgerichtet ist, hat dies nichts zu tun.[70]

2.2.3 Pädagogisch-psychologische Beratung („Vocational Growth Counseling")

Das II. Vatikanische Konzil hat für die Priesterausbildung wiederholt den behutsamen und klugen Gebrauch der Humanwissenschaften und insbesondere der Psychologie empfohlen.[71] Es gehört zum heutigen Stan-

---

[67] Vgl. University of Canberra, Multi-Faith Centre: Pastoral Care: What is it? (Siehe Fußnote 60.)
[68] Vgl. Wunibald Müller: Artikel „Krisenintervention". In: Isidor Baumgartner, Peter Scheuchenpflug (Hgg.): Lexikon der Pastoral. Auf der Grundlage des Lexikon für Theologie und Kirche (LThK), 3. Aufl., Freiburg i.Br. 2002, Sp. 1014 f.
[69] Vgl. Klemens Schaupp: Geistliche Begleitung – Abgrenzung und Kooperation mit anderen Begleitungs-diensten. In: Sekretariat der Deutschen Bischofskonferenz (Hg.): „Da kam Jesus hinzu..." (Lk 24,15). Handreichung für geistliche Begleitung auf dem Glaubensweg. Arbeitshilfen Nr. 158, Bonn 2001, S. 77 f.
[70] Vgl. ebd., S. 78.
[71] Siehe hierzu das Dekret Optatam Totius (OT) über die Ausbildung von Priestern, Nr. 2, 3, 11, 20.
In Abschnitt 11 heißt es hierzu ausführlich:

dard bei der Kandidatenauswahl für die Priesterausbildung, dass die Kandidaten sich vor ihrer Aufnahme in ein Priesterseminar einer gründlichen, oft mehrtägigen psychologischen Begutachtung unterziehen müssen, und zwar in Form von umfangreichen Tests und Interviews mit unterschiedlichen Psychologen.[72] Dabei wird nicht nur aufmerksam auf die psychische Gesundheit und den persönlichen Reifegrad des Bewerbers geschaut, die etwas über seine persönliche Eignung für die Anforderungen des Theologiestudiums und des späteren Priesterberufs aussagen; es wird auch auf bestimmte Defizite im Reifeprozess sowie charakterliche Entwicklungspotentiale geachtet, die während der Seminarausbildung psychologisch bzw. pädagogisch behandelt bzw. gezielt angegangen und gefördert werden können bzw. sollten. Auf der Website des St. Patrick's College Maynooth heißt es hierzu ausführlicher:

"Psychological assessments can make a positive contribution to a student's growth in his formation journey, especially when development appears to be at a standstill. Many students profit through this type of assessment as it can help locate emotional blockages and indicate ways forward.

„Die Grundsätze christlicher Erziehung sollen hochgehalten und durch die neueren Erkenntnisse einer gesunden Psychologie und Pädagogik ergänzt werden. In klug abgestufter Ausbildung sollen die Alumnen auch zur nötigen menschlichen Reife geführt werden, die sich vor allem in innerer Beständigkeit bewähren muß, in der Fähigkeit, abgewogene Entscheidungen zu fällen, und in einem treffenden Urteil über Ereignisse und Menschen. Die Alumnen müssen ihren Charakter formen lernen. Sie sollen zu geistiger Entschlossenheit erzogen werden und überhaupt jene Tugenden schätzen lernen, auf die die Menschen Wert legen und die den Diener Christi gewinnend machen. "

In Karl Rahner, SJ, Herbert Vorgrimler: Kleines Konzilskompendium. Sämtliche Texte des Zweiten Vatikanischen Konzils, Freiburg i.Br. 1966 (^{35}2008), S. 302. **Anmerkung:** Alle nachfolgenden Quellenzitate der Konzilsdokumente sind diesem Kompendium entnommen, welches der deutschen Rechtschreibung vor den verschiedenen Reformen zwischen 1996 und 2006 folgt. Abweichungen in der Rechtschreibung werden aus stilistischen Gründen nicht kenntlich gemacht, um den Lesefluss nicht zu beeinträchtigen.
[72] Für einige Bistümer der Irischen Kirche finden diese psychologischen Begutachtungen am St. Luke's Centre in Manchester statt. Siehe hierzu: https://stlukescentre.org.uk/assessments/candidate/ (aufgerufen am 14.08.2019)

Psychological assessments are intended as a help to the student and an opportunity for growth. Many dioceses require a psychological assessment of those who apply for entry into the seminary. In all cases the psychological assessment takes its place alongside the assessments of other people concerned with the student or prospective student.[73]

Als Mittel der psychologisch-pädagogischen Intervention bzw. zur Förderung der emotionalen und charakterlichen Reifung der Seminaristen hat die Kirche das Modell des *Vocational Growth Counsel(l)ing* (BE/AE) hervorgebracht.[74] Der Rahmen ähnelt in seiner Form dem Psychological Counseling, Treffen finden über einen längeren Zeitraum ein bis zweimal pro Woche statt und werden durch einen entsprechend qualifizierten, therapeutisch geschulten Psychologen durchgeführt.[75]

Auf der Website Maynooths heißt es hierzu:

---

[73] St. Patrick's College Maynooth, National Seminary of Ireland: Human Formation Programme. Im Internet einsehbar unter:
http://seminary.maynoothcollege.ie/formation/human/
(aufgerufen am 14.08.2019)
[74] Vgl. hierzu auch die Rahmenordnung für die Priesterausbildung der US Bischofskonferenz:

"On occasion, consultation with a psychologist or other licensed mental health professional can be a useful instrument of human formation. Some patterns of behavior, for example, which became set in the candidate's early family history, may impede his relational abilities. Understanding one's psychological history and developing strategies to address elements of negative impact can be very helpful in human formation. This kind of counseling or consultation ought to be distinguished from extensive psychotherapy, which may be needed to address deeply entrenched personal issues that impede full functioning of the person."

United States Conference of Catholic Bishops (Hg.): Program of Priestly Formation, 5th Edition, Washington, D.C., USA 2006, Nr. 80, S. 34 f.
[75] Vgl. Timothy Costello, SM: Forming a Priestly Identity. Anthropology of Priestly Formation in the Documents of the VIII Synod of Bishops and the Apostolic Exhortation Pastores Dabo Vobis, PUG Rom 2002, S. 301.

„In order to address with greater objectivity his own strengths and weaknesses, each student is encouraged to meet with the Vocational Growth Counsellor, a full-time position in the College. Many students take vocational growth counselling of their own choice, while some may be encouraged to do so by those involved in other areas of their formation. In all cases, these meetings require the consent of the student and are treated confidentially. Vocational growth counselling offers the student a unique opportunity to ensure that he is humanly as prepared as possible for the work to which he is called."[76]

Vocational Growth-Sitzungen dienen dem Ziel, den bzw. die Seminaristen dabei zu unterstützen, sich die moralischen und spirituellen Werte des Priesterberufs im Rahmen des mehrjährigen Ausbildungsprozesses zu eigen zu machen, einschließlich aller anderen Werte und Faktoren, die ein individuelles *Reifewachstum in der Berufung* fördern.[77] Das Vocational Growth Counseling entstammt seinen Ansätzen und Methoden nach der Pädagogischen Psychologie und sollte weder mit Psychotherapie, noch mit Geistlicher Begleitung verwechselt werden, welche über ihre je eigenen Methoden und Zielsetzungen verfügen.[78]

Obwohl zwischen der Geistlichen Begleitung und dem Vocational Growth Counseling strikt zu unterscheiden ist, wirkt es dennoch in gewisser Weise auf das spirituelle Leben und Wachstum des Priesteramtskandidaten zurück; Themen wie die Gottesbeziehung, das persönliche Gebetsleben oder die Erfahrung der göttlichen Gnade im fortlaufenden Berufungsgeschehen können in Bezug auf das eigene, kontinuierliche Wachstum in der Berufung selbstverständlich in die Einzelsitzungen miteingebracht werden. Im Vordergrund steht dabei aber nicht ein Geistlicher Begleitungsprozess als solcher, sondern vielmehr ein innerer Reifeprozess und wie er durch eine vertiefte Selbsterkenntnis und realistische

---

[76] St. Patrick's College Maynooth, National Seminary of Ireland: Human Formation Programme. (Siehe Fußnote 73.)
[77] Vgl. Timothy Costello, SM: Forming a Priestly Identity, S. 300.
[78] Vgl. ebd. Siehe hierzu ausführlicher M. E. D'Almeida: Initial Formation. Psychological and Spiritual Factors Relevant to Vocational Growth, unveröffentlichte Dissertation, PUG Rom 1991, S. 157-174.

Selbsteinschätzung in Bezug auf die eigene Priesterberufung gefördert werden kann. Dies schließt auch die Beweggründe mit ein, diese Berufung annehmen und ihr in aller Konsequenz bis zum Lebensende folgen zu wollen, bzw. ebenso alle Arten von Herausforderungen und Schwierigkeiten bei der Umsetzung dieses Ziels in psychologischer Hinsicht.

Trotz der offenkundigen Unterschiede zwischen diesen Formen helfender Gespräche, sehen manche Autoren das Vocational Growth Counseling dennoch in direkter Nähe zur Geistlichen Begleitung.[79] Wie die Geistliche Begleitung selbst, so finden auch die Vocational Growth Counseling-Sitzungen im privilegierten Rahmen statt und genießen den strengen Schutz des Kirchenrechts[80]. Nur unter bestimmten, sehr eng gesteckten Voraussetzungen dürfen sie für eine Beurteilung eines Kandidaten durch seine Ausbildungsverantwortlichen im Bereich des externen Forums in Bezug auf seine Eignung auf den Priesterberuf und die Zulassung zu den Heiligen Weihen herangezogen werden.[81] Dieser geschützte Rahmen soll es dem Seminaristen ermöglichen, sich frei und ohne Sorge dem Counselor zu öffnen und dadurch fruchtbringend mit dem Counseling-Prozess auseinandersetzen zu können.[82]

Diese unmittelbare Nachbarschaft zur Geistlichen Begleitung scheint nicht zufällig zu sein, da in der Praxis das Vocational Growth Counseling die Geistliche Begleitung von Themen und Problemen rund um den psychologischen Wachstums- und Entwicklungsprozess der Priesteramtskandidaten „freihält" und es ihr dadurch erlaubt, sich mehr auf ihre ei-

---

[79] Vgl. Myles Reardon, CM: Priesthood and the Second Dimension. In Colloque. Journal of the Irish Province of the Congregation of the Mission, Ausgabe Nr. 51, Frühjahr 2005, S. 210 f.

[80] Vgl. Gianfranco Ghirlanda, SJ: Foro interno, foro esterno, ambito della coscienza, intimità della persona. Unveröffentlichtes Manuskript zum internen Gebrauch der Studierenden, PUG, Istituto di Spiritualità, Wintersemester 2017, insbesondere S. 20 ff.

[81] Vgl. Kongregation für das Katholische Bildungswesen: Leitlinien für die Anwendung der Psychologie bei der Aufnahme und Ausbildung von Priesterkandidaten, Nr. 13.
http://www.vatican.va/roman_curia/congregations/ccatheduc/documents/rc_con_ ccatheduc_doc_20080628_orientamenti_ge.html (aufgerufen am 14.08.2019)

[82] Vgl. ebd., Nr. 12.

gentlichen Themen zu konzentrieren, nämlich wie Gott sich im Leben der Seminaristen zeigt bzw. an diesem teilhat, bzw. mit anderen Worten, wie sich diese Präsenz Gottes in deren gelebter Spiritualität niederschlägt.[83] Vocational Growth Counseling ist also komplementär zur Geistlichen Begleitung, aber es kann sie weder ersetzen (bzw. umgekehrt), noch stellt es eine Form oder ein Modell der Geistlichen Begleitung dar.

2.2.4 Supervision

Die Einrichtung der Supervision dient ihrer Charakteristik bzw. Zielsetzung nach in erster Linie der Verbesserung der Qualität der beruflichen Arbeit. Dabei nimmt sie Bezug auf psychische, soziale und institutionelle Faktoren, welche ebenjene Qualität im Negativen wie im Positiven beeinflussen können. Sie hilft bei der Klärung und Gestaltung der individuellen beruflichen Rolle, erteilt Ratschläge zur Förderung konzeptionellen Arbeitens und begleitet Strukturveränderungen konstruktiv. Sie nimmt dabei konkrete Situationen des beruflichen Alltags näher in den Blick, d.h. sie analysiert Szenen, Probleme und Konflikte im Kontext der alltäglichen Berufstätigkeit und bietet, wo geboten, entsprechende Hilfestellungen an.[84] Die Agenda wird normalerweise von der Person gesetzt, welche sich der Supervision unterzieht. Der Supervisor dient ihr in diesem Beziehungsmuster als eine Art Lehrer und Beobachter, welcher die allgemeine Gesprächsdynamik steuert und auch die Suche nach einer Problemlösung maßgeblich leitet.[85]

Im pastoralen Kontext kann Supervision bei Problemen helfen wie z.B. Schwierigkeiten im Verhältnis zu Gemeindemitgliedern oder Mitarbeitern im Pastoralteam, emotional belastende oder auch frustrierende Situationen im pastoralen Alltag, Probleme mit Nähe und Distanz bzw. gesunder Grenzziehungen im Berufsalltag, Herausforderungen mit sexueller Anziehung bzw. Gefühlen romantischer Natur, „work-life-balance" und Selbstfürsorge; gesunder Umgang mit Autorität, Macht und Einfluss den Mitarbeitern und sonstigen Angestellten, Gemeindemitgliedern, Kin-

---

[83] Vgl. Myles Reardon, CM: Priesthood and the Second Dimension, S. 211.
[84] Vgl. Klemens Schaupp: Geistliche Begleitung – Abgrenzung und Kooperation mit anderen Begleitungs-diensten, S. 77 f.
[85] Vgl. hierzu und zum Folgenden Sue Pickering: Spiritual Direction, S. 13 f.

dern und Jugendlichen gegenüber etc. Insofern mag Supervision einen wertvollen Beitrag zur Verbesserung der beruflichen Kompetenz eines Seelsorgers leisten, Geistliche Begleitung aber ist sie nicht.[86]

Hiervon unbeschadet bestehen Formen und Angebote der Supervision, die sich speziell an (professionelle) Geistliche Begleiter richten und die ihnen bei ihrer Arbeit helfen können.[87] Sie können jedoch Geistliche Begleitung für den Begleiter selbst nicht ersetzen, die er unabhängig von einer evtl. Supervision regelmäßig für sich wahrnehmen muss.

2.2.5 Mentoring

Beim Mentoring handelt es um eine bestimmte Art der Beziehung zwischen zwei Menschen, bei denen einer von beiden einen gewissen Kompetenz-, Wissens- und Erfahrungsvorsprung in Hinblick auf gewisse Tätigkeiten, Fähigkeiten oder Fertigkeiten in einem ganz bestimmten Kontext hat, die er mit dem anderen zu teilen bereit ist. Es handelt sich hierbei also um eine praxisbezogene Form eines „Schüler-Lehrer-Verhältnisses". Die Beziehung ist ihrer Natur nach asymmetrisch, der Zweck der Beziehung besteht in erster Linie in der Weitergabe von Wissen, Können, Erfahrung, Beratung und ggf. auch Ermutigung.[88] Mit anderen Worten, Mentoring findet überall dort statt, wo es darum geht, Menschen anzulernen, einzuarbeiten oder sonst irgendwie beim Einstieg in eine Tätigkeit bzw. der Übernahme eines Aufgabenbereichs zu unterstützen.

Im Gemeindekontext[89] kann es im Konversionsprozess bzw. bei Neubekehrten zu einem Mentoring-Verhältnis kommen, bei denen eine Art „großer Bruder" bzw. „große Schwester" im Glauben oder auch ein Pate

---

[86] Vgl. Klemens Schaupp: Gott im Leben entdecken, S. 28.
[87] Siehe hierzu Mary R. Bumpus, Rebecca Bradburn Langer (Hgg.): Supervision of Spiritual Directors. Engaging in Holy Mystery, Harrisburg (PA); New York (NY), USA 2005. Siehe auch Madeline Birmingham, William J. Connolly: Witnessing to the Fire. Spiritual Direction and the Development of Directors, Kansas City (MO), USA 1994, S. 155-188.
[88] Vgl. Sue Pickering: Spiritual Direction, S. 14.
[89] Vgl. zum Folgenden ebd.

nach dem neuen Gemeindemitglied schaut, es gewissermaßen „unter seine Fittiche" nimmt und ihm dabei hilft, sich im neuen Glauben und in der Kirchengemeinde in allen praktischen Angelegenheiten zurechtzufinden.[90]

Im Sinne einer „geistlichen Pädagogik" gibt es auch in den Ordensgemeinschaften sowie in der Priesterausbildung traditionell Beziehungsverhältnisse, die einem Mentoring gleichkommen.[91] Dies ist z.b. bei Novizenmeistern oder auch bei erfahrenen Pfarrern der Fall, die sich in praktischer Hinsicht bzw. als „Praxisanleiter" um den geistlichen Nachwuchs kümmern und diesen auf den geistlichen Stand oder einen geistlichen Dienst vorbereiten bzw. dahingehend ausbilden.

„Der geistliche Pädagoge wird auf dem Weg der geistlichen Formung mit Rat und Hilfe zur Verfügung stehen und helfen, Krisen und Wachtumsprozesse [sic!, F.D.] durchzustehen; auch wird er wichtige Impulse geben, die für den weiteren geistlichen Weg des anderen entscheidend und hilfreich sind, damit er seinem geistlichen Stand und Dienst gemäß leben und arbeiten kann."[92]

Was zuvor für die Katechese gesagt wurde, gilt auch hier: Bei der Geistlichen Begleitung handelt es sich nicht um ein Ausbildungs- bzw. „Meister-Schüler"-Verhältnis, bei dem es um den Transfer von geistlichem Wissen oder besonderen spirituellen Fähigkeiten geht. Es geht vielmehr um die Frage in Bezug auf das eigene geistliche Leben: „Was führt mich mehr zu Gott hin, was führt mich eher von ihm weg?"[93]

---

[90] Zum Mentoring im Kontext der christlichen Spiritualität siehe auch die Ausführungen in Tobias Faix, Anke Wiedekind: Mentoring – Das Praxisbuch. Ganzheitliche Begleitung von Glaube und Leben, Neuenkirchen-Vluyn [7]2017.
[91] Vgl. Michael Schneider, SJ: Geistliche Begleitung im Lebensprozeß, S. 1f.
[92] Ebd., S. 2.
[93] Klemens Schaupp: Gott im Leben entdecken, S. 27.

2.2.6 Psychotherapie

Es lässt sich kaum bestreiten, dass die Geistliche Begleitung im 20. Jahrhundert in methodischer Hinsicht ganz bedeutende Impulse seitens der verschiedenen Psychotherapieschulen[94] erhalten hat, wobei hier insbesondere der Einfluss des Personzentrierten Ansatzes von Carl Rogers hervorzuheben ist.[95] Viele Einführungen bzw. Anleitungen zur Geistlichen Begleitung nehmen dezidiert und ausführlich Bezug zu Rogers' Methodik; auch an der PU Gregoriana wird in der Ausbildung im Fach Geistliche Begleitung („Direzione Spirituale") umfangreich auf Carl Rogers Bezug genommen bzw. seine Methodik gelehrt und eingeübt.[96]

Der Nutzen des Personzentrierten Ansatzes für die Geistliche Begleitung liegt auf der Hand, denn er lehrt Grundhaltungen bzw. Verhaltensweisen im Beratungsgespräch, die für den Prozess der Geistlichen Begleitung höchst zielführend, wenn nicht sogar unerlässlich sind.[97] Er lehrt „aktives", einfühlsames Zuhören und Verstehen des anderen durch den Begleiter und bringt dem Begleiteten größtmögliche Offenheit, Respekt sowie bedingungslose, *echt* empfundene positive Wertschätzung, emotionale Wärme und Akzeptanz entgegen. Er schenkt den seelischen Bewegungen des Gegenübers besondere Aufmerksamkeit und hilft dabei, diese

---

[94] Hier wäre vor allem auch C. G. Jung und der Einfluss seiner Tiefenpsychologie auf die Geistliche Begleitung zu nennen. Zur weiterführenden Literatur hierzu siehe u.a. Eugene Geromel: Depth Psychotherapy and Spiritual Direction, S. 148-158. Siehe ebenso Robert A. Repicky, CSB: Jungian Typology and Christian Spirituality, S. 165-178. Beide in David L. Fleming, SJ: The Christian Ministry of Spiritual Direction. Review for Religious. The Best of the Review, Vol. 3 (Sammelband), St. Louis (MO), USA 1988. Siehe auch Teresa Blythe: Spiritual Direction 101, S. 13,

[95] Vgl. hierzu Klaus Kießling: „Unmittelbar den Schöpfer mit dem Geschöpf wirken lassen" – Personzentrierte Geistliche Begleitung. In Christiane Burbach (Hg.): Handbuch Personzentrierte Seelsorge und Beratung, Göttingen 2019, S. 392-402.

[96] Siehe hierzu u.a. J. Emilio González Magaña, SJ: Pratica della Direzione Spirituale e le Tecniche della Consulenza Pastorale. Verlaufsplan zum Seminar AS2008 im Sommersemester 2018 an der PU Gregoriana, Rom; unveröffentlichtes Manuskript zum internen Gebrauch der Studierenden, S. 8, 10 u. 11.

[97] Vgl. hierzu und zum Folgenden Peter Köster, SJ: Geistliche Begleitung, S. 17-27.

wahrzunehmen, zu identifizieren und zu verbalisieren. Diese Haltung seitens des Begleiters schafft eine vertrauensvolle Beziehung zum Begleiteten, dem es hierdurch erst ermöglicht wird, sich zu öffnen, in dem, was er aus seinem Innern preisgibt, sich selbst zu begegnen und zu erkennen, d.h. sich auch mit sich selbst auseinanderzusetzen, und hierdurch den Weg zur Selbstveränderung bzw. inneren Wandlung zu finden. Der nondirektive Ansatz Rogers' gestattet es dem Geistlichen Begleiter außerdem, sich selbst so weit wie möglich zurückzunehmen, den Heiligen Geist wirken zu lassen und dabei voll und ganz auf die Führungskraft Gottes zu setzen.[98]

Eine (gesprächs)psychologische Ausbildung, ggf. auch eine Schulung in Psychopathologie[99], kann also für einen professionellen Geistlichen Begleiter von großem Nutzen sein, nicht nur aus den eben genannten Gründen. Denn immer wieder wird er in seiner Tätigkeit Menschen begegnen, die nach Geistlicher Begleitung fragen, aber eher eine Psychotherapie erwarten. Hier muss von vornherein Klarheit zwischen Erwartungshaltung und Wirklichkeit geschaffen werden. Es kann aber auch sein, dass der Begleitete im Gespräch Gedanken äußert oder Verhaltensweisen zeigt, die auf einen psychopathologischen Prozess, auch in Hinblick auf die eigene Spiritualität (z.B. Depression, Angsterkrankungen, Skrupulanz, Anorexie, Wahnvorstellungen, etc.), hinweisen und als solche dringend ernst zu nehmen sind. Diese Anzeichen sollte ein Geistlicher Begleiter erkennen können, um den Begleiteten ggf. an entsprechende professionelle Hilfe durch einen klinischen Psychologen bzw. Psychiater weiterzuleiten. Denn eine Behandlung psychischer Erkrankungen kann die Geistliche Begleitung nicht leisten; hierfür ist sie nicht gedacht und hierfür sind dem Begleiter auch rechtlich und moralisch klare Grenzen gesetzt.

In einer psychologischen Psychotherapie geht es grundsätzlich um eine Behandlung krankhafter bzw. krankmachender Prozesse innerhalb

---

[98] Vgl. Klaus Kießling: „Unmittelbar den Schöpfer mit dem Geschöpf wirken lassen" – Personzentrierte Geistliche Begleitung, S. 397 f.
[99] Siehe hierzu z.B. Mihály Szentmártoni, SJ: Psicopatologia e vita spirituale, PU Gregoriana, Rom 2018; unveröffentlichtes Manuskript zum internen Gebrauch der Studierenden. Siehe auch Jochen Sautermeister, Tobias Skuban (Hgg.): Handbuch psychiatrisches Wissen für die Seelsorge, Freiburg i.Br. 2018.

der menschlichen Psyche, die Be- bzw. Verarbeitung traumatischer Erlebnisse, oder sie zielt auf die Behandlung einer gestörten bzw. verzerrten Wahrnehmung der Wirklichkeit ab. Sie will krankmachende, oft unbewusste Konflikte aufdecken und behandeln bzw. von destruktiven Verhaltensweisen oder Beziehungsmustern befreien.[100] Hierfür stehen in den unterschiedlichen psychologischen Schulen ganz verschiedene Behandlungsansätze und Methoden zur Verfügung, die mitunter stark voneinander abweichen. Bei der Behandlung akuter Krisen in der Seelsorge greift auch das oben beschriebene Pastoral Counseling auf diese Ansätze und Methoden zurück.

Das der klinischen Psychologie artverwandte Psychological Counseling möchte den Einzelnen in seiner persönlichen Entwicklung fördern, seine Selbstwahrnehmung verbessern und seine Identitätsfindung unterstützen, sowie bei der Bearbeitung innerpsychischer oder psycho-sozialer Konflikte helfen. Je nach psychologischer Schule wird hierbei auch mit unbewusstem Material gearbeitet, z.B. mit Träumen, vergessenen bzw. verdrängten Ereignissen oder Wünschen, Gefühlen und Konfliktmustern, etc.[101]

Es geht den unterschiedlichen Formen der Psychotherapie aber eben nicht um Glaubensfragen, sondern um eine Befreiung von inneren Zuständen, die Leidensdruck erzeugen. Hiervon wollen sie den Klienten soweit befreien, „daß [sic!, F.D.] sich seine Identität in gesunder und kreativer Weise festigen kann."[102] Ziel der Psychotherapie ist die „Freiheit von", während es der Geistlichen Begleitung um eine „Freiheit für" geht. In der Psychotherapie wird an einer helfenden und heilenden Beziehung zwischen dem Therapeuten und seinem Klienten gearbeitet, in der Geistlichen Begleitung hingegen steht die Beziehung des Begleiteten mit Gott im Zentrum des Begleitungsprozesses.[103] Zwar mag es in der Geistlichen Begleitung auch Momente geben, die der Begleitete als „therapeutisch" wahrnimmt; bei ihnen handelt es sich jedoch um „Nebeneffekte"[104]

---

[100] Vgl. Klemens Schaupp: Geistliche Begleitung – Abgrenzung und Kooperation mit anderen Begleitungsdiensten, S. 77 f.

[101] Vgl. ders.: Gott im Leben entdecken, S. 28 f.

[102] Ebd., S. 28.

[103] Vgl. ebd., S. 29.

[104] Vgl. Willi Lambert, SJ: Geistliche Begleitung auf dem Glaubensweg, S. 14.

des Begleitungsgeschehens (die aber deswegen nicht unwillkommen sind); beabsichtig sind sie nicht. Im Gegenteil wird es jeder erfahrene Geistliche Begleiter tunlichst vermeiden, in die Rolle des Psychotherapeuten „zu schlüpfen", da er hierfür weder ausgebildet, noch qualifiziert ist. Und selbst, wenn er es sein sollte, erfordert seine Professionalität eine strikte Trennung dieser beiden Formen des helfenden Gesprächs, da sonst die Grenzen dazwischen verschwimmen und das Eigentliche aus dem Blick gerät, nämlich das Wachstum im Glaubensleben und damit in der Gottesbeziehung.[105]

2.2.7 Sonderfall: Beichtgespräche als Form der praktischen Seelsorge

Über einen langen Zeitraum in der Spiritualitätsgeschichte bot die sogenannte „Andachtsbeichte"[106] sowohl die Gelegenheit, als auch den äußeren Rahmen für viele Gläubigen, um „Seelenführung", also eine Art der Geistlichen Begleitung, durch ihren „Beichtvater"[107] zu erfahren. Hierfür öffneten sie ihm ihr Gewissen, offenbarten ihre noch so geheimen Gedanken und Sorgen, ihre Schwierigkeiten im Gebet und in der Gottesbeziehung, ihren Kampf mit dem Zweifel oder ihr Ringen um Tugend und Moral. Dies eröffnete dem Beichtvater die Möglichkeit, neben der Absolution, die allerdings nur bei schwerwiegenden Sünden wirklich heilsnotwenig war (und immer noch ist), auch geistlichen Ratschlag, Schulung des Gewissens sowie sonstige *spirituelle Führung* anzubieten. Der Beichtvater fungierte hierbei als enger Vertrauter des Gläubigen in

---

[105] Vgl. Teresa Blythe: Spiritual Direction 101, S. 116 ff.

[106] Vgl. zum Folgenden Michael Schneider, SJ: Seelenführung und Beichte. Und ders.: Geistliche Begleitung im Lebensprozeß, S. 3-9.

[107] In dieser Ehrenbezeichnung klingt 1 Kor 4,14-16 an:

„Nicht um euch zu beschämen, schreibe ich das, sondern um euch als meine geliebten Kinder zu ermahnen. Hättet ihr nämlich auch unzählige Erzieher in Christus, so doch nicht viele Väter. Denn in Christus Jesus habe ich euch durch das Evangelium gezeugt. Darum ermahne ich euch: Haltet euch an mein Vorbild!"

Vgl. Michael Schneider, SJ: Seelenführung und Beichte, S. 3.

allen geistlichen Angelegenheiten und vielen Lebensfragen, wurde dadurch zu einer eine Art „väterlichem Freund", der dem „Beichtkind" von Herzen zugetan war, was sich entsprechend in diesen charakterisierenden, „familiären" Bezeichnungen der verschiedenen Rollen widerspiegelt.

Nach den Reformen im Anschluss an das II. Vatikanische Konzil und der Veröffentlichung des neuen Ordo paenitentiae[108] ist hiervon nicht mehr viel übrig geblieben. Einige sehen den (praktischen) Grund hierfür darin, dass sich das Zahlenverhältnis von Priestern zu Laien mittlerweile sehr stark zu Ungunsten der Priester verschoben hat, so dass sich die verbliebenen Priester aufgrund stark beschränkter Zeitkapazitäten sehr viel mehr auf einen (rein) sakramentalen Charakter des Beichtgesprächs konzentrieren, während im Gegenzug die Geistliche Begleitung als Betätigungsfeld immer stärker für kirchliche Laien als Begleiter geöffnet hat, die naturgemäß das Bußsakrament nicht spenden können. Dies hat in der Konsequenz zu einer immer stärkeren Trennung zwischen Beichte und Geistlicher Begleitung geführt.[109]

In der heutigen Form ist das Sakrament der Buße und Versöhnung streng „vergebungsorientiert" umgeformt worden.[110] Die Beichte gestaltet sich, sofern sie heutzutage überhaupt noch stattfindet, als ein formaler „Prozess", in welchem der Pönitent sich seiner Sünden anklagt, Reue äußert, Vergebung erbittet, eine Buße auf sich nimmt und den Zuspruch der Versöhnung mit Gott und seiner Kirche erfährt. Der Priester tritt in diesem Prozess als Richter auf, oft in streng formalistischer und damit eher unpersönlicher Weise, und vergibt die im Schuldbekenntnis genannten Sünden sakramental an Christi statt durch seine priesterliche Vollmacht. Sofern der Priester als Seelsorger geistlichen Rat, Trost und Zuspruch erteilt, werden sich diese auf die in der Beichte angesprochenen Fragen und Themen beschränken. Hierdurch hat eine Verengung stattgefunden, das Element der Geistlichen Begleitung ist nunmehr stark in den Hintergrund getreten.

---

[108] Ordo paenitentiae. Editio typica, Vatikanstadt 1974.

[109] Vgl. Daniel Burke, John Bartunek, LC: Navigating the Interior Life, S. 4.

[110] Vgl. als Beispiel für den Prozesscharakter des Beichtritus die stark juridischen Ausführungen in Nicholas Halligan, OP: Sacraments of Reconciliation, Vol. II: Penance, Anointing of the Sick, State Island (NY), 1972, S. 52-86.

Geistliche Begleitung ist aber ihrem Wesen nach sehr viel weiter gefasst. Sie richtet sich erst einmal auf nichts Spezifisches, sondern sie will „den ganzen Menschen in der Tiefendimension seiner Lebensvollzüge für Gott öffnen. Was der Begleiter dem anderen vermittelt, ist eine neue Art und Weise zu leben und zu glauben." In diesem Sinne muss klar zwischen dem Sakrament der Buße und dem Prozess der Geistlichen Begleitung unterschieden werden.

Dies gilt auch, wenn der Geistliche Begleiter zugleich der Beichtvater des Begleiteten ist. In diesem Fall sollte er die beiden Rollen getrennt voneinander behandeln und ausüben. Dabei ist auch zu beachten, dass es zwar möglich ist, dem Pönitenten geistlichen Rat im Sinne der Seelenführung innerhalb des Beichtgespräches zu erteilen. Da das Beichtgeheimnis aber absolut und unverletzlich ist, kann das in der Beichte Erfahrene nicht außerhalb des Beichtgesprächs angesprochen oder für den weiteren Begleitungsprozess verwendet werden. Außerdem gilt zu beachten, dass die Geistliche Begleitung nicht das Beichtgespräch und die Absolution zur Sündenvergebung im Sinne des Bußsakraments ersetzt.[111]

Nichtsdestotrotz gibt es in jüngerer Zeit erneute Versuche, Geistliche Begleitung wieder stärker in Beichtgespräche einzubinden und damit ein früheres Modell, das sich über Jahrhunderte bewährt sowie große Heilige hervorgebracht hat, wiederzubeleben.[112] Dieser Ansatz wird im Hauptteil als „Sakramentales Modell der Geistlichen Begleitung" noch einmal aufgegriffen und eingehender behandelt werden, auch in Hinblick auf die Sinnhaftigkeit eines solchen Unterfangens.

---

[111] Vgl. Stephan B. Haering, OSB: Kirchenrechtliche Aspekte der Geistlichen Begleitung. In: Sekretariat der Deutschen Bischofskonferenz (Hg.): „Da kam Jesus hinzu..." (Lk 24,15). Handreichung für geistliche Begleitung auf dem Glaubensweg. Arbeitshilfen Nr. 158, Bonn 2001, S. 44.
[112] Vgl. David L. Fleming, SJ: Models of Spiritual Direction, S. 109 f.

2.3 Ein Modell-Begriff für die Pastoralpsychologie – Versuch einer Definition

2.3.1 Der allgemeine Modellbegriff in der psychologischen Wissenschaft

Der Begriff „Modell" ist dem Lateinischen entlehnt („modulus") und bedeutet ursprünglich so viel wie „Form, Muster, Plan; Maßstab".[113] In den Sozialwissenschaften sowie der psychologischen Wissenschaft wird der Modell-Begriff für Theorien verwendet, die in einer exakten Sprache bzw. mit einer genau festgelegten Terminologie abgefasst worden sind.[114] So ist z.b. eher von „mathematischen Lernmodellen" die Rede als von einer „mathematischen Lerntheorie". Damit sollen „Modelle" von anderen Theorien unterschieden werden, die eher allgemein und umgangssprachlich gefasst worden sind. Tatsächlich aber werden im Sprachgebrauch der verschiedenen psychologischen Disziplinen die beiden Begriffe „Theorie" und „Modell" oft in austauschbarer Weise verwendet.

Modelle beinhalten in der Regel Vorgaben im Sinne von Interpretationsmustern und Handlungsanweisungen, hervorgegangen aus konkreten Fragestellungen, Beobachtungen oder Vorannahmen, die unter festgelegten Bedingungen „selbständig und erfolgreich"[115] zur Lösung von Problemen bzw. zur Bewältigung von Aufgaben oder Herausforderungen einzusetzen sind. Die Übertragbarkeit bzw. Anwendbarkeit auf die Praxis spielt bei Modellen also eine entscheidende Rolle. Hierdurch und durch die zuvor genannte Austauschbarkeit der Termini eignet dem Modell-Begriff im akademischen Sprachgebrauch allerdings oftmals eine gewisse Unschärfe, da nicht immer ganz klar zwischen „(allgemeiner) Theorie", „(konkretem) Modell", „(praktischem) Handlungsansatz" bzw. „(standardisierter) Methode" sowie „(situationsbedingter) Intervention" unter-

---

[113] Vgl. hierzu u.a. Werner D. Fröhlich: DTV Wörterbuch der Psychologie. Stichwort „Modell". Taschenbuch-Ausgabe, München 2010 (⁵2017), S. 324 f.
[114] Vgl. hierzu und zum Folgenden Peter F. Schlottke: Stichwort „Modell". In Markus A. Wirtz (Hg.): Dorsch – Lexikon der Psychologie. Bern ¹⁸2014, S. 1041.
[115] Ebd.

schieden wird.[116] Dies ist gelegentlich auch in der Pastoralpsychologie der Fall, wenn in der Literatur von „Modellen der Geistlichen Beglei- tung" der Rede ist.[117] Eine begriffliche Umgrenzung des Modellbegriffs in der Spirituellen Theologie bzw. Pastoralpsychologie erscheint daher wünschenswert bzw. für die Fragestellungen dieser Arbeit sogar unerläss- lich.

2.3.2 Definition eines spezifischen Modell-Begriffs für die Geistliche Begleitung

In ihrem Einführungsbuch zur Praxis der Geistlichen Begleitung bietet Sue Pickering folgende Definition eines Modell-Begriffs für das in sich weite und daher schwer erfassbare Themenfeld der Geistlichen Beglei- tung an:

„A spiritual direction 'model' relates to a set of underlying principles, core practices, content and attitudes which to- gether form a coherent and consistent way of working with directees. In each case, the theoretical background gives rise to a particular style of interaction between director and directee, and a way of viewing their respective roles and re- sponsibilities."[118]

Damit ist für den weiteren wissenschaftlichen Diskurs eine Modell- Definition zur Verfügung gestellt, die in Hinblick auf die Fragestellung dieser Arbeit grundsätzlich Verwendung finden kann, da sie alle relevan- ten Faktoren abdeckt. Aufgrund ihrer leicht reduktiven Kürze erscheint es

---

[116] Zu den hier aufgezählten Begriffen die Definitionen bzw. die Anwendung jener Termini vgl. z.B. in David Capuzzi, Mark D. Stauffer (Hgg.): Counseling and Psychotherapy. Theories and Interventions. American Counseling Associa- tion (ACA), Alexandria (VA), USA [6]2016. (Hier erscheinen diese Begriffe na- turgemäß in ihrer englischsprachigen Version.)
[117] Zur Vielschichtigkeit des Begriffs der Geistlichen Begleitung und ihrer ver- schiedenen Modelle und Methoden vgl. David L. Fleming, SJ: Models of Spiri- tual Direction, S. 106-112.
[118] Sue Pickering: Spiritual Direction. A Practical Introduction, Norwich, UK [5]2017, S. 24.

für ein genaueres Verständnis des Modell-Begriffs allerdings nützlich, diese Definition im Folgenden unter Zuhilfenahme einschlägiger praktisch-psychologischer Fachliteratur jüngeren Datums zu ergänzen und zu vertiefen bzw. weiter auszudifferenzieren:

Ein vollständiges, praktikables und zugleich wirksames Modell der Geistlichen Begleitung bietet notwendigerweise sowohl einen theoretischen, als auch einen methodischen Gesamtrahmen, in welchen alle an dieser speziellen Beziehungsform beteiligten Akteure ihrer je eigenen Rollenzuschreibung gemäß eingebettet sind.[119] Man kann bei einem Modell im pastoralpsychologischen Sinne alternativ auch von einem *„handlungsleitenden Theorierahmen"* sprechen, welcher über einen mehr oder minder langen Zeitraum aus Wissen und Erfahrung erwachsen ist. Ein solcher Rahmen umfasst neben den notwendigen Begriffssetzungen und -klärungen auch eine Beschreibung der jeweiligen Aufgaben und Kompetenzen der Akteure innerhalb dieser Beziehung. Des Weiteren liefert ein solches Modell allgemeine Vorgehensweisen und Prinzipien für das geistliche Beratungsgespräch sowie oft auch eine Deutung und Prognose von Entwicklungsstadien im geistlichen Wachstumsprozess. Es benennt Strategien für die Lösung von Problemen oder die Bewältigung von Konflikten oder Krisen aller Art, den Umgang mit Rückschlägen im geistlichen Entwicklungsprozess sowie nicht zuletzt ein Aufzeigen der Möglichkeiten und Grenzen des geistlichen Beraters bzw. Begleiters.

2.3.3 Methodischer Zweck bzw. Nutzen von verschiedenen Modellen in der Geistlichen Begleitung

Die verschiedenen Modelle der Geistlichen Begleitung zielen in der Regel auf die mitunter sehr unterschiedliche Beantwortung einer ganzen Reihe von Fragen ab, welche im Einleitungstext bereits angeklungen sind und an dieser Stelle nun etwas ausführlicher ausformuliert werden[120]:

---

[119] Vgl. hierzu und zum Folgenden David Capuzzi, Mark D. Stauffer und Douglas R. Gross: The Helping Relationship, S. 4.

[120] Vgl. zum Folgenden auch Kevin A. Fall, Janice Miner Holden und Andre Marquis: Theoretical Models of Counseling and Psychotherapy. London; New York, USA ³2017, S. 1 ff.

Welche Rolle und welche Aufgaben kommen dem Geistliche Begleiter zu? Benötigt er hierfür eine besondere Ausbildung? Ein bestimmtes
Mindestalter? Einen bestimmten Erfahrungshorizont, sowohl geistlich als
auch weltlich? Über welche Gaben und Fähigkeiten muss ein guter Geistlicher Begleiter verfügen? Und kann man diese erlernen? Welchen Stand
im Leben muss er einnehmen, d.h. welcher Lebensform muss er für sich
folgen? Kann er (oder sie) verheiratet sein? Oder muss er bestimmte Or-
densgelübde abgelegt haben oder gar Priester sein? Sollte er für seine
Dienste eine Bezahlung annehmen oder gar erwarten dürfen? Und wie
wirkt der Prozess der Geistlichen Begleitung auf ihn selbst zurück, d.h.
auf seinen Glauben, seine Tugend oder seine Gottesbeziehung? Wie geht
er mit seelischen Belastungen aus dem Begleitungsprozess für sich um?
Woher schöpft er seine Kraft, seine Inspiration? Und wie wichtig ist es,
dass er selbst für sich Geistliche Begleitung erfährt? Benötigt er für seine
Tätigkeit eine Art der Supervision? Wenn ja, wie sollte diese aussehen?

Auf der anderen Seite dieser Beziehung: Welches ist die Position und
welche sind die Aufgaben desjenigen, der sich geistlichen Rat in der Begleitung einholt? Welches sind seine Rechte und Pflichten innerhalb dieser Beziehung? Ist er oder sie in einen institutionellen Rahmen eingebunden? Und wenn ja, kann der Ratsuchende seinen geistlichen Begleiter frei
wählen? Wenn ja, nach welchen Kriterien? Hieraus ergibt sich auch die
Frage nach dem Beginn dieser Beziehung: Wann und auf welche Weise
tritt sie ein? Wodurch ist sie motiviert?

Was gilt es für den Anfang eines Begleitungsverhältnisses zu beachten? Welche Fragen sind zu stellen oder zu vermeiden? Sollte die Begleitung direktiv oder non-direktiv erfolgen? Welche ist die Zielsetzung?
Und mit welchen Mitteln bzw. Methoden können die gesetzten Ziele
verfolgt werden? Wie alt oder erprobt sind diese Mittel? Entstammen sie
einer bestimmten geistlichen Tradition bzw. Schulrichtung? Wenn ja,
muss der Geistliche Begleiter dieser Tradition angehören? Falls dies der
Fall ist, in welcher Weise? Ist er an die Handlungsansätze bzw. -
anweisungen dieser Tradition streng gebunden, oder kann er zwischen
verschiedenen Ansätzen auswählen bzw. variieren? („Integrative Ansätze" versus „methodischer Purismus")

46

Auf welche Dauer ist die Geistliche Begleitung angelegt? In welchen Intervallen sollten sich Begleiter und Ratsuchender treffen? Wie lange sollte eine Sitzung dauern? Und am Ende eines Beratungsverhältnisses, wie lässt man diese Beziehung für alle daran Beteiligten am besten auslaufen? Oder wird es in irgendeiner Weise fortbestehen?

Je mehr von diesen verschiedenen Fragen anhand eines Modells der Geistlichen Begleitung beantwortet werden können, desto durchdachter und erprobter scheint dieses Modell zu sein, und desto einfacher, umfassender und zweckmäßiger kann es in der Praxis eingesetzt werden.

Ein wohlkonzipiertes und in der Praxis bewährtes Modell der Geistlichen Begleitung weist entsprechend eine ganze Reihe von Vorteilen auf: Es verschafft allen Beteiligten einen Sinn für Struktur und Ordnung und eröffnet insbesondere dem Begleiter einen ganzen Satz an nützlichen Deutungsmustern, Handlungsanweisungen und Strategien, aber auch einen ethischen Rahmen (und damit Grenzen) für seinen geistlichen Dienst am Mitchristen. Sofern der Geistliche Begleiter die freie Auswahl zwischen verschiedenen Modellen hat, eröffnet ihm dies die Möglichkeit, auf den persönlichen Hintergrund und die individuellen Bedürfnisse des sich ihm anvertrauenden Menschen einzugehen. Er kann damit alle ihm zur Verfügung stehenden Ressourcen sowohl des Individuums, als auch der geistlichen Tradition nutzen, um seinem Gegenüber zu einem größtmöglichen Wachstum in seinem geistlichen Leben und damit in seiner Gottesbeziehung zu verhelfen. Alles in allem verschafft also ein gelungenes, d.h. wohldurchdachtes, präzise definiertes und vielfach erprobtes Modell beiden Seiten, die in einen geistlichen Begleitungsprozess eingetreten sind, ein Gefühl der Sicherheit und die Gewissheit, stets das situativ angemessene und damit, so ist zu hoffen, das in den Augen Gottes und seiner Kirche Richtige zu tun.[121]

Im weiteren Verlauf dieser Arbeit werden die oben auflisteten Kriterien bzw. Fragen methodisch auf die einzelnen hier zu betrachtenden Modelle (bzw. Theorien, bzw. Bilder) der Geistlichen Begleitung im Sinne der Fragestellung dieser Arbeit angewandt, um ein möglichst vollständiges Teilbild aus dem Gesamtspektrum der Geistlichen Begleitung

---

[121] Vgl. ebd., S. 2 f.

zu extrahieren. Die dadurch gewonnenen Einsichten und Erkenntnisse können dann für die abschließende Auswertung und Beurteilung der ausgewählten Modelle herangezogen werden.

3. Definitionen und Weisungen des kirchlichen Lehramts

In den Jahrzehnten, die seit dem II. Vatikanischen Konzil (1962-1965) vergangen sind, hat sich das kirchliche Lehramt wiederholt zu Fragen der Geistlichen Begleitung, insbesondere in Hinblick auf die Priesterausbildung, geäußert. Wie bereits in der Einleitung geschildert, wird sich dieses Kapitel auf die Dokumente und Instruktionen des II. Vatikanums sowie auf zwei autoritative Verlautbarungen des kirchlichen Lehramts im Anschluss an das Konzil beschränken. Diese sind der Katechismus der Katholischen Kirche (KKK), aufgrund seiner universellen Geltung auch „Weltkatechismus" genannt, sowie der Codex Iuris Canonici (CIC) von 1983. Es handelt sich hierbei um zwei grundlegende Dokumente der Kirche, welche die Instruktionen des Konzils sowie die Impulse, die von ihm ausgegangen sind, aufgreifen, auslegen, ergänzen sowie für die kirchliche Lehre und Praxis nutzbar machen wollen.

3.1 Dokumente und Instruktionen des II. Vatikanischen Konzils

In einer Phase des Aufbruchs und der Neuorientierung wollte das II. Vatikanische Konzil den kaum zu überschätzenden Wert der Geistlichen Begleitung für die spirituelle Heranreifung und Entwicklung eines jeden einzelnen Gläubigen noch einmal ganz gezielt hervorheben.[122] Der Blick der Konzilsväter galt dabei nicht nur der großen Vergangenheit dieser altehrwürdigen Institution der Kirche; man erkannte auch die Krise, in welcher die Geistliche Begleitung zu jener Zeit steckte. Die „Zeichen der Zeit" deutend[123], bekräftigten sie die entscheidende Rolle der Geistlichen Begleitung für die diversen Stände und Gruppierungen innerhalb der Kirche, d.h. die Laien, Ordensleute, Priester und nicht zuletzt die Priesteramtskandidaten, die sich in den Seminarien in spezieller Weise auf den priesterlichen Dienst vorbereiten.[124] Ihnen allen ist jeweils ein gesondertes Dekret gewidmet. Diese Dekrete behandeln das Thema der Geistli-

---

[122] Vgl. zum Folgenden Raimondo Frattallone, SDB: La direzione spirituale oggi. Una proposta di ricomprensione, Turin 1996, S. 113 f.

[123] Vgl. J. Emilio González Magaña, SJ: La Direzione Spirituale. Breve percorso storico, S. 37.

[124] Vgl. auch Raimondo Frattallone, SDB: Direzione spirituale. Un cammino verso la pienezza della vita in Cristo, Rom 2006, S. 161.

chen Begleitung zwar jeweils nur recht kurz und auf den jeweiligen Kontext bezogen, dennoch sind sie bis heute als wichtige Bezugspunkte anzusehen, wenn es um eine Reflexion auf die Lehre und Praxis der Geistlichen Begleitung in der Kirche geht.[125] In der Reihenfolge ihrer Verabschiedung durch die Konzilsväter werden sie in den nun folgenden Abschnitten in Hinblick auf die Fragestellung dieser Arbeit einer näheren Betrachtung unterzogen.

3.1.1 Optatam Totius

Das Dekret Optatam Totius (OT) behandelt die Ausbildung der Priester; es ist auf den 28. Oktober 1965 datiert.[126] Einleitend heißt es darin, dass die vom Konzil angestrebte Erneuerung der gesamten Kirche zu einem großen Teil vom priesterlichen Dienst abhängt, welcher „vom Geist Christi belebt" ist. Deshalb wird auch der Art und Qualität der Priesterausbildung seitens der Konzilsväter ein ganz besonderer Wert zugemessen. Dabei richten sich die Weisungen aus OT nicht nur an den Diözesanklerus bzw. dessen Ausbildung, sondern schließen ausdrücklich auch die Ausbildung der Ordenspriester mit ein, da das Konzil von einer „Einheit des katholischen Priestertums" ausgeht.[127]

In Hinblick auf die Geistliche Begleitung äußert sich OT an verschiedenen Stellen zu deren Zweck und Nutzen in der Priesterausbildung, nämlich in den Abschnitten Nr. 3, 8 und 19 sowie indirekt im Abschnitt Nr. 22[128]:

Im Abschnitt Nr. 3 nimmt es auf die sogenannten „Kleinen Seminarien" Bezug. Sie dienen OT gemäß der „Entfaltung keimender Berufungen" in jungen Männern, welche normalerweise noch im Schulalter sind.

---

[125] Vgl. ders.: La direzione spirituale oggi. Una proposta di ricomprensione, Turin 1996, S. 114.

[126] Vgl. Karl Rahner, SJ, Herbert Vorgrimler: Kleines Konzilskompendium, S. 287.

[127] Vgl. OT, Vorwort.

[128] Vgl. Ivan Platovnjak: La direzione spirituale oggi. Lo sviluppo della sua dottrina dal Vaticano II a Vita Consecrata (1962-1996), Rom 2001, S. 33.

Mit ihrer Hilfe sollen die Schüler („Alumnen")

„durch intensive religiöse Formung und vor allem durch geeig-
nete geistliche Führung dazu angeleitet werden, Christus dem
Erlöser mit großherzigem Sinn und reinem Herzen nachzufol-
gen."[129]

Diese Anleitung soll „väterlich" durch die Oberen und unter Mitarbeit
der Eltern geschehen. Die Schüler sollen hierdurch zu einer Lebensfüh-
rung gelangen, „wie es zu Alter, Sinnesart und Entwicklung der jungen
Menschen paßt und mit den Grundsätzen einer gesunden Psychologie in
Einklang steht."[130] Ansonsten gelten für die Kleinen Seminarien diesel-
ben Bestimmungen wie für die Priesterseminarien, auf die im folgenden
Absatz noch weiter eingegangen wird. Geistliche Führung, d.h. *Geistliche*
Begleitung, ist in Abschnitt Nr. 3 also in den Ausbildungsrahmen der
Kleinen Seminarien eingelassen und dient als wertvolles Mittel der geist-
lichen „Formung" der Schüler in der Nachfolge Christi.

Die Konzilsväter sehen das Institut der „großen" bzw. Priesterseminar-
rien zur Priesterausbildung als „notwendig" an.[131] Die gesamte Ausbildung der Kandidaten muss in den Seminarien darauf ausgerichtet sein,
dass sie

„nach dem Vorbild unseres Herrn Jesus Christus, des Lehrers,
Priesters und Hirten, zu wahren Seelenhirten geformt werden
[...]. Daher müssen alle Bereiche der Ausbildung, der geistli-
che, intellektuelle und disziplinäre, harmonisch auf dieses pas-
torale Ziel hingeordnet werden."[132]

Der dienende und pastorale Charakter des katholischen Priestertums
steht hier ganz klar im Vordergrund, und in diesem „Geist Christi" (s.o.)
sollen die künftigen Priester geformt werden. In Abschnitt Nr. 8 heißt es
in Hinblick auf die „geistliche Formung", dass sie „mit der wissenschaft-

---

[129] OT, Nr. 3.
[130] Ebd.
[131] OT, Nr. 4.
[132] Ebd.

lichen und pastoralen Ausbildung eng verbunden sein"[133] soll. Unter „Anleitung des Spirituals"[134], also des kirchlich beauftragten Geistlichen Begleiters in einem Priesterseminar, sollen die Seminaristen lernen,

> *„in inniger und steter Gemeinschaft mit dem Vater durch seinen Sohn Jesus Christus im Heiligen Geist zu leben. Durch die heilige Weihe werden sie einst Christus dem Priester gleichförmig; so sollen sie auch lernen, ihm wie Freunde in enger Gemeinschaft des ganzen Lebens verbunden zu sein".*[135]

So, wie in Abschnitt Nr. 3 die Geistliche Begleitung in den Ausbildungsrahmen eines Kleinen Seminars eingebunden ist, so kommt auch in Abschnitt Nr. 8 dem Geistlichen Begleiter die Rolle eines Priesterausbilders in allen spirituellen Angelegenheiten zu. Unter seiner Führung sollen die Seminaristen die „Frömmigkeitsformen" der Kirche kennen und pflegen lernen. Außerdem sollen sie lernen,

> *„nach dem Vorbild des Evangeliums zu leben, in Glaube, Hoffnung und Liebe stark zu werden, damit sie in der Übung dieser Tugenden die Gesinnung des Betens erwerben [...], Festigkeit und Sicherheit in ihrem Beruf finden, die übrigen Tugenden zur Reife bringen und im Eifer, alle Menschen für Christus zu gewinnen, wachsen."*[136]

In der regelmäßigen Begegnung mit dem Geistlichen Begleiter sollen Seminaristen also angeleitet werden, Christus aufrichtig zu suchen, seinem Beispiel treu zu folgen und ihm schließlich durch den Empfang der Heiligen Weihen, aber auch durch ihre eigene Lebensführung gleichförmig werden.[137] Hierzu heißt es erläuternd in Abschnitt Nr. 9:

> *„Die Alumnen müssen mit voller Klarheit verstehen, daß sie nicht zum Herrschen oder für Ehrenstellen bestimmt sind, sondern sich ganz dem Dienst Gottes und der Seelsorge widmen*

---

[133] OT, Nr. 8.
[134] Ebd.
[135] Ebd.
[136] Ebd.
[137] Vgl. ebd.

sollen. Mit besonderer Sorgfalt sollen sie im priesterlichen Ge-
horsam, in armer Lebensweise und im Geist der Selbstverleug-
nung erzogen werden [...], so daß sie sich daran gewöhnen,
auch auf erlaubte, aber unnötige Dinge bereitwillig zu verzich-
ten und dem gekreuzigten Christus ähnlich zu werden. "[138]

In Abschnitt Nr. 19 heißt es schließlich, dass die „pastorale Sorge" die gesamte Ausbildung der Seminaristen durchdringen soll. Sie sollen sorgfältig in allen Aufgaben ausgebildet werden, die für den priesterlichen Dienst charakteristisch sind,

„vor allem in Katechese und Homiletik, in Liturgie und Sakra-
mentenspendung, in caritativer Arbeit, in der Aufgabe, den Ir-
renden und Ungläubigen zu Hilfe zu kommen, und in den übri-
gen pastoralen Pflichten. "[139]

Im selben Abschnitt mahnen die Konzilsväter an, dass die Seminaristen ihrerseits in der Geistlichen Begleitung ausgebildet werden:

„Sorgfältig sollen sie in die Kunst der Seelenführung eingeführt
werden, damit sie alle Glieder der Kirche in erster Linie zu ei-
nem voll bewußten und apostolischen Christenleben und zur Er-
füllung ihrer Standespflichten führen können. Mit gleicher
Sorgfalt sollen sie lernen, Ordensmänner und Ordensfrauen so
zu führen, daß sie ihrer Berufsgnade treu bleiben und im Geist
ihres Ordens voranschreiten. "[140]

Durch die Erfahrung der eigenen Geistlichen Begleitung, aber auch durch eine spezielle Schulung im Rahmen ihrer Priesterausbildung, sollen Seminaristen also am Ende selbst dazu befähigt werden, andere Christen in deren Glaubensleben zu begleiten und ihnen dabei zu helfen, den Grad persönlicher Heiligkeit im Leben zu erlangen und Christus dadurch gleichförmig zu werden. Hierzu passt auch das Schlusswort der Konzilsväter in diesem Dekret:

---

[138] OT, Nr. 9.
[139] OT, Nr. 19.
[140] Ebd.

„Jene, die sich auf das Priesteramt vorbereiten, ermahnen [die Väter dieser Heiligen Synode; F.D.] *eindringlich, in dem Bewußtsein zu leben, daß ihnen die Hoffnung der Kirche und das Heil der Menschen anvertraut sind; sie mögen die Bestimmungen dieses Dekrets bereitwillig annehmen und reiche, unvergängliche Frucht bringen.* "[141]

Gemäß Abschnitt Nr. 22 reicht diese Mahnung „wegen der Bedürfnisse der heutigen Gesellschaft" auch über die Zeit des „Seminarstudiums" hinaus. Die „priesterliche Bildung" muss „in geistlicher, intellektueller und pastoraler Hinsicht" auch weiterhin „fortgesetzt und vervollständigt werden".[142] Dies schließt selbstverständlich auch den Prozess der kontinuierlichen Geistlichen Begleitung mit ein.[143]

3.1.2 Perfectae Caritatis

Bei Perfectae Caritatis (PC) handelt es sich um das Dekret über die zeitgemäße Erneuerung des Ordenslebens; es wurde ebenfalls am 28. Oktober 1965 verabschiedet. Auf die Erfordernis der Geistlichen Begleitung wird in den Abschnitten Nr. 14, 18 und 24 Bezug genommen[144], und zwar in Hinblick auf den geistlichen Gehorsam (Nr. 14), die Ausbildung der Ordensangehörigen bzw. des Ordensnachwuchs (Nr. 18) und die Förderung von Berufungen zum Ordensleben (Nr. 24).[145]

In Abschnitt 14 wird zunächst der Gehorsam den Oberen gegenüber theologisch begründet. Er wird als vom Heiligen Geist angeregt beschrieben und entspreche dem Beispiel Christi, „der in die Welt kam, um den Willen des Vaters zu erfüllen."[146] Durch den Gehorsam und in der gelebten Nachfolge Christi sind die Ordensangehörigen „dem Dienst der Kir-

---

[141] OT, Schlusswort.

[142] OT, Nr. 22.

[143] Vgl. J. Emilio González Magaña, SJ: La Direzione Spirituale. Breve percorso storico, S. 38.

[144] Vgl. Ivan Platovnjak: La direzione spirituale oggi, S. 99.

[145] Vgl. J. Emilio González Magaña, SJ: La Direzione Spirituale. Breve percorso storico, S. 41.

[146] PC, Nr. 14.

che enger verbunden und streben danach, zum Vollmaß der Fülle Christi
[…] zu gelangen."[147] Sie sollen im Gehorsam ihre „eigene Verstandes-
und Willenskraft" zum Einsatz bringen und außerdem die Gaben gebrauchen, „die ihnen Natur und Gnade verliehen haben", und zwar „im Wissen, daß sie damit zur Auferbauung des Leibes Christi nach Gottes Ab-
sicht beitragen."[148] Damit zielt der „Ordensgehorsam" in Christus auf die
geistliche Vervollkommnung der Ordensleute ab. Er führt, "weit entfernt,
die Würde der menschlichen Person zu mindern, diese durch die größer
gewordene Freiheit der Kinder Gottes zu ihrer Reife."[149]

In Hinblick auf die Geistliche Begleitung der Ordensangehörigen,
ihren Gehorsam und die Freiheit des Gewissens mahnt das Dekret die
Ordensoberen, denen der geistliche Gehorsam geschuldet ist, wie folgt:

> *„Die Obern aber, die für die ihnen anvertrauten Seelen Re-
> chenschaft ablegen müssen […], sollen in der Erfüllung ihres
> Amtes auf den Willen Gottes horchen und ihre Autorität im
> Geist des Dienstes an den Brüdern ausüben, so daß sie Gottes
> Liebe zu jenen zum Ausdruck bringen. Sie sollen ihre Unterge-
> benen als Kinder Gottes und in Achtung vor der menschlichen
> Person leiten und deren freiwillige Unterordnung fördern. Da-
> rum sollen sie ihnen besonders die geschuldete Freiheit in be-
> zug [sic!, F.D.] auf die Beichte und die Gewissensleitung las-
> sen."[150]*

Mit „Gewissensleitung" ist hier im Sprachgebrauch des Konzils die
Geistliche Begleitung gemeint. In praktischer Hinsicht bedeutet dieser
Passage, dass nach dem Willen der Konzilsväter die Ordensleute, obwohl
ansonsten durch den Gehorsam den Oberen gegenüber gebunden, in der
Ausübung ihrer Gewissensfreiheit die freie Wahl ihres Beichtvaters sowie ihres Geistlichen Begleiters haben sollen, sofern diese für die Ausübung ihres Dienstes geistlich und moralisch geeignet sind.

---

[147] Ebd.
[148] Ebd.
[149] Ebd.
[150] Ebd.

In Abschnitt Nr. 18 nehmen die Konzilsväter ausführlicher Bezug auf die ordensinterne Ausbildung der Ordensleute. Ihnen ist bewusst, dass eine „zeitgemäße Erneuerung" des Ordenslebens[151] im Wesentlichen von der Art und Qualität der Ausbildung der Ordensmitglieder abhängt:

> *„Diese selbst sollen sich aber ihr ganzes Leben hindurch ernst-*
> *haft um die geistliche, wissensmäßige und praktische Weiterbil-*
> *dung bemühen; die Obern sollen ihnen dazu nach Kräften Ge-*
> *legenheit, Hilfsmittel und Zeit geben. Die Obern haben die*
> *Pflicht, dafür zu sorgen, daß diejenigen, denen die Ausbildung*
> *obliegt, die geistlichen Leiter und Lehrkräfte, aufs sorgfältigste*
> *ausgewählt und gründlich vorbereitet werden. "[152]*

Mit den „geistlichen Leitern" sind Geistliche Begleiter gemeint, an die seitens der Konzilsväter charakterlich, fachlich und spirituell höchste Anforderungen gestellt werden. Ihnen obliegt nach Weisung der Konzils-väter, wie auch in den Kleinen Seminarien in OT so vorgesehen, die geistliche Ausbildung bzw. Formung des Ordensnachwuchses und damit auch die sukzessive Erneuerung des Ordenslebens nach dem Konzil.[153]

Wie eingangs gesagt, setzt sich Abschnitt Nr. 24 mit den Ordensberu-fungen und ihrer Förderung auseinander:

> *„Priester und christliche Erzieher sollen sich ernstlich darum*
> *bemühen, daß die Ordensberufe, sorgfältig und gewissenhaft*
> *ausgewählt, ein neues Wachstum erfahren, das den Erforder-*
> *nissen der Kirche voll entspricht. Auch bei der regelmäßigen*
> *Verkündigung ist öfter auf die evangelischen Räte und den Ein-*
> *tritt in den Ordensstand hinzuweisen. […] Die Institute haben*
> *das Recht, ihre Gemeinschaft bekannt zu machen, um Berufe zu*
> *fördern und Kandidaten zu suchen; das soll jedoch mit der not-*
> *wendigen Klugheit und unter Wahrung der Richtlinien des Hei-*
> *ligen Stuhles und der Ortsordinarien geschehen. "[154]*

---

[151] Vgl. PC, Nr. 18.

[152] Ebd.

[153] Vgl. J. Emilio González Magaña, SJ: La Direzione Spirituale. Breve percorso storico, S. 42.

[154] PC, Nr. 24.

Nach allgemeinem Verständnis ist die Geistliche Begleitung von Menschen, die am Ordensleben interessiert sind bzw. eine entsprechende Berufung bei sich verspüren, ein bewährtes Mittel zur Auswahl und Förderung der Ordensberufe.[155] Diese kann durch hierfür geeignete, entsprechend geschulte Mitglieder der Ordensgemeinschaften selbst geschehen, die zugleich als Vorbilder für die künftigen Ordensleute dienen können und sollen:

> *„Die Ordensleute aber sollen sich bewußt sein, daß das Beispiel ihres eigenen Lebens die beste Empfehlung ihres Instituts und eine Einladung zum Ordensleben ist."*[156]

3.1.3 Apostolicam Actuositatem

Apostolicam Actuositatem (AA) ist der Name des Dekrets über das Laienapostolat; es ist auf den 18. November 1965 datiert.[157] Mit ihm wollten die Konzilsväter „dem apostolischen Wirken des Gottesvolkes mehr Gewicht"[158] verleihen bzw. dieses zu einem stärkeren Einsatz in Kirche und Welt auffordern:

> *„Unsere Zeit aber erfordert keinen geringeren Einsatz der Laien, im Gegenteil: die gegenwärtigen Verhältnisse verlangen von ihnen ein durchaus intensiveres und weiteres Apostolat. Das dauernde Anwachsen der Menschheit, der Fortschritt von Wissenschaft und Technik, das engere Netz der gegenseitigen menschlichen Beziehungen haben nicht nur die Räume des Apostolats der Laien, die großenteils nur ihnen offenstehen, ins unermeßliche erweitert; sie haben darüber hinaus auch neue Probleme hervorgerufen, die das eifrige Bemühen sachkundiger Laien erfordern."*[159]

---

[155] Vgl. J. Emilio González Magaña, SJ: La Direzione Spirituale. Breve percorso storico, S. 42.
[156] PC, Nr. 24.
[157] Vgl. Ivan Platovnjak: La direzione spirituale oggi, S. 121.
[158] AA, Nr. 1.
[159] Ebd.

Die Konzilsväter erkennen also bei den Laien Kompetenzen an, die beim Klerus in gleicher Weise nicht notwendigerweise vorhanden bzw. vorauszusetzen sind. Der Einsatz der Laien und deren enge Einbindung in das Leben und Handeln der Kirche ist daher unerlässlich. In Abschnitt Nr. 33 heißt es daher eindringlich:

> *„Das Heilige Konzil beschwört also im Herrn inständig alle Laien, dem Ruf Christi, der sie in dieser Stunde noch eindringlicher einlädt, und dem Antrieb des Heiligen Geistes gern, großmütig und entschlossen zu antworten.“*[160]

Die Konzilsväter sind sich dessen bewusst, dass die Laien in der Kirche in Hinblick auf die Wirksamkeit ihres individuellen bzw. spezifischen Apostolats in der Regel einer besonderen Bildung bzw. Ausbildung bedürfen, welche über die „allen Christen gemeinsamen Bildung" hinausgeht.[161] Hierzu heißt es in Abschnitt Nr. 28:

> *„Das Apostolat kann seine volle Wirksamkeit nur unter Voraussetzung einer vielfältigen und umfassenden Bildung erreichen. Eine solche verlangen nicht nur der stetige geistliche und geistige Fortschritt des Laien selbst, sondern auch die verschiedenen Sachbereiche, Personen und Aufgaben, denen sich sein Wirken anpassen muß.“*[162]

Im VI. Kapitel des Dekrets nehmen die Konzilsväter konkret Bezug auf die geistliche Bildung und Ausbildung der Laien in der Kirche. Es benennt Bildungsprinzipien für das Laienapostolat, bezieht dabei auch die elterliche Erziehung der Kinder mit ein, fordert eine Anpassung der Bildung bzw. Ausbildung an die verschiedenen Formen des Apostolats und benennt die hierzu notwendigen bzw. nützlichen Hilfsmittel.

Als Grundprinzipien bzw. Zielsetzungen der geistlichen Bildung benennen die Konzilsväter folgende Punkte:

---

[160] AA, Nr. 33.
[161] AA, Nr. 28.
[162] Ebd.

„Vor allem aber muß der Laie lernen, die Sendung Christi und der Kirche zu erfüllen, indem er aus dem Glauben im göttlichen Mysterium der Schöpfung und Erlösung lebt, gedrängt vom Heiligen Geist, der das Volk Gottes belebt und alle Menschen bewegt, Gott den Vater zu lieben und Welt und Menschen in ihm. Diese Bildung ist als Fundament und Voraussetzung jedes fruchtbaren Apostolates anzusehen." [163]

Weiter heißt es im Abschnitt Nr. 29 des Dekrets:

„ [Der Laie möge zudem; F.D.] lernen, alles im Licht des Glaubens zu betrachten, zu beurteilen und zu tun, durch sein Handeln sich selbst mit den anderen weiterzubilden und zu vervollkommnen und so in einen wirkungsreichen Dienst für die Kirche hineinzuwachsen." [164]

Es geht hier also zuallererst um eine Durchdringung der Grundgeheimnisse des Glaubens, die zu kennen nicht dem theologisch ausgebildeten Klerus vorbehalten bleibt.[165] Es geht aber auch darum, den erworbenen Einsichten Taten folgen zu lassen, welche der Sendung und dem Wachstum der Kirche in der Welt dienlich sind. Mittel zum Glaubenserwerb ist naturgemäß die Katechese in ihren unterschiedlichen Formen und Gestalten.[166] Mittel zum Wachstum und zur Reifung im Glauben bzw. in der christlichen Existenz in der Welt aber ist die Geistliche Begleitung.[167]

---

[163] AA, Nr. 29.

[164] Ebd.

[165] AA, Nr. 29:

„Außer der geistlichen Bildung ist eine gründliche theoretische Unterweisung erforderlich, und zwar eine theologische, ethische, philosophische, immer entsprechend der Verschiedenheit des Alters, der Stellung und Begabung."

Theologische, ethische und philosophische Bildung sind also ausdrücklich kein Privileg des Klerus.

[166] Vgl. AA, 29-32.

[167] Vgl. hierzu auch Ivan Platovnjak: La direzione spirituale oggi, S. 126.

Hierbei allerdings kommt den Priestern aufgrund ihrer spezifischen Ausbildung eine besondere Rolle zu: „Die Priester aber mögen in der Katechese, im Dienst des Wortes, in der Seelenführung und bei anderen pastoralen Dienstleistungen die Bildung zum Apostolat im Auge behalten."[168] Die Seelenführung ist also in AA ausdrücklich den Priestern zugewiesen (wenn auch nicht ausdrücklich vorbehalten). Damit schließt dieses Dekret implizit an das an, was zuvor in OT gesagt wurde:

> *„Sorgfältig sollen* [die Priesteramtskandidaten; F.D.] *in die Kunst der Seelenführung eingeführt werden, damit sie alle Glieder der Kirche in erster Linie zu einem voll bewußten und apostolischen Christenleben und zur Erfüllung ihrer Standespflichten führen können."*[169]

Es kristallisiert sich an dieser Stelle zunehmend heraus, dass das Institut der Geistlichen Begleitung in den Augen der Konzilsväter in erster Linie ein priesterlicher Dienst ist. Wie sich das Dekret *Presbyterorum Ordinis* hierzu verhält, wird sich im folgenden Abschnitt zeigen.

3.1.4 Presbyterorum Ordinis

Das Dekret Presbyterorum Ordinis (PO) handelt vom Dienst und das Leben der Priester; es stammt vom 7. Dezember 1965. Bei näherem Hinsehen zeigt sich jedoch, dass die Abschnitte Nr. 6, 9, 11 und 18 sich in einer Weise zur Geistlichen Begleitung äußern, die sich nicht nur auf Priester anwenden lässt. Dies macht PO zu einer ebenso interessanten wie bedeutsamen Quelle, was die Lehre der Kirche zur Geistlichen Begleitung betrifft, insbesondere wenn es um die Klärung von Berufungsfragen geht.[170]

In Hinblick auf das Leben der Priester ruft das Dekret an zentraler Stelle das Herrenwort in Erinnerung, welches zur Vollkommenheit in der Liebe aufruft:

---

[168] AA, Nr. 30.

[169] OT, Nr. 19.

[170] Vgl. J. Emilio González Magaña, SJ: La Direzione Spirituale. Breve percorso storico, S. 39.

„Schon in der Taufweihe haben sie, wie alle Christen, Zeichen und Geschenk der so hohen gnadenhaften Berufung zur Vollkommenheit empfangen, nach der sie, bei aller menschlichen Schwäche [...], streben können und müssen, wie der Herr sagt: "Ihr aber sollt vollkommen sein, wie euer Vater im Himmel vollkommen ist" (Mt 5,48). Als Priester sind sie jedoch in besonderer Weise zum Streben nach dieser Vollkommenheit verpflichtet."[171]

Den Grund hierfür liefern die Konzilsväter gleich nach:

„[I]m Empfang des Weihesakramentes Gott auf neue Weise geweiht, sind sie lebendige Werkzeuge Christi des Ewigen Priesters geworden, damit sie sein wunderbares Werk, das mit Kraft von oben die ganze menschliche Gesellschaft erneuert hat, durch die Zeiten fortzuführen vermögen."[172]

Kraft seiner Weihe vertritt der Priester also Christus in der ihm anvertrauten Gemeinde. Zugleich erhält er die geistgewirkte Gnade, durch seinen Dienst am Volk Gottes stetig in der Vollkommenheit, d.h. in tätiger Nächstenliebe und in der persönlichen Heiligkeit zu wachsen, und damit Christus immer ähnlicher zu werden, den er durch sein Amt und Wirken in Kirche und Welt repräsentiert.[173] Durch dieses Streben nach immer größerer Ähnlichkeit mit dem Herrn in Heiligkeit und Gerechtigkeit dienen sie nicht nur dem Gottesvolk als löbliche Vorbilder, sondern dieses Streben trägt auch „im höchsten Maß zur größeren Fruchtbarkeit ihres besonderen Dienstes bei."[174] Es besteht in den Augen der Konzilsväter also ein enger Zusammenhang zwischen der persönlichen Lebensführung der Priester und der getreuen Erfüllung ihres gottgegebenen Auftrags:

„Um ihre pastoralen Ziele einer inneren Erneuerung der Kirche, der Ausbreitung des Evangeliums über die ganze Erde und des Gespräches mit der heutigen Welt zu verwirklichen, mahnt

---

[171] PO, Nr. 12.
[172] Ebd.
[173] Vgl. ebd.
[174] Ebd.

daher die Heilige Synode alle Priester inständig, mit Hilfe der
von der Kirche empfohlenen entsprechenden Mittel [...] nach
stets größerer Heiligkeit zu streben, um so immer mehr geeig-
nete Werkzeuge für den Dienst am ganzen Gottesvolk zu wer-
den."[175]

Die genannten Mittel, welche die Kirche zum Erstreben „stets größerer Heiligkeit" empfiehlt, werden in Abschnitt Nr. 18 benannt. Da sind
zum einen die Heilsmittel, die allen Gläubigen in verpflichtender Weise
nahegelegt werden, nämlich der „zweifache Tisch", der in der Heiligen
Messe für sie gedeckt wird und von welchem sie geistlich genährt werden, und zwar durch die Heilige Schrift und die Eucharistie.[176] Für die
Priester heißt das konkret:

„Die Diener der sakramentalen Gnade einen sich Christus, dem
Erlöser und Hirten, aufs innigste durch den würdigen Empfang
der Sakramente, vor allem durch die häufig geübte sakramenta-
le Buße; durch die tägliche Gewissenserforschung vorbereitet,
fördert diese die notwendige Hinwendung des Herzens zur Lie-
be des Vaters der Erbarmungen gar sehr."[177]

An anderer Stelle im Text heißt es:

„Zur treuen Erfüllung ihres Dienstes soll ihnen die tägliche
Zwiesprache mit Christus dem Herrn in Besuchung und persön-
licher Andacht der Heiligsten Eucharistie Herzenssache sein.
Gern sollen sie sich für Tage geistlicher Zurückgezogenheit frei
machen und die geistliche Führung hochschätzen."[178]

Hier wird den Priestern neben den traditionellen katholischen Frömmigkeitsübungen also auch die „geistliche Führung" in besonderer Weise
nahegelegt, d.h. die Geistliche Begleitung in unserer heutigen Wortwahl.
Sie soll, so bestimmen es die Konzilsväter, über die Seminarausbildung

---

[175] Ebd.
[176] Vgl. PO, Nr. 18.
[177] Ebd.
[178] Ebd.

hinaus regelmäßige Praxis der Priester sein, wie es in OT bereits für die Priesteramtskandidaten festgelegt wurde.

Doch nicht nur während der Priesterausbildung und später im priesterlichen Dienst, d.h. nach erfolgter Weihe, nimmt die Geistliche Begleitung als Instrument der spirituellen Schulung sowie des Wachstums in der Reife und in der Heiligkeit eine herausragende Rolle ein. Sie soll den Menschen unterschiedlichen Alters bereits ganz am Anfang ihres Berufungsweges, nämlich im Prozess der Klärung des Willens Gottes für sie selbst, zur Verfügung stehen. Dies gilt insbesondere, wenn sie eine priesterliche Berufung bei sich verspüren. In diesen Fällen kommt den Priestern, die sich um diese Menschen kümmern bzw. die in der Berufungspastoral dienen, gemäß Abschnitt Nr. 11 eine verantwortungsvolle Rolle zu:

„[Es muss; F.D.] *den Priestern sehr am Herzen liegen, durch ihren Dienst am Wort und das Zeugnis ihres eigenen Lebens, das den Geist des Dienens und die wahre österliche Freude offenbar macht, den Gläubigen die Erhabenheit und Notwendigkeit des Priestertums vor Augen stellen. Jüngeren und Älteren, die sie nach sorgfältiger Beurteilung für ein solches Amt für geeignet halten, sollten sie, ohne Sorgen und Mühen zu scheuen, helfen, daß sie sich recht vorbereiten und - bei Wahrung ihrer vollen inneren und äußeren Freiheit - einmal vom Bischof gerufen werden können. Dafür ist eine sorgfältige und kluge geistliche Führung von größtem Nutzen.“*[179]

Priester sollen hier also aktiv die Rolle des Geistlichen Begleiters einnehmen, um Menschen bei der Klärung bzw. Annahme ihrer Berufung mit ihren im Studium erworbenen Erfahrungen und Kompetenzen beizustehen.[180] Hier gilt also für Priesterberufungen in sehr ähnlicher Weise das, was am Ende von Punkt 3.1.2 dieser Arbeit in Bezug auf Ordensberufungen gesagt wurde, nämlich dass die Geistliche Begleitung durch

---

[179] PO, Nr. 11.

[180] Vgl. J. Emilio González Magaña, SJ: La Direzione Spirituale. Breve percorso storico, S. 40.

64

Priester und Ordensleute eine herausragende Rolle bei der Förderung bzw. Klärung von Berufungen einnimmt.[181]

Auch in anderer Hinsicht kommt den geweihten Priestern nach den Weisungen von PO regelmäßig die Rolle eines Geistlichen Begleiters der ihm anvertrauten Christgläubigen zu. Im Abschnitt Nr. 6 heißt es hierzu ausführlich:

> „[D]en Priestern [obliegt es] als Erziehern im Glauben, selbst oder durch andere dafür zu sorgen, daß jeder Gläubige im Heiligen Geist angeleitet wird zur Entfaltung seiner persönlichen Berufung nach den Grundsätzen des Evangeliums, zu aufrichtiger und tätiger Liebe und zur Freiheit, zu der Christus uns befreit hat [...]. Noch so schöne Zeremonien und noch so blühende Vereine nutzen wenig, wenn sie nicht auf die Erziehung der Menschen zu christlicher Reife hingeordnet sind [...]. Um diese zu fördern, sollen die Priester ihnen helfen, zu erkennen, was in den wichtigen und den alltäglichen Ereignissen von der Sache her gefordert ist und was Gott von ihnen will. Sie müssen die Christen auch anleiten, nicht nur sich zu leben, sondern entsprechend den Forderungen des neuen Liebesgebotes mit der Gnadengabe, die jeder empfangen hat, einander zu dienen [...]; so sollen alle ihre Aufgaben in der Gemeinschaft der Menschen christlich erfüllen."[182]

Hier klingt die Gabe der Unterscheidung an, über die ein fähiger Geistlicher Begleiter unbedingt verfügen muss. Mit diesem Charisma der Unterscheidung ausgestattet, sollen die Priester ihre Gemeindemitglieder[183] zur Entfaltung ihrer Berufung, zu tätiger Liebe, innerer Reife

---

[181] Vgl. hierzu auch Ivan Platovnjak: La direzione spirituale oggi, S. 81.
[182] PO, Nr. 6.
[183] Ebd.:

> „Obgleich die Priester allen verpflichtet sind, so sollen sie sich doch vor allem der Armen und Geringen annehmen. Denn der Herr selbst war ihnen verbunden [...], und ihre Evangelisation ist zum Zeichen messianischen Wirkens gesetzt [...]. Mit besonderem Eifer sollen sie sich auch der Jugend annehmen, ebenso der Eheleute und Eltern, die in Freundeskreisen zu versam-

sowie zur Freiheit im Evangelium führen. Sie sollen ihnen ebenso dabei helfen, die Unterscheidung selbst zu lernen und anzuwenden, um den Willen Gottes für sich erkennen und erfüllen zu können. All dies sind Grundthemen der Geistlichen Begleitung, die hier zwar nicht in aller Deutlichkeit, aber doch implizit angesprochen wird.

In Abschnitt Nr. 9 werden diese Weisungen in Hinblick auf die Geistliche Leitung und Begleitung der Laien durch die Priester fortgeführt und ergänzt:

> „[Die Priester; F.D.] *sollen die Geister prüfen, ob sie aus Gott sind* [...], *und die vielfältigen Charismen der Laien, schlichte wie bedeutendere, mit Glaubenssinn aufspüren, freudig anerkennen und mit Sorgfalt hegen. Unter den Gaben Gottes, die sich reichlich bei den Gläubigen finden, verdienen die eine besondere Pflege, die nicht wenige zu einem intensiveren geistlichen Leben anspornen.*"

Auch hier klingt die Unterscheidung bzw. die Unterscheidung der Geister an[184], wobei an dieser Stelle noch die Herzenskenntnis hinzutritt. Auch diese ist ein unerlässliches Grundcharisma für einen Geistlichen Begleiter im Sinne der kirchlichen Tradition. Die Konzilsväter scheinen im Dekret PO also davon auszugehen, dass jeder Priester qua Amt und Weihe sowie durch seine langjährige Seminarausbildung mit diesen Charismen bzw. Fähigkeiten der Geistlichen Begleitung ausgestattet ist und

---

> *meln wünschenswert ist, damit sie einander helfen, ihr oft schweres Leben leichter und vollkommener christlich zu meistern. Ferner mögen die Priester daran denken, daß alle Ordensmänner und Ordensfrauen als ausgezeichneter Teil im Hause Gottes eine eigene Sorge für ihren geistlichen Fortschritt zum Wohl der ganzen Kirche verdienen. Am meisten sollen sie für die Kranken und Sterbenden besorgt sein, sie besuchen und im Herrn aufrichten* [...]."

[184] Siehe zu diesen Begriffen ausführlicher Frank Drescher: Die Theologie der Unterscheidung. Zur Begriffsbildung im Neuen Testament und bei Ignatius von Loyola, München 2019.

daher den ihnen anvertrauten Gläubigen in dieser Hinsicht voll und ganz dienen können und damit auch sollen.[185]

In Hinblick auf die Fragestellung und den weiteren Verlauf dieser Arbeit lässt sich an dieser Stelle festhalten, dass vom II. Vatikanischen Konzil in den vier betrachteten Dekreten wertvolle Impulse für die Wiederbelebung der Geistlichen Begleitung nach einer Phase der Krise ausgegangen sind, und zwar nicht nur für die Priester und Ordensleute, denen ja bereits traditionell das Institut der Geistlichen Begleitung zur Verfügung stand, sondern auch in Hinblick auf die *Laien* in der Kirche. Sie werden aufgefordert und ermutigt, sich zum Zwecke der Geistlichen Begleitung an ihre Ortspriester zu wenden und damit Anteil zu haben an diesem quasi-sakramentalen Schatz der Kirche. Die Priester hingegen werden als „natürliche" Geistliche Begleiter der ihnen anvertrauten Gemeindemitglieder betrachtet, da sie durch die Charismen ihrer priesterlichen Berufung, ihre mehrjährige Seminarausbildung sowie durch ihre Weihegnade mit den hierzu notwendigen Grundfähigkeiten und -fertigkeiten ausgestattet sind.

Interessant ist in diesem Zusammenhang die Beobachtung, dass in Perfectae Caritatis die Geistliche Begleitung nur indirekt angesprochen wird. Dies mag jedoch damit zusammenhängen, dass sich dieses Dekret vor allem an die Laienmitglieder in den Ordensgemeinschaften richtet, da die Ordenspriester sowie deren Ausbildung und priesterlicher Dienst bereits in Optatam Totius bzw. in Presbyterorum Ordinis miteingeschlossen sind. Eine Geistliche Begleitung durch nicht geweihte Ordensmitglieder, d.h. durch religiöse Laien, scheint in diesem Dokument nicht vorgesehen zu sein.[186] Damit verstärkt sich der Eindruck, dass die Konzilsväter die Geistliche Begleitung tatsächlich vorrangig als priesterlichen Dienst ansehen, bzw. dass ihnen in der Gestalt des Geistlichen Begleiters in erster Linie ein Priester vorschwebt. Warum dem so ist, darüber kann an späterer Stelle gemutmaßt werden.

---

[185] Vgl. J. Emilio González Magaña, SJ: La Direzione Spirituale. Breve percorso storico, S. 40.

[186] Vgl. Piotr Tarnawski: La direzione spirituale nell'insegnamento e nella prassi della Chiesa, così come nella formazione al sacerdozio. In: Resovia Sacra. Studia Teologiczno-Filozoficzne Diecezji Rzeszowskiej, Ausgabe Nr. 16, 2009, S. 117.

Den Konzilsdokumenten ist als einflussreiche Neuerung außerdem einen Verweis auf die Psychologie und die Sozialwissenschaften zu entnehmen, deren „Hilfsmittel"[187] zurate gezogen bzw. genutzt werden sollen, um Menschen im Sinne der soeben betrachteten vier Dekrete besser kennen, anleiten und ausbilden zu können.[188] Alles in allem verdanken wir dem Konzil wichtige Überlegungen und Richtlinien bzgl. der Bedeutung der Geistlichen Begleitung im Leben der Gläubigen sowie der Aufgaben bzw. Funktion der Geistlichen Begleiter, welche bei den weiteren Untersuchungen in dieser Arbeit berücksichtigt werden müssen.[189]

Ansonsten lässt sich abschließend festhalten, dass das Konzil sich in den verschiedenen Dekreten nur recht knapp bzw. nur in Andeutungen zur Geistlichen Begleitung äußert. Es scheint nicht zu beabsichtigen, eine klare Definition von Geistlicher Begleitung zu liefern oder grundlegende Rahmenbedingungen festzulegen, wie genau sich Geistliche Begleitung im kirchlichen Leben zu gestalten hat. Vielmehr setzt es eine Kenntnis der Tradition und Praxis der Kirche voraus, aus der ausgewählt bzw. geschöpft werden kann. Es ist also notwendig, weitere lehramtliche bzw. autoritative Quellen heranzuziehen, um verbindliche Richtlinien zu erhalten, anhand derer die unterschiedlichen Modelle der Geistlichen Begleitung analysiert und einer Bewertung unterzogen werden können. Eine dieser Quellen ist der Katechismus der Katholischen Kirche, um den es im folgenden Abschnitt gehen wird.

---

[187] OT, Nr. 2; AA, Nr. 32.
[188] Vgl. J. Emilio González Magaña, SJ: La Direzione Spirituale. Breve percorso storico, S. 43.
[189] Vgl. hierzu auch Ivan Platovnjak: La direzione spirituale oggi, S. 134 f.

3.2 Der Katechismus der Katholischen Kirche (KKK)

Der Weltkatechismus erwähnt die Geistliche Begleitung ausdrücklich im Abschnitt über die *Diener des Gebetes* unter Nr. 2690.[190] Hier heißt es ausführlich:

> *„Der Heilige Geist gibt einzelnen Gläubigen die Gaben der Weisheit, des Glaubens und der Unterscheidung der Geister zum Zweck der geistlichen Leitung, das heißt eines Wirkens in Hinblick auf dieses gemeinsame Gut des Gebetes. Die Männer und Frauen, denen solche Gaben zuteil werden, leisten der lebendigen Überlieferung des Gebetes einen wertvollen Dienst."*[191]

Das heißt, dass der Heilige Geist einigen von ihm frei ausgewählten Christen gewisse Charismen verleiht, welche sie zum Zwecke der „geistlichen Leitung" im Dienste anderer einsetzen sollen.[192] Hierbei spielt das Geschlecht des Empfängers keinerlei Rolle, die Gnadengaben werden grundsätzlich an *Männer und Frauen* verliehen. Es wird an dieser Stelle kein Weihegrad vorausgesetzt, der ohnehin nur Männern vorbehalten wäre, und auch eine etwaige Zugehörigkeit zu einer religiösen Ordensgemeinschaft spielt in diesem Abschnitt keine Rolle.[193]

---

[190] Zur einigen der im Folgenden ausgewählten Referenzstellen im KKK vgl. J. Emilio González Magaña, SJ: Corso ARP202 „La Direzione Spirituale", Guida di studio No. 3, unveröffentlichtes Handout zum internen Gebrauch der Studierenden, PU Gregoriana, Rom, Wintersemester 2017/2018, S. 2. Ebenso Piotr Tarnawski: La direzione spirituale nell'insegnamento e nella prassi della Chiesa, S. 122.

[191] KKK, Nr. 2690.

[192] KKK, Nr. 799:

> *„Die Charismen, ob außergewöhnlich oder schlicht und bescheiden, sind Gnadengaben des Heiligen Geistes, die direkt oder indirekt der Kirche dienen: sie sind zum Aufbau der Kirche, zum Wohl der Menschen und für die Nöte der Welt geschenkt."*

[193] Die „geweihten Amtsträger" werden gesondert in Nr. 2686 erwähnt, die Ordensleute in Nr. 2687.

Hier klingt ganz klar die unter Punkt 2.1.3.1 dieser Arbeit bereits erwähnte Charismenlehre des hl. Paulus an:

> *„Jedem aber wird die Offenbarung des Geistes geschenkt, damit sie anderen nützt. Dem einen wird vom Geist die Gabe geschenkt, Weisheit mitzuteilen, dem anderen durch denselben Geist die Gabe, Erkenntnis zu vermitteln, einem anderen in demselben Geist Glaubenskraft, einem anderen - immer in dem einen Geist - die Gabe, Krankheiten zu heilen, einem anderen Kräfte, Machttaten zu wirken, einem anderen prophetisches Reden, einem anderen die Fähigkeit, die Geister zu unterscheiden, wieder einem anderen verschiedene Arten von Zungenrede, einem anderen schließlich die Gabe, sie zu übersetzen. Das alles bewirkt ein und derselbe Geist; einem jeden teilt er seine besondere Gabe zu, wie er will. "*[194]

Damit knüpft der KKK an eine alte, ja sogar ursprüngliche Tradition der Kirche an, wonach die Geistliche Begleitung von Menschen ausgeübt werden kann und soll, die entsprechend begnadet sind und von anderen zu diesem Zweck ausgewählt werden. Dennoch rät der Katechismus zur behutsamen und bedächtigen Auswahl eines persönlichen Geistlichen Begleiters durch einen Gläubigen, indem er mahnt:

> *„Deshalb muß eine Seele, die nach Vollkommenheit strebt, nach dem Rat des hl. Johannes vom Kreuz 'gar wohl beachten, wessen Händen sie sich anvertraut; denn wie der Lehrmeister, so der Schüler, und wie der Vater, so das Kind'. Der Seelenführer 'muß weise und klug sein, aber auch Erfahrung besitzen ... Wenn dem Seelenführer die Erfahrung in rein geistigen Dingen fehlt, wird er in der Leitung einer Seele, die von Gott besondere Gnaden empfängt, nicht zurechtkommen und auch kein Verständnis dafür haben'"*[195]

Damit bestätigt der Katechismus der Katholischen Kirche, was unter Punkt 2.1.3.1 bereits gesagt wurde, nämlich, dass im Prinzip jeder Christ

---

[194] 1 Kor 12,7-11.
[195] KKK, Nr. 2690.

einen anderen Christen begleiten kann, sofern er die entsprechende Erfahrung, Verwurzelung um Glauben, Festigkeit im Gebet, Heiligkeit in der Lebensführung, Treue zur Kirche, also mit anderen Worten: die geistliche Autorität und Befähigung hierzu besitzt sowie über die Geistesgaben der Unterscheidung und vorzugsweise auch der Herzenskenntnis verfügt.

Eine Bekräftigung dessen findet sich in Abschnitt Nr. 2038 mit Bezug auf „den Beitrag aller Christen und Menschen guten Willens":

> *„Der Glaube und das gelebte Evangelium schenken jedem eine Lebenserfahrung ‚in Christus', die ihn erhellt und befähigt, die göttlichen und menschlichen Wirklichkeiten dem Geist Gottes entsprechend zu beurteilen. […] So kann der Heilige Geist sich ganz einfacher Menschen bedienen, um Gelehrte und höchste Würdenträger zu erleuchten."*[196]

Dennoch wird an anderer Stelle mit Verweis auf das II. Vatikanische Konzil der geistliche Leitungsdienst der „geweihten Amtsträger" besonders hervorgehoben:

> *„Als Diener des guten Hirten sind sie geweiht, um das Volk Gottes zu den lebendigen Quellen des Gebetes zu führen: zum Wort Gottes, zur Liturgie, zum göttlichen Leben und zur Erkenntnis der Gegenwart Gottes in den Gegebenheiten des Lebens [Vgl. PO 4—6]."*[197]

Mit Verweis auf PO Nr. 6 gibt der Weltkatechismus hier einen mehr oder minder verdeckten Hinweis darauf, dass den Priestern aufgrund des Charismas ihres Amtes naturgemäß die Funktion eines Geistlichen Begleiters ihrer Gemeindemitglieder zukommt.[198] Allerdings wird an dieser Stelle von jener Ausschließlichkeit Abstand genommen, die sich noch in den vier Konzilsdekreten unter Punkt 3.1 dieser Arbeit abgezeichnet hat.

---

[196] KKK, Nr. 2038.
[197] KKK, Nr, 2686.
[198] Vgl. hierzu die Ausführungen unter Punkt 3.1.4.

Was die Unterstützung der Gläubigen in deren Gebetsleben betrifft, erscheint die Geistliche Begleitung im Abschnitt Nr. 2695 im KKK unter der alten Bezeichnung „geistliche Leitung":

> *„Die geweihten Amtsträger, das gottgeweihte Leben, die Kate-chese, die Gebetsgruppen und die ‚geistliche Leitung' bieten in der Kirche eine Hilfe für die Betenden."* [199]

Damit spricht der KKK ein klassisches Thema der Geistlichen Beglei-tung an, nämlich Hilfestellungen in Bezug auf das persönliche Gebet der Gläubigen, wobei diese durch die geweihten Amtsträger (d.h. Diakone, Priester und Bischöfe) *sowie* die „geistliche Leitung" erfolgen kann. Ge-weihte Amtsträger und Geistliche Begleiter werden an dieser Stelle also nicht gleichgesetzt, sondern im Sinne von Abschnitt Nr. 2690 sich ergän-zend nebeneinander gestellt. Eine weitergehende Ausführung, was „geist-liche Leitung" ist und wie bzw. durch wen sie zu erfolgen hat, wird an dieser Stelle nicht weiter gegeben.

Weiterhin wird der ansonsten weitgehend außer Gebrauch geratene Ausdruck „Seelenführung" für die Geistliche Begleitung unter Abschnitt Nr. 1435 genannt, und zwar im Zusammenhang mit der Buße:

> *„Bekehrung geschieht im täglichen Leben durch Taten der Ver-söhnung, durch Sorge für die Armen, durch Ausübung und Ver-teidigung der Gerechtigkeit und des Rechts [Vgl. Jak 5,20], durch Geständnis der eigenen Fehler, durch die brüderliche Zurechtweisung, die Überprüfung des eigenen Lebenswandels, die Gewissenserforschung, die Seelenführung, die Annahme der Leiden und das Ausharren in der Verfolgung um der Gerechtig-keit willen. Jeden Tag sein Kreuz auf sich nehmen und Christus nachgehen ist der sicherste Weg der Buße [Vgl. Am 5,24; Jes 1,17]."* [200]

Oftmals tauchte jener Begriff der „Seelenführung" in der Spirituali-tätsgeschichte im Zusammenhang mit der Andachtsbeichte auf, und zwar

---

[199] KKK, Nr. 2695.
[200] KKK, Nr. 1435.

als seelsorgerischer Dienst des Beichtvaters am Pönitenten bzw. seinem „Beichtkind" zum Zwecke der Gewissensschulung und Stärkung in der Tugendhaftigkeit (siehe hierzu Punkt 2.2.7 dieser Arbeit). Im soeben zitierten Abschnitt scheint also eine Form der Geistlichen Begleitung durch, die in den Jahren nach dem Konzil und der sich daran anschließenden Neufassung der Bußriten eigentlich obsolet geworden ist.

Wobei, als Anmerkung an dieser Stelle, die Vermutung naheliegt, dass diese Form der Geistlichen Begleitung auch den Konzilsvätern vorschwebte, als sie die vier oben abgehandelten Dekrete verabschiedeten, denn aus welchem Grund sonst sollten sie beim Geistlichen Begleiter in erster Linie an einen Priester denken? Denn nur ein gültig geweihter Priester (bzw. Bischof) hat die Vollmacht, Beichtgespräche zu führen sowie in deren Rahmen eine wirksame Lossprechung von den Sünden in persona Christi vorzunehmen.[201] Laien-Begleitern steht diese Möglichkeit nicht offen, und damit auch nicht jenes „sakramentale Modell" der Geistlichen Begleitung, von welchem an späterer Stelle noch zu sprechen sein wird.

Insofern zeigt sich hier eine gewisse Ambivalenz im KKK in Hinblick auf die Person des Geistlichen Begleiters und dessen Stand in der Kirche. Möglicherweise ist diese aber nicht intendiert, zieht man die Abschnitte Nr. 2038 und 2690 in Betracht. Vielmehr legt sich der Eindruck nahe, dass nach den Lehren des Weltkatechismus verschiedene bewährte Modelle der Geistlichen Begleitung gleichwertig nebeneinander stehen können.[202] So heißt es denn auch unter Punkt Nr. 1466, was den Beichtvater betrifft:

> *„Der Beichtvater ist nicht Herr, sondern Diener der Vergebung Gottes. Der Diener dieses Sakramentes soll sich mit der Absicht und der Liebe Christi vereinen [Vgl. PO 13]. Er muß zuverlässig wissen, wie ein Christ zu leben hat, in menschlichen Dingen*

---

[201] Jedoch mit folgender Einschränkung: „Nur jene Priester, die von der kirchlichen Autorität die Absolutionsvollmacht erhalten haben, können im Namen Christi Sünden vergeben." KKK, Nr. 1495.

[202] Vgl. hierzu auch folgende Aussage unter Nr. 2693 im KKK: „Die verschiedenen christlichen Spiritualitäten sind Teil der lebendigen Überlieferung des Gebetes und sind wertvolle Führer des geistlichen Lebens."

Erfahrung haben und den, der gefallen ist, achten und sich ihm gegenüber feinfühlig verhalten. Er muß die Wahrheit lieben, sich an das Lehramt der Kirche halten und den Pönitenten geduldig der Heilung und vollen Reife entgegenführen. Er soll für ihn beten und Buße tun und ihn der Barmherzigkeit Gottes anvertrauen. "[203]

Damit ist über den Beichtvaterganz offensichtlich das ausgesagt, was auch weiter oben sowie unter Punkt 2.1.3.1 dieser Arbeit über die Qualitäten eines guten und geeigneten Geistlichen Begleiters gesagt worden ist. [204] Auch an dieser Stelle deutet sich an, dass das Beichtgespräch ein Ort für die Seelenführung sein kann, wenn auch nicht mit letzter Notwendigkeit sein muss. Zumindest aber sollte ein Beichtvater in der Lage sein, dem Pönitenten zusammen mit der Lossprechung auch geistlichen Ratschlag hinsichtlich seiner christlichen Lebensführung geben zu können. Wichtig ist in diesem Zusammenhang die im Zitat erwähnte Entgegenführung zur „vollen Reife", die auch zentrales Anliegen jeglicher Geistlichen Begleitung ist.

Weitere Themen der Geistlichen Begleitung tauchen weit verstreut in diversen Abschnitten[205] des KKK auf, allerdings weiterhin ohne dabei näher ins Detail zu gehen bzw. weitere Definitionen oder Instruktionen hierzu anzubieten, wie es bereits zuvor beim II. Vatikanischen Konzil der Fall war. Das Wissen darum, was Geistliche Begleitung ist und wie der Begleitungsprozess durch die hieran Beteiligten vonstatten zu gehen hat, wird wiederum als bekannt vorausgesetzt bzw. ist der reichen Tradition und Praxis der Kirche zu entnehmen. Dies scheint durchaus intendiert zu sein, zieht man die Pluralität legitimer und bewährter Formen der Geistlichen Begleitung in der Spiritualitätsgeschichte in Betracht. Durch diese

---

[203] KKK, Nr. 1466.

[204] Unter Abschnitt Nr. 1465 wird hinsichtlich des väterlichen Charakters des Priesters im Beichtgespräch deutlich gemacht, dass er wahrhaft „Zeichen und Werkzeug der barmherzigen Liebe Gottes zum Sünder" sein soll.

[205] So wird z.B. die Unterscheidung bzw. die Unterscheidung der Geister an verschiedenen Stellen erwähnt bzw. angedeutet (Nr. 801, 1676, 2820), ebenso die Gewissensschulung bzw. -führung (Nr. 1780 ff.; 2039) sowie der Widerstand gegen die Versuchung und die Sünde (Nr. 2846-2849), das Gebet (der gesamte IV. Teil im KKK), etc.

„doktrinäre Offenheit" wird ja eine dogmatische Engführung der Geistlichen Begleitung vermieden bzw. ihrem durchaus charismatischen Charakter Respekt gezollt, sowie die Möglichkeit der freien Wahl zwischen verschiedenen Traditionen bzw. Modellen eröffnet und gewährt.

3.3 Das katholische Kirchenrecht (CIC/1983)

Auf den ersten Blick erweist es sich als schwierig, allgemeine Prinzipien im katholischen Kirchenrecht zur Geistlichen Begleitung zu finden, da die meisten Canones (Pl. von *Canon*, kurz: „Can.") zu diesem Thema ganz spezifisch die Geistliche Begleitung und Formung von Priesteramtskandidaten während ihres Seminarstudiums regulieren. Dies gilt insbesondere für Can. 239 § 2, Can. 240 sowie Can. 246 § 4. Die Geistliche Begleitung im Rahmen der Priesterausbildung bildet jedoch ein eigenständiges Modell der Geistlichen Begleitung, auf das an späterer Stelle genauer einzugehen ist. Daher werden diesbezügliche rechtliche Aspekte der Geistlichen Begleitung in diesem Abschnitt ausgeklammert. Dennoch lassen sich bei näherer Betrachtung aus dem katholischen Kirchenrecht allgemeine Prinzipien ableiten, die für die Institution der Geistlichen Begleitung relevant sind.[206]

Geistliche Begleitung im christlichen Sinne hat stets eine kirchliche Dimension (vgl. hierzu Abschnitt 2.1.2 dieser Arbeit), daher ist sie grundsätzlich für Regulierungen durch das kanonische Recht bzw. einen kirchenrechtlichen Ordnungsrahmen offen und bedarf dessen erfahrungsgemäß auch. Dabei gilt, dass das kanonische Recht seiner Eigenart nach und im Rahmen seiner Möglichkeiten „Ordnungslinien zeichnen, Standards sichern und nicht zuletzt den einzelnen Schutz gewähren"[207] will. Mit anderen Worten, es geht um Rechtssicherheit, den Schutz des guten Rufes und der Privatsphäre einer begleiteten Person (Can. 220) sowie gewisse Mindeststandards zur „Qualitätssicherung", sofern der Geistlichen Begleitung durch die Kirche ein fester, institutionalisierter Rahmen gegeben wurde, wie z.B. in der zuvor erwähnten Priesterausbildung oder im Rahmen eines Beichtgesprächs.

Geistliche Begleitung ist rechtlich gesehen ein „individualseelsorgerischer Dienst am Mitchristen bzw. Mitmenschen" und grundsätzlich können und sollen ihn alle geweihten Amtsträger der Kirche gewähren. Einige Rahmenordnungen für die Priesterbildung, wie z.B. die

---

[206] Vgl. hierzu und zum Folgenden Stephan B. Haering, OSB: Kirchenrechtliche Aspekte der Geistlichen Begleitung, S. 36-46.
[207] Ebd., S. 36.

deutsche, sehen vor, dass die Amtsträger der Kirche sich durch entsprechende Aus- und Fortbildungen für diesen Dienst zu qualifizieren.[208] Hier spiegeln sich ganz direkt die Lehren des II. Vatikanischen Konzils sowie in gewisser Hinsicht auch die des KKK wider, wie sie unter den Punkten 3.1 und 3.2 dieser Arbeit dargelegt worden sind.[209]

In theologischer und kirchenrechtlicher Hinsicht ist zunächst der Bischof als Oberhirte seines Bistums der erste und oberste Geistliche Begleiter aller Menschen innerhalb des Territoriums seiner Diözese (Can. 383 § 1), einschließlich aller Priester seines Bistums[210], für die er auch in geistlicher Hinsicht besondere Sorge zu tragen hat (Can. 384). Den Pfarrern und sonstigen Priestern innerhalb einer Pfarrei (z.B. Pfarrvikare, Kapläne) kommt die Aufgabe zu, ihre Pfarrangehörigen geistlich zu begleiten (Can. 529; 545). Den Dechanten wiederum ist die geistliche Sorge um die Priester seines Dekanats anvertraut (Can. 555 § 2 2°, § 3). In den Priesterseminarien bzw. Theologenkonvikten sind die Spirituale für die Geistliche Begleitung der Seminaristen zuständig[211] (Can. 239 § 2), in den Ordenshäusern sind es die Oberen bzw. die für die Ausbildung des Ordensnachwuchs Verantwortlichen (Can. 619, 652 §§ 1-2, 734).[212] Ana-

---

[208] Vgl. ebd., mit Verweis auf die Rahmenordnung für die Priesterbildung der Deutschen Bischofskonferenz (1988), Bonn 2003, Nr. 150 u. 156.

[209] Vgl. ebd., S. 36 f.

[210] An dieser Stelle scheint Hearing ein Modell der Alten Kirche vorauszusetzen, wie es z.B. beim hl. Augustinus und seinen Presbytern in Gebrauch gewesen sein mag, dem jedoch heute de facto keine Realität mehr zukommt. Dies ist auch dem Autor durchaus bewusst, da er jener Aussage bzgl. der Geistlichen Begleitung durch den Bischof an späterer Stelle folgendes klärend hinzufügt:

> „Konkret verwirklicht wird diese Aufgabe u. a. dadurch, dass der Bischof seinen klerikalen und laikalen Mitarbeitern die Möglichkeit erschließt, geistliche Begleitung, wie sie amtlich empfohlen ist, tatsächlich wahrzunehmen. Der Bischof soll also dafür Sorge tragen, dass in seiner Diözese ein entsprechendes Angebot eingerichtet ist und qualifizierte Begleiter zur Verfügung stehen. Dieselbe Aufgabe haben Ordensobere für die Mitglieder ihrer Gemeinschaften (vgl. cc. 619, 630 § 1, 661)."

Ebd., S. 41.

[211] Vgl. ebd., S. 36.

[212] Ebd., S. 40:

log zu Can. 239 § 2 und Can. 240 § 1, welche dem Schutz der Gewissensfreiheit und deren Ausübung dienen, steht es jedem Christen völlig frei,
sich seinen Geistlichen Begleiter bzw. seinen Beichtvater nach Belieben
auszusuchen, sofern sie diesen nach eigener Auffassung als fähig und
geeignet ansehen, diesen heilsrelevanten bzw. -notwendigen geistlichen
Diensten nachzukommen.

Auch Laien können im Auftrag der Kirche geistlich begleiten, z.b. die
Pastoralreferenten einer Kirchengemeinde oder ausgewählte Ordensmänner und -frauen, sofern diese über die notwendige spirituelle und charakterliche Eignung verfügen sowie eine entsprechende Aus- bzw. Weiterbildung unterlaufen haben (Can. 228 § 1). Eine solche Beauftragung bedeutet, dass diese Geistlichen Begleiter im Laienstand offiziell im Namen
der Kirche tätig sind; zugleich bedeutet dies, dass Menschen, die Geistliche Begleitung suchen, von ihnen die Einhaltung gewisser Maßstäbe
hinsichtlich des christlichen Menschenbildes, der katholischen Moral und
der Glaubenslehre erwarten können.[213]

Im strengen Sinne können auch Eltern im Rahmen ihres (religiösen)
Erziehungsauftrags als Geistliche Begleiter ihrer Kinder angesehen werden (Can. 226 § 2, 774 § 2), gleiches gilt für die Tauf- und Firmpaten, die
im gewissen Sinne als Geistliche Begleiter ihrer Patenkinder zu gelten
haben (ebd., Can. 774 § 2).[214] Damit sind, um der hohen Verantwortung
auch gerecht werden zu können, kirchenrechtlich gewisse Anforderungen
an das Patenamt verbunden. Diese lauten, dass der Pate mindestens 16
Jahre alt sein und durch den Empfang der Grundsakramente Taufe, Firmung und Eucharistie voll in die Gemeinschaft der katholischen Kirche
initiiert worden sein muss. Er muss eine dem Glauben und dem Patenamt

---

*„In der Ausbildung für das Ordensleben gilt zwar der Novizenmeister als
geistlicher Begleiter der Novizen, der ihre Entwicklung in jeder Weise zu fördern hat, doch sollen weder er selbst noch seine Helfer in der Regel Beichtväter für die Novizen sein (vgl. cc. 630 §§ 1, 4, 652 §§ 1–3; RL Ordensausbildung Nr. 52). Vielmehr muss den Ordensleuten, besonders in der Ausbildungszeit, eine andere Person als geistlicher Führer oder Berater zur Verfügung stehen. "*

[213] Vgl. ebd, S. 37; 39.
[214] Vgl. ebd.

78

entsprechende Lebensführung aufweisen, darf keiner Kirchenstrafe unterworfen sein (d.h. Interdikt oder Exkommunikation) und darf auch kein Elternteil des Täuflings bzw. Firmlings sein (vgl. Can. 874, 893). Ein Nichtkatholik, sofern er kein orthodoxer Christ ist, kommt als Pate nicht in Frage; er kann lediglich als Taufzeuge dienen (Can. 874 § 2).[215]

Den Empfang des Bußsakramentes ersetzt die Geistliche Begleitung auf keinen Fall. Es ist „die ordentliche Form der Vergebung der Sünden und der Versöhnung mit Gott und der Kirche"[216] und verfolgt grundsätzlich einen anderen Zweck als die Geistliche Begleitung (siehe hierzu Punkt 2.2.7 dieser Arbeit). Dennoch kann der Geistliche Begleiter auch der Beichtvater einer begleiteten Person sein, sofern er ein gültig geweihter Priester mit entsprechenden Vollmachten ist (Can 966). Dabei gilt jedoch zu beachten, dass das Beichtgeheimnis unverletzlich ist und den Geistlichen Begleiter absolut bindet, d.h. dem Pönitenten gegenüber auch außerhalb des Beichtgesprächs. Der Geistliche Begleiter, sofern er zugleich der Beichtvater einer Person ist, muss deshalb behutsam darauf achten, „Wissen, das er nur aus der Beichte besitzt, gegenüber der begleiteten Person selbst im geistlichen Gespräch nicht zu gebrauchen."[217]

Dies erhebt noch einmal ganz besondere Ansprüche an die Verschwiegenheitspflicht in all jenen Fällen, in denen der Geistliche Begleiter zugleich der Beichtvater ist, an welche er aufgrund seiner Vertrauensposition und seines besonderen Zugangs zum Innenleben einer begleiteten Person aber ohnehin streng gebunden ist.[218] Damit wäre auch der

---

[215] Vgl. ebd., S. 43 f.

[216] Ebd., S. 44.

[217] Ebd.

[218] Vgl. ebd., S. 45. Siehe hierzu auch S. 43:

„Der Begleiter kennt aus dem Dialog mit der begleiteten Person die Dimension der das forum internum berührenden Tatsachen zumindest partiell. In diesen Bereich darf er Dritten grundsätzlich keinen Einblick geben. Diese Verpflichtung ergibt sich allein schon aus Gründen des besonderen Vertrauensschutzes, unter dem das Verhältnis von Begleiter und Begleitetem stehen muss. Aber auch das kirchliche Recht schützt diesen Bereich und verbietet generell, die Intimsphäre der Gläubigen zu verletzen (c. 220). Diesem Verbot unterliegt auch der geistliche Begleiter. Ebenso verbietet das kirchliche Recht eine rechtswidrige Verletzung des guten Rufes, und zwar auch eines

Bereich des internen Forums angesprochen, welcher die Geistliche Begleitung im institutionalisierten Rahmen strikt zuzuordnen ist, und welcher streng vom Bereich des externen Forums unterschieden werden muss (vgl. Can. 130).[219] Die Begriffe „forum internum" und „forum externum" bezeichnen zwei Bereiche des rechtlichen Handelns der Kirche[220] und kommen im Bereich der Geistlichen Begleitung immer dann zum Tragen, wenn der Geistliche Begleiter ein Amtsträger der Kirche ist, welcher mit Leitungsvollmacht bzw. Jurisdiktion ausgestattet ist und der zudem die Vollmacht besitzt, das Bußsakrament zu spenden.[221] Konkret bezieht sich dies also auf kirchliche Obere, Ausbildungsleiter in Ordenshäusern und Priesterseminarien sowie auf die Spirituale, die diesen Einrichtungen durch Beauftragung zugeordnet sind. Auch hier geht es kirchenrechtlich darum, einen Ordnungsrahmen aufzustellen und denen Schutz und Rechtssicherheit zu verschaffen, die als Untergebene (Novizen, „Alumnen") einem solchen Rahmen unterworfen sind. Außerhalb

---

durch Tatsachen nicht gedeckten, zu Unrecht bestehenden guten Rufs (c. 220)."

[219] Vgl. hierzu auch ausführlich: Gianfranco Ghirlanda, SJ: Foro interno, foro esterno, ambito della coscienza, intimità della persona. (Siehe Fußnote 80.)

[220] Vgl. hierzu u.a. Nicholas Halligan, OP: Sacraments of Reconciliation, S. 23:

„Jurisdiction in the external forum primarily and directly guides the external social relations of the faithful toward the society of the Church with the accompanying juridical and social effects. It thus determines whether the faithful in view of their conduct are worthy of praise or of blame before the visible Church. It is often exercised publicly by passing of laws, inflicting of penalties, etc.
Jurisdiction in the internal forum here guides and directs the internal moral relations of the faithful with God, providing for the private welfare of the faithful in their moral conduct with God. It thus determines whether the faithful in view of their conduct are worthy of praise or blame before God. Exercised secretly in this forum of conscience the jurisdiction is private with effects before God alone and carries no juridical effects in the Church unless specially provided for. When this jurisdiction must be exercised in the confessional, i.e., in the sacrament of Penance or in connection with it, it is called sacramental forum and is bound by the sacramental seal."

[221] Vgl. Stephan B. Haering, OSB: Kirchenrechtliche Aspekte der Geistlichen Begleitung, S. 42.

dieses institutionalisierten Rahmens hat diese Unterscheidung keine besondere Bedeutung; hier kommen die Verschwiegenheitspflicht und das Berufsgeheimnis zum Tragen, welche sowohl durch das kirchliche, als auch durch das weltliche Recht geschützt sind, zumindest in den meisten Ländern mit rechtsstaatlicher Ordnung.[222]

Einer Vergütung eines Geistlichen Begleiters, insbesondere wenn er in diesem Bereich hauptberuflich tätig ist, steht kirchenrechtlich nichts entgegen, im Gegenteil. Der begleiteten Person kommt seitens des Begleiters ein gewisser Aufwand an Zeit und Kraft zugute. Dafür steht dem Begleiter, wie in jedem anderen beratenden Beruf auch, eine materielle Vergütung zu, soweit eine solche vereinbart worden ist. Steht ein Geistlicher Begleiter als Kleriker oder Ordensangehöriger allerdings in Diensten der Kirche und übt seine Funktion aufgrund einer Beauftragung oder Ernennung aus, z.B. als Spiritual in einem Priesterseminar bzw. in einem Ordenshaus oder als Pfarrseelsorger in einer Kirchengemeinde, so erhält er für seine Dienstleistung über seine Bezüge eine entsprechende Entlohnung, mit der er sich zufrieden zu geben hat. Es steht ihm jedoch frei, darüber hinaus kleine Geschenke bzw. andere Zeichen der Anerkennung und Wertschätzung entgegenzunehmen.

In dem zuvor Gesagten zeigt sich, dass die Kirche die Geistliche Begleitung nur dort regulieren will, wo es rechtlich notwendig bzw. geboten ist, d.h. insbesondere in der Ausbildung ihrer meist noch jungen Geistlichen in den Seminarien und Ordenshäusern. Ansonsten zeigt sie eine recht große Flexibilität und Offenheit den verschiedenen Formen und Traditionen der Geistlichen Begleitung gegenüber, welche durchaus nebeneinander bestehen können und auch sollen, wie sich aus dem vielsagenden Schweigen des kirchlichen Lehramts diesbezüglich folgern lässt. Die Kirche ist sich bewusst, dass eine gute Geistliche Begleitung nicht durch gesetzliche Regelungen erzwungen werden kann, sondern frommer, fähiger und geistbegabter Begleiter bedarf, die im Prozess der Begleitung auf solche Menschen treffen, die offen und empfänglich für die Leitung und das Wirken des Heiligen Geistes sind. In welcher Form und mit welchen Methoden Geistliche Begleitung stattfinden soll, bleibt am Ende den Akteuren überlassen bzw. dem Traditionsrahmen, in welchem

---

[222] Vgl. ebd., S. 37 f.; S. 43.

sie sich bewegen. Hier eröffnet sich jener Raum, der Platz lässt für die verschiedenen, teils sehr unterschiedlichen Modelle der Geistlichen Begleitung, um die es im folgenden Kapitel gehen wird.

4. Vier Grundmodelle Geistlicher Begleitung – Eine kritische Betrachtung

Nachdem in den vorangegangenen Kapiteln der notwendige Verständnishorizont geschaffen worden ist, was die wesentlichen Begrifflichkeiten, die biblischen und dogmatischen Grundkonzepte sowie den kirchlichen Ordnungsrahmen der Geistlichen Begleitung betrifft, wird es in diesem Kapitel nun um vier sorgfältig ausgewählte Modelle der Geistlichen Begleitung gehen. Bei diesen Modellen kann in einem gewissen Sinne von Grund- bzw. Standardmodellen der Kirche gesprochen werden, da sie alt-ehrwürdig und somit fest in der Tradition und Praxis der Kirche verankert sind; zudem haben sie eine universelle Verbreitung gefunden, wo immer die Kirche frei handeln und wirken kann.

Es handelt sich bei diesen Modellen zunächst um das Emmaus- und das charismatische Modell, welche für die Systematik dieser Arbeit in die Kategorie „biblisch-patristische Modelle der Geistlichen Begleitung" zusammengefasst werden. Auf diese beiden folgen direkt im Anschluss die zwei institutionalisierten Modelle der Kirche, und zwar das sakramentale sowie das juridisch-dogmatischen Modell. Diese vier genannten Modelle werden im Lichte der Lehren des II. Vatikanischen Konzils gründlich betrachtet werden, wobei auch evtl. Defizite und Schwachstellen dieser Modelle in Hinblick auf den pastoralen Einsatz im Dienste der Kirche nicht ausgeblendet werden sollen.

4.1 Biblisch-patristische Standard-Modelle der Geistlichen Begleitung

4.1.1 Der "Emmausweg" – Das Grundmodell Geistlichen Begleitens schlechthin

Das Emmaus-Modell[223] der Geistlichen Begleitung, auch „Emmausweg"[224] genannt, gründet auf der biblischen Emmaus-Erzählung (Lk

---

[223] Vgl. Isidor Baumgartner: Pastoralpsychologie. Einführung in die Praxis heilender Seelsorge, Düsseldorf ²1997, S. 139.

24,13-35), nimmt sich hierbei Jesus Christus selbst als den vollkommens-
ten aller Begleiter zum Vorbild und gilt daher einigen Theologen als *das*
„Grundmodell der Geistlichen Begleitung" schlechthin (siehe hierzu bereits Punkt 2.1.2). Dieses Modell steht für eine Seelsorge, die „mit auf
dem Weg ist".[225] Mit „Weg" ist in diesem Zusammenhang ein kontinuierlicher Prozess des Begleitungsgeschehens gemeint, kein einmaliges,
kurzzeitiges Ereignis, das eher einer „Wegauskunft" gleichkommen würde.[226] Grundprinzip bei diesem Modell ist das „Mitgehen des Seelsorgers"[227], eine mitgehende, mystagogische Kirche, repräsentiert in der
Person des Begleiters; das Emmaus-Modell spiegelt das „Sakrament des
mitgehenden Gottes" des Alten und des Neuen Testaments wider.[228]

Ziel des Weges in Begleitung ist ein „Leben im Heiligen Geist", in
welchem „Jesus Christus als die menschgewordene Liebe Gottes" allezeit
gegenwärtig ist.[229] Dieser Weg ist daher immer auch ein Gebetsweg, ein

---

[224] Vgl. Willi Lambert, SJ: Geistliche Begleitung auf dem Glaubensweg. „Was
sind das für Dinge, über die ihr auf eurem Weg miteinander redet?" Lk 24, 17.
In: „Da kam Jesus hinzu…" (Lk 24,15). Handreichung für geistliche Begleitung
auf dem Glaubensweg. Arbeitshilfen Nr. 158, hrsg. vom Sekretariat der Deutschen Bischofskonferenz, Bonn 2001, S. 23.

[225] Vgl. ebd., S. 14.

[226] „Es geht um einen Weg, und damit um eine gewisse Zeit, um Kontinuität,
d.h. nicht um ein punktuelles Ereignis. […] Begleitung schließt eine gewisse
Dauer und Regelmäßigkeit ein." Ebd.

[227] Siehe hierzu auch folgende erläuternde Ausführung:

*„Geistliche Begleitung bedeutet geschwisterliche Weghilfe. Wer begleitet,
gibt nicht das Ziel vor. Wer begleitet, ist nicht Führer, auch wenn es gelegentlich dunkle Wegstrecken geben kann, auf denen ihm stärker eine tragen-
de und führende, hindurchführende Aufgabe zukommen kann. Ignatius von
Loyola, sicher ein großer ‚Meister' der Einzelbegleitung, spricht sehr be-
scheiden-pragmatisch in der Exerzitienbegleitung von dem, ‚der die Übungen' gibt, und dem, der sie empfängt. "*

Ebd., S. 20.

[228] Vgl. Isidor Baumgartner: Pastoralpsychologie, S. 125; 139. Vgl. auch Willi
Lambert, SJ: Geistliche Begleitung auf dem Glaubensweg, S. 12.

[229] Vgl. hierzu und zum Folgenden Willi Lambert, SJ: Geistliche Begleitung auf
dem Glaubensweg, S. 14-17.

Weg des aufmerksamen Hörens, der rechten Lebensgestaltung, der vollkommenen Annahme seiner selbst, d.h. stets auch ein *Reifungsweg* hin zur echten Selbstwerdung; er ist ein Weg der oft unerwarteten, wandelnden Gottesbegegnung, ein Weg, der zur Einheit von Glauben und Leben führen will, zur Einheit von Menschheit und Gottheit nach dem Bilde Christi, „unvermischt und ungetrennt" mit den Worten des Konzils von Chalcedon.

Der Theologe und Pastoralpsychologe Isidor Baumgartner (geb. 1946), ein prominenter Vertreter des Emmaus-Modells im deutschen Sprachraum, geht bei seinem Entwurf von einer „diakonisch-heilenden Seelsorge"[230] aus und erinnert mit seinem Ansatz stark an das Konzept des Pastoral Counseling (siehe Punkt 2.2.2), welches bekanntermaßen von der Geistlichen Begleitung zu unterscheiden ist. Der Deutsche Jesuit Willi Lambert (geb. 1944) hingegen, ein weiterer bekannter Vertreter des Emmaus-Modells, greift dieses Modell ganz gezielt für die Geistliche Begleitung auf.[231] Deswegen wird das Hauptaugenmerk in den folgenden Abschnitten auf seiner Ausdeutung und Darlegung dieses Modells ruhen.

4.1.1.1 Die Emmaus-Geschichte als biblisches Strukturschema für Geistliche Begleitung

Der Evangelist Lukas schildert eine Begebenheit, welche sich am Abend des Auferstehungstages ereignet haben soll: Zwei Jünger, die erst kurz zuvor Zeugen der Kreuzigung Jesu geworden waren, befanden sich auf einer Fußreise fort von Jerusalem und hin zu dem kleinen Örtchen Emmaus, unweit der Heiligen Stadt (V. 13). Sie tauschten sich untereinander über die Ereignisse aus, die sie noch ganz frisch in Erinnerung hatten (V. 14). Ihre Stimmung war niedergeschlagen angesichts der dramatischen Ereignisse von Karfreitag und des Verlusts ihres Meisters. Da „kam Jesus selbst hinzu und ging mit ihnen" (V. 15), doch sie erkannten ihn nicht (V. 16). Der Auferstandene fragte sie: „Was sind das für Dinge, über die ihr auf eurem Weg miteinander redet?" (V. 17). Daraufhin er-

---

[230] Vgl. Isidor Baumgartner: Pastoralpsychologie, S. 338 ff.

[231] Siehe hierzu Willi Lambert, SJ: Geistliche Begleitung auf dem Glaubensweg, S. 10-24.

zählten sie ihm von allem, was geschah, und schilderten ihn, Jesus, als einen „Prophet[en], mächtig in Tat und Wort vor Gott und dem ganzen Volk" (V. 19), doch ihre „Hohepriester und Führer haben ihn zum Tod verurteilen und ans Kreuz schlagen lassen." Ein hingerichteter Prophet, das kam im Alten Israel häufiger vor. Aber ein gekreuzigter Messias, wie sollte das einen Sinn ergeben? Zudem wurden sie von einigen Frauen aus ihrem Kreis „in große Aufregung" versetzt:

> *„Sie waren in der Frühe beim Grab, fanden aber seinen Leichnam nicht. Als sie zurückkamen, erzählten sie, es seien ihnen Engel erschienen und hätten gesagt, er lebe. Einige von uns gingen dann zum Grab und fanden alles so, wie die Frauen gesagt hatten; ihn selbst aber sahen sie nicht."* (V. 22-24.)

Da wies Jesus sie zurecht:

> *„Ihr Unverständigen, deren Herz zu träge ist, um alles zu glauben, was die Propheten gesagt haben. Musste nicht der Christus das erleiden und so in seine Herrlichkeit gelangen?"* (V. 25 f.)

Und er legte ihnen „Moses und die Propheten", d.h. die ganze Hebräische Bibel aus und erklärte ihnen alles, was „in der gesamten Schrift über ihn geschrieben steht." (V. 27.)

Schließlich erreichten sie das Dorf, zu welchem sie unterwegs waren. Als Jesus so tat, als wolle er weitergehen, luden sie ihn ein, die Nacht über bei ihnen zu bleiben und mit ihnen zu Abend zu essen (V. 29).

> *„Und es geschah, als er mit ihnen bei Tisch war, nahm er das Brot, sprach den Lobpreis, brach es und gab es ihnen. Da wurden ihre Augen aufgetan und sie erkannten ihn; und er entschwand ihren Blicken."* (V. 30 f.)

Da sagten sie zueinander: „Brannte nicht unser Herz in uns, als er unterwegs mit uns redete und uns den Sinn der Schriften eröffnete?" (V. 32.) Und am Ende der Perikope heißt es im Text:

„Noch in derselben Stunde brachen sie auf und kehrten nach Jerusalem zurück und sie fanden die Elf und die mit ihnen versammelt waren. Diese sagten: Der Herr ist wirklich auferstanden und ist dem Simon erschienen. Da erzählten auch sie, was sie unterwegs erlebt und wie sie ihn erkannt hatten, als er das Brot brach." (V. 33-35.)

Jener Erzählung lassen sich folgende Rahmenpunkte für den Prozess der Geistlich Begleitung entnehmen: Sie umfasst mindestens zwei Akteure auf einem gemeinsamen Weg, nämlich einen Begleiter und mindestens einen Begleiteten. Dieser Prozess hat einen Anfang und ein Ende, ist also von begrenzter Dauer. Er kann spontan zustande kommen und entspringt der „Begegnung zweier Herzen auf dem Weg".[232] Dabei kreist er um ein bestimmtes Thema, z.B. „Was bedeuten Jesus und seine Auferstehung von den Toten für mich?", und nimmt dabei die Heilige Schrift und ihre Deutung mit in den Blick.[233] Er umfasst als Methode ein Frage-Antwort-Schema, arbeitet dabei mit offenen Fragen und schließt den Dialog bzw. die Diskussion mit ein. Der Begleitungsprozess kann, vielleicht muss er sogar manchmal, freundschaftlich-konfrontativ sein.[234] Er ist stets persönlich und kann sich sehr kraftvoll auswirken; dabei können und sollen den Beteiligten Herz und Verstand aufgeschlossen werden. Dieser Prozess ist seinem Wesen nach eucharistisch, d.h. er schließt die Gemeinschaft mit Christus und seiner Kirche mit ein. In Rückbezug auf das Letzte Abendmahl offenbart sich die wahre Identität bzw. das wahre Wesen Christi. Der Begleiter zieht sich, sobald angebracht, zurück, damit die begleitete Person Zeit und Raum zur persönlichen Reflexion hat. Und zum Ende hin ist die Frucht des gesamten Begleitungsprozesses die Verkündigung der

---

[232] Vgl. Sara Blauvelt: On the Road Again: The Emmaus Model of Accompaniment. Online verfügbar unter: http://www.usccb.org/beliefs-and-teachings/who-we-teach/young-adults/upload/blauvelt-road-again.pdf (aufgerufen am 25.08.2019)
[233] Vgl. hierzu und zum Folgenden Larry Garner: The Emmaus Model of Discipleship. Online verfügbar unter: http://storage.cloversites.com/mountcarmelbaptistchurch/documents/Mount%20Carmel%20Discipleship-the%20Emmaus%20Model.pdf (aufgerufen am 25.08.2019)
[234] Vgl. Sue Pickering, Spiritual Direction, S. 21.

Frohen Botschaft durch Wort und Lebensführung der Gläubigen in Kirche und Welt.[235]

4.1.1.2 Geistliche Begleitung nach dem Emmaus-Modell

Aus dieser Geschichte und ihrer Struktur leitet Willi Lambert für sein Emmaus-Modell der Geistlichen Begleitung[236] die folgenden zehn grundlegenden Prinzipien ab:

1. Klärung des Ausgangspunktes für ein Begleitgespräch. Was bewegt die zu begleitende Person jetzt gerade, was beschäftigt sie, was treibt sie um? Ist es eine starke Emotion wie besondere Trauer oder Freude? Kommt die Person mit Glaubensschwierigkeiten oder Problemen in der Beziehung zu anderen Menschen ins Gespräch?

2. Sinn und Ziel der Geistlichen Begleitung ist der Umgang mit zentralen Fragen des Glaubens und des christlichen Lebens. Im Emmaus-Modell kommt die „geschwisterliche Weggemeinschaft"[237] hinzu, in welcher sich die Gegenwart Christi „für einen Augenblick" offenbaren kann.[238]

3. Grundsätzliche Fragebereiche im Prozess der Geistlichen Begleitung sind die „Grundhoffnungen, Visionen, Träume und Sinnkonzepte der Menschen" in seinem Leben. Sie werden manchmal besonders sichtbar, „wenn alles in Frage gestellt scheint".

4. Fundamental für das Begleitungsgeschehen ist das Zuhören: „Jesus spielt sich nicht als der auf, der es besser und genau weiß, sondern er hört zu und lässt die beiden Jünger ihr Herz ausschütten." Begleitung geschieht auch wesentlich im Fragen: „Jesus beherrscht nicht das Gespräch durch einen Wissensvorsprung, sondern er schaut und fragt und hört und öffnet Augen."

---

[235] Vgl. ebd.

[236] Vgl. hierzu und zum Folgenden Willi Lambert, SJ: Geistliche Begleitung auf dem Glaubensweg, S. 23 f.

[237] Siehe hierzu auch ebd., S. 14.

[238] Diese und die weiteren Zitate im Text finden sich ebd., S. 23.

5. Begleitung fordert mitunter auch heraus bzw. fördert zutage, was das Herz an Sehnsüchten in sich trägt. Jesus provoziert „die geheimen Herzenswünsche" der beiden Jünger, indem er tut, „als wolle er weitergehen": „Herr, bleibe bei uns, denn es will Abend werden und der Tag hat sich geneigt!"

6. Die Begleitung durch einen erfahrenen Weggefährten hilft auch bei der Deutung dessen, was im Leben eines Menschen geschieht. Was zunächst „als Unsinn, als Abbruch, als Ende erscheint, bekommt einen geheimnisvollen Sinn": „Musste dies nicht alles geschehen?"

7. Dabei ist Geistliche Begleitung ein auf Kontinuität angelegtes Weggeschehen. Dadurch, dass dem Begleitungsprozess Zeit gegeben wird, wird sich schrittweise der Sinn enthüllen, der hinter dem steht, was dem Begleiteten zunächst unverständlich erscheint.[239]

8. Der Begleitungsprozess kann und soll auch zu „kontemplativen Augenblicken" führen: „Auf einmal gehen den Jüngern die Augen auf und sie erkennen Jesus als gegenwärtig."[240]

9. Eigentlicher Begleiter in diesem Prozess, oft „zunächst verborgen, aber dann offenkundig", ist Christus selbst durch den Heiligen Geist. Deswegen muss sich jeder Begleitdienst stets offen und verantwortungsvoll von Christus selbst und vom Geist Gottes leiten lassen.

10. Geistliche Begleitung bedeutet immer auch ein „Aufbruchgeschehen" und hat dabei „Gemeinschaft im Blick": Der Weg schien zu Ende und ging doch „mitten in der Nacht!" weiter. Die Weiterexistenz des Jüngerkreises, der Kirche im Keim, schien gefährdet und wuchs dann doch weiter, und zwar mit einer neuen Dynamik. Von Emmaus führte der Weg zurück nach Jerusalem, zur Gemeinschaft mit den anderen Jüngern Christi. Und von dort führte der nach Galiläa, d.h. ins „Hier und Jetzt des alltäglichen Lebensraums: Dort lässt sich Christus finden. Dorthin geschieht geistliche Begleitung."

---

[239] Vgl. ebd., S. 24.
[240] Zu diesem und zu den folgenden Zitaten siehe ebd., S. 24.

4.1.1.3 Grundlegende „Wegetappen" und „Ebenen des Begleitens" nach dem Emmaus-Modell

Lambert hat für sein Emmaus-Modell verschiedene „Wegetappen" festgelegt, welche er als Jesuit der ignatianischen Tradition entnommen hat. Sie beziehen sich auf Grundschritte bzw. „Entscheidungsräume", die fundamental für jeden christlichen Glaubensweg sind.[241]

In der ersten Etappe geht es um ein grundsätzliches „Ja zum Leben", um die Annahme seiner selbst (R. Guardini) „aus dem Liebes-Ja Gottes" heraus. Es geht um ein Leben aus Hoffnung heraus und „auf einen Sinn hin".

Als nächstes steht eine Auseinandersetzung mit dem „Bösen im eigenen Leben und im Weltgeschehen" an, um den Umgang mit Sünde und Schuld, „um Finsternisse und Verzweiflungen, um das Geschehen von Verzeihung, Versöhnung [sic!, F.D.], Errettung."

In einem nächsten Schritt werden Beziehungen im Leben gemeinsam betrachtet, vor allem jene Urbeziehungen und Grundbeziehungen, welche „dem Leben im Großen wie im Kleinen" Gestalt verleihen. „Mit wem lebe ich im vollen Sinn des Wortes in ‚Lebens-Gemeinschaft'" und „wem ‚folge ich nach'"?

Im weiteren Verlauf der Begleitung geht es auch darum, zu erkennen und für sich anzunehmen, dass Leid nicht nur eine „Sinnbedrohung" darstellen muss, sondern im Sinne der Seligpreisungen auch die Möglichkeit des Wachstums und der „Seligkeit" ins sich tragen kann. Dies gilt insbesondere für den Umgang mit dem ganz persönlichen Kreuz, dem Sterben und dem Tod. Aus christlicher Sicht tragen sie alle die Möglichkeit zu neuer und „endgültiger Lebendigkeit" in sich.

Schließlich geht es um das Ziel und den Auftrag des Menschen, die „Auferstehungswirklichkeit mitten im Alltag" zu leben:

---

[241] Vgl. zum Folgenden sowie zu den nachfolgenden Zitaten im Text ebd., S. 18.

*„Der Mensch ist ‚Staub und wird Staub', aber er ist auch ‚ver-
zückter Staub' (Nelly Sachs), der mit dem geschundenen Ijob
sagen darf: ‚Doch ich, ich weiß: Mein Erlöser lebt, als letzter
erhebt er sich aus dem Staub.' (Ijob 19,25)*"[242]

In all diesen Wegabschnitten und Grundentscheidungen im Glauben
und in der Hoffnung will sich „die Liebe Gottes in Jesus Christus" offenbaren, und zwar als „gekreuzigte Barmherzigkeit", die Versöhnung
schenkt und durch jede „Gottesfinsternis und Verlassenheit" hindurchzu-
tragen vermag. Gott ist ein Gott, den man „nicht bei den Toten suchen"
soll, „sondern bei den Lebenden". Denn bei ihnen ist er auf seine sehr
eigene Weise gegenwärtig, und zwar als „Weg, Wahrheit und Leben".[243]

Neben diesen „Grundetappen" im Begleitungsprozess identifiziert
Lambert auch verschiedene Ebenen bzw. „Wachstumsrichtungen" für den
weiteren Fortschritt des Begleiteten, nämlich die Ebenen „des Haltes, der
Haltungen, des Verhaltens und der Verhältnisse". Zur Verdeutlichung
und als Orientierungshilfe hat Lambert eine Reihe von Fragen zusam-
mengesammelt, die wie folgt lauten:

Zur Dimension des Haltes:

*„Wer ist der letzte Halt, auf den sich mein Leben bezieht und in
welcher Beziehung lebe ich dazu? Wer ist ‚mein Gott'? Welche
Gottes- oder Götzenbilder leiten und bestimmen mein Leben?
Wer ist Jesus Christus für mich?*"[244]

Zur Dimension der Haltungen:

*„Von welchen Grundhaltungen, Motiven, Einstellungen, Ängs-
ten, Hoffnungen bin ich getragen bzw. gesteuert? Wie durch-
wirken und verwandeln die Werte Jesu und die Seligpreisungen
des Evangeliums mein Leben?"*

---

[242] Ebd.
[243] Vgl. ebd., S. 18 f.
[244] Zu diesem und den nachfolgenden Zitaten siehe ebd., S. 20.

Zur Dimension des Verhaltens:

> *„Wie drücken sich meine Wandlungs- und Wachstumsschritte in meinem konkreten, alltäglichen Verhalten aus?"*

Und schließlich zur Dimension der Verhältnisse:

> *„Wie nehme ich die Gestaltung und Umgestaltung meiner äußeren Lebensverhältnisse, der beruflichen, familiären, politischen, wirtschaftlichen Situationen in den Blick und in die Hand?"*

In all diesen Dimensionen bzw. auf all diesen Ebenen geistlichen Wachstums gilt es stets, „Leben und Glauben in ihrer inneren Einheit zu sehen und zu verlebendigen." Und dieser Prozess der „Verlebendigung" ist zweifelsfrei die „Mitte allen geistlichen Geschehens und der Blickrichtung geistlichen Begleitens".[245]

4.1.1.4 Zum „Wie" und zum „Wer" des Begleitens nach dem Emmaus-Modell

Im Zentrum des Prozesses steht nach Lambert die begleitete Person selbst. Das kann so weit als Allgemeingut aller Geistlichen Begleitung gelten. In der ersten Begegnung mit dem Menschen, der sich Begleitung erbittet, ist zunächst einmal abzuklären, was er genau sucht bzw. was er sich unter dem Begleitungsprozess vorstellt:

> *„Geht es um geistliche Begleitung oder eher um eine therapeutische, psychologisch-beratende Hilfe? Ist eher ein kürzerer oder längerer Zeitraum in den Blick zu nehmen? Wären zunächst andere Hilfen wie Meditationstage, Exerzitien, eine geistliche Gruppe, Lektüre u.ä. angemessener? Was sind Erwartungen, die jemand an geistliche Begleitung hat? Ist jemand willens und fähig zu einer gewissen Regelmäßigkeit?"*[246]

---

[245] Beide Zitate ebd.
[246] Ebd., S. 21.

Die zu begleitende Person muss sich auch bereitfinden, das geistliche Leben eines Christen konsequent „einzuüben", um es dann „ausüben" zu können. Zwar hat das Glaubensleben sehr viel mit „Gottes Gnadenwirken" zu tun, mit einem Geschenkcharakter des Glaubens und des Lebens. Gott fordert aber auch die Bereitschaft zur „Mitwirkung" des einzelnen Christen. Spiritualität hat immer auch etwas mit „Einübung" zu tun, mit Askese und Glaubenspraxis. Geistliche Begleitung kann nicht an die Stelle kontinuierlicher Praxis treten, sie kann lediglich Hilfestellungen beim „Training"[247] anbieten bzw. bei der Betrachtung und Auswertung der Fortschritte assistieren.[248] Geistliche Begleitung ist also zuallererst ein Ort des Innehaltens und der Reflexion auf der Wegstrecke:

> *„Gerade als Pilger, als „homo viator", d.h. als Weg-Mensch brauchen wir immer wieder einen Rastort, Zeit für's Zurückschauen, für Kräfteschöpfen, für den Blick nach vorne. Und wir brauchen Menschen, die mitgehen und mit-schauen."*[249]

Ansonsten gilt für die begleitete Person, was bereits unter Punkt 2.1.3.2 dieser Arbeit gesagt wurde.

Was den Geistlichen Begleiter betrifft, so ist er ein Mensch, der sich immer auch selbst auf einem Glaubens- und Lebensweg zu Gott und zu

---

[247] Hierzu passt auch folgender Vergleich:

> *„The directee* [could be, F.D.] *compared to an athlete and the director a personal coach – specifically, a personal fitness coach. Just as with a coach in any sport, the athlete is the one that is ultimately in control. He or she hires a personal coach to help them achieve otherwise elusive goals and perspectives. In the end, the level of influence the director has over the directee is based on the directee's free choice rather than any position of power. [The] directee always has the free choice to seek out and follow – or not follow – the healing and growth available to them through the spiritual director as they seek together to understand and cooperate with God's work."*

Daniel Burke, John Bartunek, LC: Navigating the Interior Life, S. 4. Die Analogie gleicht dem, was der hl. Ignatius von Loyola mit seinen „Geistlichen Übungen" (= Ertüchtigung!) intendiert, vgl. Bemerkung Nr. 1.

[248] Vgl. Willi Lambert, SJ: Geistliche Begleitung auf dem Glaubensweg, S. 21 f.

[249] Ebd., S. 22.

sich selbst hin befindet. Daher bedarf auch der Begleiter der Begleitung durch einen anderen Christen, der ihm als Reflexionshilfe dient. Er muss zutiefst aus seinem eigenen Glauben heraus leben und zudem zur Unterscheidung der Geister fähig sein, damit er gut ignatianisch „Diener des Trostes" sein kann.[250] Hier zeigt sich deutlich die jesuitische Ausbildung und Prägung Lamberts. Daneben muss der Begleiter noch eine Reihe anderer Haltungen und Eigenschaften besitzen, um seinen Dienst am Mitchristen gut verrichten zu können. Diese sind vor allem:

> „*Achtsamkeit, Weitherzigkeit, Freilassen, Vertrauen, Dranhalten der Begleiteten an ihrem Weg, Ehrlichkeit, Fähigkeit zu angemessen-deutlicher Konfrontation, Zeuge-sein von Entscheidungen, Ermutigen, Erinnern an die eigenen frei gewählten Ziele und die gemachten Erfahrungen*[.]"[251]

Er muss zudem über die Fähigkeit verfügen, sich selbst zurücknehmen zu können.[252] „Besserwisserei, zu aktive Eingriffe, dauerndes Erzählen eigener Erfahrungen" sind für den Begleitungsprozess nicht hilfreich, „Indiskretion" ist für diesen sogar „tödlich".[253] Er kann von gelegentlicher Supervision bzw. Praxisbegleitung profitieren, sowie von einer eigenen Vorbereitung und Nachbereitung der Gespräche in Hinblick auf die eigenen Regungen der Seele sowie den Einfluss des Begleitungsprozesses auf die eigene Spiritualität, das eigene Gottesverständnis.

---

[250] Vgl. ebd., S. 21.

[251] Ebd.

[252] Siehe zu dieser Notwendigkeit die folgende erklärende Ausführung an selber Stelle im Text:

> "*Ignatius von Loyola bringt einmal im Gespräch mit einem Mitbruder die Ursünde beim Begleiten auf den Punkt: ‚Ihm scheine, es könne keinen größeren Fehler in den geistlichen Dingen geben, als die anderen nach einem selbst leiten zu wollen'. Natürlich wird das Eigene – durchaus hilfreich auch – immer in das Begleiten eingehen, aber es gilt zugleich, sich in einer möglichst großen Offenheit und Achtsamkeit für das Gegenüber und dessen Bedürfnisse zu halten.*"

Ebd.

[253] Ebd.

Ohne „einer überzogenen Professionalität das Wort" reden zu wollen, empfiehlt er dem Geistlichen Begleiter aufgrund seiner besonderen Verantwortung für den anderen, über das eigene gottgegebene Charisma hinaus gewisse Fähigkeiten und Fertigkeiten zu erwerben bzw. fachmännisch einzuüben. Dazu zählen eine „Schulung in seelsorglicher Gesprächsführung, psychologisches Grundwissen, Beheimatung im biblischen Sprach- und Glaubensraum u.ä."[254]

Dass die Gabe der Geistlichen Begleitung in erster Linie eine Gnadengabe ist, die nicht jeder erhalten hat, sieht also auch Lambert so. Ansonsten gilt für den Geistlichen Begleiter im Emmaus-Modell all das, was bereits unter Punkt 2.1.3.1 dieser Arbeit gesagt wurde.

4.1.1.5 Kritische Würdigung des Emmaus-Modells

Das Emmaus-Modell ist ein eigenständiges, im biblischen Text gründendes Modell mit eigener Geschichte und eigenem Charakter. Es nimmt sich den auferstandenen Christus der Emmaus-Erzählung zum handlungsleitenden Vorbild und folgt in seiner Methodik den verschiedenen Schritten bzw. Themen jener Erzählung.

Da es einen vollkommeneren Wegbegleiter als Christus selbst nicht geben kann, ist an diesem Grundmodell erst einmal nichts zu kritisieren. Alle Geistliche Begleitung wird immer bestrebt sein, es Christus in allem gleichzutun. Dennoch fehlt jenem Urbild und Vorbild Geistlicher Wegbegleitung, wie es das Lukas-Evangelium zeichnet, in gewisser Hinsicht ein passender Rahmen, und somit bleibt es auf eine vage Handlungsabfolge im Begleitungsprozess[255] beschränkt, die zwar zur charismatischen Nachahmung einlädt, ohne jedoch dabei eine detailliertere Handlungsanleitung bzw. Vorgehensweise anzubieten.

Wie sich in den vorangegangenen Abschnitten gezeigt hat, hat Willi Lambert dieses Defizit erkannt und als Jesuit den freien Raum um das

---

[254] Ebd., S. 22.
[255] Siehe hierzu auch Isidor Baumgartner: Pastoralpsychologie, S. 125: „Koinonia, Diakonia, Martyria und Leiturgia zusammen bilden nach der Emmauslegende das Koordinatensytem seelsorgerlicher Begleitung."

Kernmotiv der Emmaus-Geschichte mit Elementen aus der ignatianischen Tradition gefüllt.[256] Das Motiv der spirituellen Wanderschaft bzw. Wegbegleitung ist der Tradition der Jesuiten nicht fremd;[257] Ignatius selbst hat sich in seiner Autobiographie vielsagend als „Pilger"[258] bezeichnet und Jesus ist für ihn „Der WEG".[259] Insofern fügt sich das Grundmotiv des Emmaus-Weges sehr gut mit den Prinzipien und Methoden der ignatianischen Spiritualität zusammen, die sich zudem in den letzten gut 500 Jahren in vielfacher Weise bewährt haben.

Allerdings wird von einigen Autoren zurecht darauf hingewiesen, dass es neben der ignatianischen Spiritualität auch noch zahlreiche andere bewährte Traditionen und Methoden aus der Spiritualitätsgeschichte gibt, die für den Prozess der Geistlichen Begleitung herangezogen werden können.[260] Hierzu zählen u.a. die benediktinische[261], die dominikani-

---

[256] Siehe hierzu Willi Lambert, SJ: Geistliche Begleitung auf dem Glaubensweg, S. 18-24.

[257] Siehe hierzu auch ders.: „Wie eine Waage in der Mitte". Ignatianische Perspektiven für geistliche Begleitung. In: Sekretariat der Deutschen Bischofskonferenz (Hg.): „Da kam Jesus hinzu…" (Lk 24,15). Handreichung für geistliche Begleitung auf dem Glaubensweg. Arbeitshilfen Nr. 158, Bonn 2001, S. 129:

> *„Ignatius bezeichnet sich als 'Pilger', sagt 'Ein Orden ist ein Prozess', und spricht von 'unserer Weise des Vorangehens' ('noster modus procedendi'). Dies beinhaltet ein Gespür für die 'Weglichkeit des Daseins' ('Homo viator'), für Phasen der Entwicklung, für verschiedene Schritte und Entscheidungen auf dem Evangeliumsweg und ebenso für Stil, Methode und Schritte. Vor allem das Auswertungsgeschehen ('Gewissenserforschung') ist fundamental für menschliches Wachsen, Reifen und für die Begleitung."*

[258] Siehe hierzu Ignatius von Loyola: Bericht eines Pilgers. Übersetzt und kommentiert von Peter Knauer, SJ, Würzburg 2015.

[259] Vgl. Willi Lambert, SJ: Ignatianische Perspektiven für geistliche Begleitung, S. 129 f.

[260] Siehe hierzu z.B. Michael Plattig, OCarm: „Sag mir ein Wort, wie ich gerettet werden kann" – Ursprung und Entwicklung geistlicher Begleitung, S. 25.

[261] Máire Hickey, OSB: „Willst du wahres und unvergängliches Leben…?" (Regula Benedicti, Prolog 17). Geistliche Begleitung als Angebot benediktinischer Gastfreundschaft. In: Sekretariat der Deutschen Bischofskonferenz (Hg.): „Da kam Jesus hinzu…" (Lk 24,15). Handreichung für geistliche Begleitung auf dem Glaubensweg. Arbeitshilfen Nr. 158, Bonn 2001, S. 107-110.

sche[262], die franziskanische[263] und die karmelitanische[264] Spiritualität, um nur einige bekannte Formen bzw. Traditionen zu benennen. Es bleibt nur noch darauf zu warten, dass spirituelle Meister aus diesen verschiedenen Ordensgemeinschaften sich des Emmaus-Motivs annehmen, um es mit ihren eigenen Methoden und Traditionen zu verbinden und dadurch ihre eigene, jahrhundertealte Erfahrung und Perspektive in dieses biblische Basismodell einzubringen.

---

[262] Maria M. Dörtelmann, OP: „Die Predigt zum Heil der Menschen". Domini-kanische Spiritualität. In: Sekretariat der Deutschen Bischofskonferenz (Hg.): „Da kam Jesus hinzu…" (Lk 24,15). Handreichung für geistliche Begleitung auf dem Glaubensweg. Arbeitshilfen Nr. 158, Bonn 2001, S. 111-116.

[263] Helmut Schlegel, OFM: Geistliche Begleitung in franziskanischer Spirituali-tät und Praxis. In: Sekretariat der Deutschen Bischofskonferenz (Hg.): „Da kam Jesus hinzu…" (Lk 24,15). Handreichung für geistliche Begleitung auf dem Glaubensweg. Arbeitshilfen Nr. 158, Bonn 2001, S. 117-121.

[264] Veronika E. Schmitt, OCarm: „Zur innersten Mitte gelangen". Karmelitani-sche Spiritualität. In: Sekretariat der Deutschen Bischofskonferenz (Hg.): „Da kam Jesus hinzu…" (Lk 24,15). Handreichung für geistliche Begleitung auf dem Glaubensweg. Arbeitshilfen Nr. 158, Bonn 2001, S. 122-126.

4.1.2 Das charismatische Modell

Wie das Emmaus-Modell, so wurzelt auch das charismatische oder „prophetisch-mystagogische"[265] Modell der Geistlichen Begleitung zunächst in der Heiligen Schrift. Dort lassen sich neben dem im vorangegangenen Kapitel geschilderten Beispiel noch zahlreiche weitere Begleitungsverhältnisse finden, z.b. die von Moses und Josua, Elia und Elisa, Eli und Samuel, Nathan und David, Paulus und Timotheus u.v.a.[266] Bei all diesen spirituellen Meistern handelte es sich um *geistbegabte* Menschen, die andere Menschen im Rahmen eines engen Vertrauensverhältnisses zu einer immer größeren geistlichen und menschlichen Reife sowie zu einer heilbringenden Erkenntnis des Willens Gottes verhelfen wollten, insbesondere in Hinblick auf die eigene Berufung und Lebensführung. Für ihren jeweiligen Leitungs- und Begleitungsauftrag brauchten diese großen Gestalten der Bibel keine besondere Ausbildung oder gar ein gelehrtes Studium. Alles, was sie benötigten, war ihr unbedingtes Ja zum Ruf Gottes, eine tiefe, mitfühlende Liebe zum Mitmenschen sowie ein „hörendes Herz" in Bezug auf die göttliche Stimme. Damit wäre bereits das Charakteristische dieses Modells definiert, das seinem Namen gemäß von charismatisch begabten Seelenführern ausgeht. Um dieses Modell sowie die Hintergründe seiner Entstehung in der Alten Kirche wird es in den nun folgenden Abschnitten gehen.

4.1.2.1 Grundsätzliche theologische Voraussetzungen für die Geistliche Begleitung nach dem charismatischen Modell

Wie bereits an verschiedenen Stellen in dieser Arbeit erwähnt wurde, hat der hl. Paulus in seinen Briefen eine Charismenlehre[267] entwickelt, die auch die Fähigkeit zur Geistlichen Begleitung u.a. durch die Gabe der Unterscheidung und der Vermittlung von Erkenntnis mit einschließt. Es herrscht Einigkeit unter den Verfassern der einschlägigen Literatur, dass die Gabe der Geistlichen Begleitung stets vom Heiligen Geist stammt, der

---

[265] Vgl. Mihály Szentmártoni, SJ: Camminare insieme, S. 85.
[266] Vgl. Chester P. Michael: An Introduction to Spiritual Direction. A Psychological Approach for Directors and Directees, Mahwah (NJ), USA 2004, S. 3.
[267] Siehe 1 Kor 12,7-11; Röm 12,6-8.

sie frei und gnadenhaft einzelnen von ihm ausgewählten Menschen zum Dienst an ihren Mitmenschen verleiht. Das bedeutet in der Konsequenz, dass man als Mensch und Christ diese Gabe entweder empfangen hat und bestimmungsgemäß über sie verfügen kann und soll, oder man hat sie eben nicht.

Die (damalige) anglikanische Ordensschwester und Geistliche Beglei-terin Mary Winifred, die aufgrund der von ihr getätigten Aussagen[268] diesem Modell zugeordnet werden kann, sagt hierzu erläuternd:

"In spite of a plethora of spiritual direction programs purport-ing to train those who would be spiritual directors, it remains a fact that gifts of direction are just that--gifts, not learned skills. Spiritual direction involves listening and hearing, discernment, clarity of vision, and assistance in the development of a rela-tionship between an individual and God. While learned skills may assist a spiritual director, it is only deep sensitivity devel-oped through years of personal prayer that enables true spir-itual direction."[269]

Wie bereits unter Punkt 2.1.3.1 dieser Arbeit ausgeführt worden ist, kann man die Charismen der Geistlichen Begleitung bei sich entdecken, kultivieren und weiterentwickeln, aber man kann sie sich eben selbst nicht verleihen.[270] Hierzu noch einmal Sr. Mary Winifred:

"While training in prayer and meditation may certainly make one a more articulate spiritual director, nevertheless spiritual direction remains a vocation unfettered by rules and regula-tions [or, F.D.] by industry standards."[271]

---

[268] Siehe hierzu Mary Winifred, CHS: Imaging Spiritual Direction, S. 531 f. Zu den biographischen Angaben siehe: http://www.sistermarywinifred.com/ (aufgerufen am: 28.06.2020)

[269] Ebd., S. 531.

[270] Vgl. hierzu auch Michael Schneider, SJ: Geistliche Begleitung im Lebenspro-zeß, S. 1 ff.

[271] Mary Winifred, CHS: Imaging Spiritual Direction, S. 532. Siehe zu den Prinzipien des charismatischen Modells auch Mihály Szentmártoni, SJ: Camminare insieme, S. 85:

Diese Grundsätze und Überlegungen zum Charisma der Geistlichen Begleitung schließen auch die große Gruppe der Diözesan- und Ordenspriester mit ein, die erwartungsgemäß[272] zwar aufgrund ihres Berufungscharismas und ihrer mehrjährigen geistlichen Ausbildung über die notwendigen Fähigkeiten und Fertigkeiten zu diesem besonderen und wichtigen Dienst verfügen sollten (siehe hierzu u.a. die Ausführungen unter Punkt 3.1 mit Bezug auf die Lehren des II. Vatikanischen Konzils); die Erfahrung lehrt nun aber leider anderes.[273] Ebendiese Erkenntnis, dass die Gabe der Geistlichen Begleitung nicht jedem gegeben ist und auch nur bis zu einem gewissen Umfang erlernt werden kann, greift das charismatische Modell der Geistlichen Begleitung auf und ergänzt sie durch weitere Reflexionen bzw. Anleitungen für den praktischen Einsatz in unserer Zeit.[274]

Was sich nun genau hinter dem charismatischen Modell verbirgt und wie es abseits der biblischen Berichte und Weisungen in der Gegenwart verstanden werden möchte, lässt sich verstehen, wenn man zunächst ein-

---

„La direzione si svolge in un'atmosfera trascendentale senza riferimento alle tecniche psicologiche. Infatti la guida altro non è che il maestro dello spirito che inizia il discepolo alla vita spirituale e alla illuminazione interiore attraverso il linguaggio evocativo del proprio esempio."

[272] Vgl. Jean Laplace, SJ: Preparing for Spritiual Direction, S. 47 ff.

[273] Vgl. ebd., S. 51. Auch große Heilige wie Johannes vom Kreuz oder Thérèse de Lisieux beklagten diesen Umstand, siehe hierzu Michael Plattig, OCarm: „Sag mir ein Wort, wie ich gerettet werden kann" – Ursprung und Entwicklung geistlicher Begleitung – eine „Grobskizze". In: Sekretariat der Deutschen Bischofskonferenz (Hg.): „Da kam Jesus hinzu…" (Lk 24,15). Handreichung für geistliche Begleitung auf dem Glaubensweg. Arbeitshilfen Nr. 158, Bonn 2001, S. 31 ff.
In diesem Zusammenhang sei vielleicht angemerkt, dass die Konzilsväter keinen Klerikalismus im Sinn hatten, wenn sie die Geistliche Begleitung zuallererst mit Priestern in Verbindung brachten bzw. die Laien in der Kirche zu diesem Zwecke gezielt an ihre Priester vor Ort verwiesen; vielmehr wird es ihnen um die Einhaltung von Mindeststandards und damit eine Qualitätssicherung sowie einen Schutz der Gläubigen vor Scharlatanen gegangen sein, wie ihn auch das katholische Kirchenrecht intendiert. Vgl. hierzu Punkt 3.3 dieser Arbeit.

[274] Vgl. David L. Fleming, SJ: Models of Spiritual Direction, S. 108 f.

mal in die Umstände seiner Entstehung bzw. seine Blütezeit im patristischen Zeitalter blickt, um die es im folgenden Abschnitt abrissartig geht.

4.1.2.2 Entstehung und Prinzipien des charismatischen Modells im christlichen Altertum

Was wir in unserem heutigen Sinne unter Geistlicher Begleitung verstehen, nimmt seine Anfänge im 3. Jh. in den christlichen Einsiedeleien der ägyptischen Wüste unweit Alexandrias.[275] Die frühen Wüstenväter (und -mütter) flohen die Versuchungen und Ablenkungen des Großstadtlebens und wollten sich in der Abgeschiedenheit der Einöde voll und ganz Gott hingeben.[276] Sie führten daher ein Leben strenger Askese und widmeten sich, alleine in ihren Zellen oder Höhlen hausend, dem Fasten, Beten, der Rezitation der Psalmen und dem intensiven Studium der Schrift. Als bekanntestes Beispiel für diese radikalen Einsiedler dürfte der hl. Antonius der Große (um 251-356) gelten, der während seines außergewöhnlich langen Lebens dieser Form des ursprünglichen Mönchtums zu so großer Popularität verhalf, dass zum Ende seines Lebens hin die Wüste mit Einsiedlern regelrecht „bevölkert"[277] war. Im Laufe der Jahrzehnte und Jahrhunderte zahlreich geworden, fanden sie sich allmählich zu mehr oder minder großen Gruppen in der Wüste zusammen. Aus diesen zunächst losen Zusammenschlüssen von Einsiedlermönchen sind später die christlichen Klöster entstanden.[278]

Das karge Leben in der Wüste brachte nicht nur in physischer Hinsicht große Entbehrungen mit sich, es war auch psychisch und spirituell höchst herausfordernd. Die Männer und Frauen gingen in die Wüste, um dort Gott zu finden, aber oft genug begegneten sie zuerst einmal dem

---

[275] Vgl. zum Folgenden Michael Plattig, OCarm: „Sag mir ein Wort, wie ich gerettet werden kann" – Ursprung und Entwicklung geistlicher Begleitung, S. 25-31.

[276] Vgl. hierzu auch Teresa Blythe: Spiritual Direction 101, S. 11 f.

[277] Siehe zu dieser Entwicklung und ihren Folgen ausführlich Hans Conrad Zander: Als die Religion noch nicht langweilig war. Die Geschichte der Wüstenväter, Gütersloh 2011.

[278] Vgl. Jordan Aumann, OP: Christian Spirituality in the Catholic Tradition, San Francisco (CA), USA 2001 ([1]1985), S. 37 ff.

Teufel und seinen Dämonen, wie sie es beschrieben.[279] Mit zahllosen Anfechtungen und Versuchungen bedrängten diese „Geister des Bösen" die Einsiedlermönche, um sie zur Sünde und schließlich zur Aufgabe ihres zur Heiligkeit führenden Lebensstils zu verleiten. Über viele Jahre der Übung, der Innenschau und des Gebets lernten sie, mit diesen Anfechtungen umzugehen bzw. wie man ihnen am besten widersteht. Hieraus entwickelte sich nicht nur der Topos des „Dämonenkampfs" bei den Wüstenvätern[280], dem wir wichtige Lehren und Prinzipien für die Geistlichen Begleitung entnehmen können, wie z.B. zum Thema der „diakrisis" [281], der Gabe der Unterscheidung (der Geister), oder die „kardiognosis", die Herzenskenntnis.[282] Wir verdanken diesen Jahrzehnten der reflektiven Selbstbeobachtung in der Einöde auch tiefe Einsichten in die menschliche Psyche, d.h. die „Regungen der Seele" bzw. was sie „bewegt", motiviert, ängstigt, erhebt etc.[283] Diese Einsichten sind auch für die zeitgenössische, psychologisch orientierte Geistliche Begleitung von bleibender Bedeutung.[284]

Die große Weisheit und Einsicht in die menschliche Natur, die sich die Wüstenväter und -mütter über die Jahrzehnte erwarben und an andere weitergaben, sprach sich über die Jahre im römischen Reich herum, und bald machten sich ganze Pilgerscharen von Ratsuchenden auf den Weg, um diese Einsiedlermönche an ihren Wohnstätten zu konsultieren.[285] In diesem Phänomen liegt sicher ein Ursprung der Geistlichen Begleitung in unserem heutigen Verständnis begründet.

---

[279] Vgl. ebd., S. 39 f.

[280] Siehe hierzu ausführlich Anselm Grün, OSB: Der Umgang mit dem Bösen. Der Dämonenkampf im alten Mönchtum, Münsterschwarzach 1979 ([10]2000).

[281] Ders.: Geistliche Begleitung bei den Wüstenvätern, Münsterschwarzach [3]1996, S. 56 ff.

[282] Vgl. ebd., S. 11 f.

[283] Viele dieser immer noch aktuellen Einsichten werden in neuerer Zeit auch von der Psychologie und Psychiatrie aufgegriffen. Siehe hierzu folgenden Beitrag des Psychiatrieprofessors Daniel Hell: Die Sprache der Seele verstehen. Die Weisheit der Wüstenväter, Freiburg i.Br. 2007 (TB.-Ausgabe 2019).

[284] Vgl. hierzu u.a. Michael Plattig, OCarm: „Sag mir ein Wort, wie ich gerettet werden kann" – Ursprung und Entwicklung geistlicher Begleitung, S. 26 ff.

[285] Vgl. Teresa Blythe: Spiritual Direction 101, S. 12. Vgl. auch Hans Conrad Zander: Als die Religion noch nicht langweilig war, S. 13 ff.

Über die Jahrhunderte gingen auch immer wieder von neuem junge Menschen in die Wüste, um es den teilweise recht prominenten und nicht selten als Heilige verehrten Einsiedlermönchen gleichzutun, oft aus dem Eifer und dem Idealismus der Jugend heraus, nicht ahnend, worauf sie sich da wirklich einließen. Sie wurden von den Anfechtungen des Bösen voll getroffen, erlagen ihren Leidenschaften, verließen manchmal recht schnell die Wüste wieder, um zu einem weltlichen Leben zurückzukehren, oder kämpften in der Einöde gegen den Wahnsinn oder gar Selbstmordgedanken an.[286] Daher wurde allen jungen Mönchen die strenge Pflicht auferlegt, sich einen älteren, erfahrenen Einsiedler zum Begleiter zu wählen, dem sie ihre Gedanken und Gefühle zu offenbaren hatten. Von ihm erhielten sie Ratschläge und Anweisungen für das geistliche Leben in der Wüste, denen sie in uneingeschränktem Gehorsam zu folgen hatten.[287] Dieser Begleiter nahmen die jungen Mönche mit reinem Herzen und aus tiefster Seele als ihre geistlichen „Zöglinge" an und wurden ihnen somit zu einer „Quelle des Lebens" in der Wüste. Aus diesem engen Beziehungsverhältnis rührt das Verhältnis der „geistlichen Vaterschaft"[288], von welchem die Wüsten**väter**[289] ihren Namen bezogen.[290] Damit wäre ein zweiter wichtiger Ursprung der Geistlichen Begleitung in unserem heutigen Sinne identifiziert.

Aus den soeben geschilderten historischen Voraussetzungen bzw. Umständen, unter denen es zu einer Herausbildung der Institution der Geistlichen Begleitung gekommen ist, lassen sich folgende Prinzipien für das charismatische Modell ableiten:

---

[286] Vgl. hierzu ausführlich Anselm Grün, OSB: Der Umgang mit dem Bösen (s.o., Fußnote 280).

[287] Vgl. ders.: Geistliche Begleitung bei den Wüstenvätern, S. 9.

[288] Ebd.

[289] Vgl. auch Klemens Schaupp, Hildegard Tillmanns, OFM: Geistliche Begleitung – Berufung oder Beruf? Überlegungen zum Problem der Professionalisierung der geistlichen Begleitung. In: Sekretariat der Deutschen Bischofskonferenz (Hg.): „Da kam Jesus hinzu…" (Lk 24,15). Handreichung für geistliche Begleitung auf dem Glaubensweg. Arbeitshilfen Nr. 158, Bonn 2001, S. 82.

[290] Vgl. hierzu auch Michael Schneider, SJ: Geistliche Begleitung im Lebensprozeß, S. 6: „Geistlicher Vater ist […] jener, der einen anderen für das geistliche Leben im Glauben gezeugt hat."

In den ersten Jahrhunderten gab es naturgemäß noch keine feste bzw. organisierte Ausbildung im Bereich der Geistlichen Begleitung, sondern geistlicher „Vater" oder „Mutter" wurde man stets allein dadurch, dass man von anderen um entsprechenden Rat gefragt wurde.[291] Diese Bitte um Ratschlag wurde oft erst nach Jahrzehnten des immerwährenden Gebets und der Askese an sie herangetragen, also nach langen Jahren des inneren Wachstums und der Reife sowie des eigenen erfolgreichen Kampfes mit den „Dämonen", d.h. den üblen Gedanken bzw. Leidenschaften in der Abgeschiedenheit der Wüste. Hatten diese Mönche und Nonnen durch die Wirksamkeit des Heiligen Geistes erst einmal einen gewissen Grad der Weisheit sowie der persönlichen Heiligkeit erreicht, breitete sich ihr Ruf allmählich unter den anderen Einsiedlern bzw. den Laien in der „Welt" aus.[292] Dies geschah in erster Linie dadurch, dass Menschen anderen von ihren Erfahrungen berichteten, die sie mit ihren geistlichen Vätern oder Müttern gemacht hatten. Das Urteil, ob sich jemand als Geistlicher Begleiter eignete bzw. über die hierfür notwendigen Charismen verfügte, lag also vor allem bei denjenigen, die diese Einsiedler mit ihren Anliegen, Fragen und Problemen aufsuchten.[293] Niemand in der kargen Wüste Ägyptens kam auf die Idee, sich selbst zum Geistlichen Begleiter zu machen bzw. sich einen solchen aufdrängen zu lassen, wenn man ihn nicht aufgrund gewisser Kriterien für „begabt" und geeignet hielt.

---

[291] Vgl. Klemens Schaupp, Hildegard Tillmanns, OFM: Geistliche Begleitung – Berufung oder Beruf?, S. 83.

[292] Solche heiligmäßigen, geistbegabten Menschen wurden von ihren Zeitgenossen „Pneumatophoroi" genannt, d.h. „Geistträger":

> *„An ihrer Person, ihrem Reden und Handeln, an ihrem ganzen Leben wurde sichtbar, wie Gott ist. In ihnen bekam die Güte und Menschenfreundlichkeit Gottes eine konkrete Gestalt. So ist es verständlich, dass allmählich viele Christen und Nichtchristen auf sie aufmerksam wurden und zu ihnen in die Wüste kamen, um sie um Rat zu fragen, sie um ein Wort zu bitten."*

Ebd., S. 82.

[293] Vgl. Michael Plattig, OCarm: „Sag mir ein Wort, wie ich gerettet werden kann" – Ursprung und Entwicklung geistlicher Begleitung, S. 30 f.

4.1.2.3 Anforderungen an einen Geistlichen Begleiter sowie den Begleiteten nach dem charismatischen Modell

Suchte damals ein Mönch oder Laie einen guten und fähigen Geistlichen Ratgeber unter den zahlreichen Wüstenvätern, dann wurde dessen persönliche Eignung an drei verschiedenen Kriterien[294] festgemacht:

1. Er hat bereits viele Jahre in der gelebten Nachfolge, im immerwährenden Gebet sowie in der Askese verbracht.

2. Er besitzt die Gabe der Herzenskenntnis: Der potentielle Begleiter hat durch eigene Lebenserfahrung sowie durch das Zutun des Heiligen Geistes einen „klaren und gütigen Blick" erhalten für das, „was einen Menschen im innersten bewegt". Dadurch besitzt er auch ein Gespür für die Sorgen und Nöte der Mitmenschen.[295]

3. Er verfügt über die Gabe der „Unterscheidung der Geister": Durch den langjährigen Kampf gegen die „lebenszerstörenden Kräfte" der Dämonen bzw. die Einflüsterungen des Bösen sowie durch das unablässige Hören auf die Stimme Gottes in seinem Inneren in der stillen Abgeschiedenheit der Wüste hat er diese Geistesgabe geschult und verstärkt.[296]

---

[294] Vgl, zum Folgenden Klemens Schaupp, Hildegard Tillmanns, OFM: Geistliche Begleitung – Berufung oder Beruf?, S. 83.

[295] Vgl. hierzu auch folgende Erläuterung:

„Der geistliche Vater muß beides: er muß die Geheimnisse Gottes kennen und er muß das menschliche Herz erforscht haben. [Die Herzenskenntnis, F.D.] ist eine Gabe des Heiligen Geistes, aber zugleich muß der Mönch auch danach streben, indem er das eigene Herz kennen lernt, indem er die einzelnen Regungen, die Gefühle und Stimmungen, die Gedanken und Pläne zu unterscheiden vermag und sein Herz bis auf den Grund durchschaut. Dann kann er auch das Herz des erkennen, der ihn um Rat frägt [sic!, F.D.]."

Anselm Grün, OSB: Geistliche Begleitung bei den Wüstenvätern, S. 11.

[296] Vgl. hierzu auch folgende Ausführung:

„Die diakrisis ist nicht eine Fähigkeit, die [der geistliche Vater, F.D.] sich erwerben kann, sondern eine Gabe des Hl. Geistes, um die er immer wieder

In der alten Kirche wurde bei der Auswahl eines Geistlichen Begleiters also nicht nach dessen Ausbildung gefragt, sondern nach seiner Erfahrung im geistlichen Leben sowie nach seinen persönlichen Charismen.
Allerdings konnten vorhandene Gnadengaben gepflegt und kultiviert
werden, u.a. dadurch, dass sich ein Einsiedlermönch selbst durch einen
anderen geistbegabten Wüstenvater beraten und begleiten ließ.[297]

Nach bestimmten Methoden bzw. theoretischen Konzepten „wird man
in den Zeugnissen des frühen Mönchtums vergeblich suchen."[298] In den
Berichten aus damaliger Zeit finden sich lediglich „Beispiele, Episoden,
Begegnungen."[299] Die Mönchsväter folgten vor allem ihrem inneren Gespür bzw. den Eingebungen des Heiligen Geistes, wenn sie auf die Fragen
Ratsuchender antworteten. Hierzu Anselm Grün, der als Benediktiner-
mönch und ausgewiesener Kenner der Wüstenvätertradition ebenfalls die
charismatischen Aspekte der Geistlichen Begleitung hervorhebt:

> *„Sie* [die Mönchsväter, F.D.] *haben nicht Methoden gelernt,*
> *sondern sie haben sich in langem geistlichen Ringen selber*
> *kennengelernt und sie sind in ihrer radikalen Gottsuche mit*
> *dem Geheimnis Gottes vertraut geworden. Methoden sind eine*
> *Hilfe, auf Menschen richtig einzugehen, aber wer im geistlichen*
> *Leben sich selbst und Gott wirklich begegnet ist und die Gabe*
> *der Unterscheidung der Geister erhalten hat, der kann sich oh-*
> *ne Methoden direkt dem Menschen zuwenden und ihm und sei-*
> *nen Anliegen gerecht werden."*[300]

---

beten muss. Es braucht die eigene Erfahrung im Umgang mit den Gedanken
und Gefühlen, aber es braucht auch das Hören auf den Geist, damit er für
den jeweiligen Augenblick erkennt, was für den andern gut ist."

Ebd., S. 58.
[297] Vgl. Klemens Schaupp, Hildegard Tillmanns, OFM: Geistliche Begleitung –
Berufung oder Beruf?, S. 83.
[298] Michael Plattig, OCarm: „Sag mir ein Wort, wie ich gerettet werden kann" –
Ursprung und Entwicklung geistlicher Begleitung, S. 27.
[299] Ebd.
[300] Anselm Grün, OSB: Geistliche Begleitung bei den Wüstenvätern, S. 25.

Auch war die Geistliche Begleitung meist eher ein gelegentlicher, mehr punktueller als kontinuierlicher Prozess. Die Ratsuchenden wandten sich an einen geistlichen Begleiter, wenn entsprechender Gesprächsbedarf bestand. Die Kontaktaufnahme musste, wie oben bereits erwähnt, stets von der begleiteten Person ausgehen. Diese „öffnet sich vertrauensvoll, muss dann aber auch bereit sein, den Spruch, die ergangene Weisung zu akzeptieren"[301], d.h. ohne jeden Vorbehalt zu beherzigen bzw. umzusetzen. Die Antworten sind meist kurz und bestehen oft nur aus einem einzigen Satz bzw. Ratschlag, manchmal auch aus einer Übung oder einer Mahnung, die Sichtweise auf etwas zu ändern. Diese sind stets auf eine individuelle Person und ihre konkrete Lage bezogen, d.h. auf die gleiche Frage konnten unterschiedlichen Personen gegensätzliche Antworten gegeben werden.[302] Die Vorgehensweise zur Zeit der Wüstenväter ist also in den allermeisten Fällen streng direktiv und das Ziel der Geistlichen Begleitung ist immer „die Hinführung zur Kontemplation" der Geheimnisse des christlichen Glaubens, die unmittelbare Begegnung mit Gott, letztlich die „Schau Gottes" schon in dieser Welt.[303]

Diesem in der Spätantike entwickelten charismatischen Modell steht in der heutigen Zeit eine Professionalisierung der Geistlichen Begleitung gegenüber, welche dieses uralte Modell mit seinen Intuitionen und seiner Spontaneität in geistlichen Belangen in gewisser Weise herausfordert. Eine professionelle Schulung in Geistlicher Begleitung steht nicht unbedingt im Widerspruch zu deren charismatischen Elementen, dennoch gibt es einige wichtige Unterschiede zwischen diesen Ansätzen, auf die im folgenden Abschnitt näher eingegangen wird.

---

[301] Michael Plattig, OCarm: „Sag mir ein Wort, wie ich gerettet werden kann" – Ursprung und Entwicklung geistlicher Begleitung, S. 27.
[302] Vgl. ebd.
[303] Ebd.

4.1.2.4 Geistliche Begleitung zwischen „Berufung" und „Beruf" – Gemeinsamkeiten und Konfliktfelder zwischen Charisma und Professionalisierung

Im christlichen Altertum lag der Schwerpunkt der Entwicklung zu einem Geistlichen Begleiter noch auf der Entdeckung, Weiterentwicklung und Pflege der hierzu erforderlichen Charismen, oft unter Zuhilfenahme des Rates bzw. der Begleitung durch einen älteren, weitaus erfahreneren Einsiedlermönch.[304] Das heißt, die Mönche förderten einander durch Beratung und Begleitung und tauschten untereinander Erfahrungen und Geschichten aus, die dann später gesammelt und niedergeschrieben wurden. Damit war ein erster, vorsichtiger Schritt zur Professionalisierung getan. Von einem „Beruf" des Geistlichen Begleiters konnte aber noch lange nicht die Rede sein. Die überwiegende Mehrzahl der Wüstenväter waren Laienmönche, die ihre Dienste und Erfahrungen den anderen aus tätiger Nächstenliebe zur Verfügung stellten, nicht jedoch aus einer pastoralen Pflichterfüllung heraus.[305]

Erst mit der allmählichen Entstehung und Fortentwicklung der Klöster, vor allem in der benediktinischen Tradition, wurde die Geistliche Begleitung im christlichen Abendland zunehmend institutionalisiert und fiel vor allem dem Vorsteher, d.h. dem Abt sowie den von ihm zu diesem Zweck bestimmten Mitgliedern der Klostergemeinschaft zu. Diese waren in späteren Jahrhunderten zumeist die Priester der Gemeinschaft, welche im Prozess der Begleitung auch die Beichte abnahmen, womit eine Klerikalisierung der Funktion des Geistlichen Begleiters einsetzte. Einen Höhepunkt fand diese Entwicklung in den Bettelorden des Hochmittelalters, bei denen „Seelenführung" und Sündenvergebung immer häufiger zusammenfielen. Das charismatische Moment der Geistlichen Begleitung trat immer weiter in den Hintergrund und ging mit dem Aufkommen der Andachtsbeichte später weitgehend verloren. Geistliche Begleitung wurde Sache der „Beichtväter" bis hin zur Reform sowohl der kirchlichen

---

[304] Vgl. hierzu und zum Folgenden Klemens Schaupp, Hildegard Tillmanns, OFM: Geistliche Begleitung – Berufung oder Beruf?, S. 83 f.

[305] Vgl. Michael Schneider, SJ: Geistliche Begleitung im Lebensprozeß, S. 4.

Beichtpraxis als auch der Geistlichen Begleitung in den Jahren nach dem II. Vatikanischen Konzil.[306]

Paradoxerweise stellt die rapide voranschreitende Professionalisierung in unseren Tagen in gewisser Weise den charismatischen Charakter der Geistlichen Begleiter wieder her. Im Professionalisierungsprozess wird hervorgehoben, dass die Charismen der Begleitung bei entsprechend vorhandenen Grundneigungen und -fertigkeiten „wie jede therapeutische, pädagogische oder medizinische Fähigkeit erworben, erlernt und trainiert werden"[307] können. Außerdem wurde bereits vor Jahrzehnten „der enge Zusammenhang zwischen geistlicher Begleitung und Psychologie erkannt."[308] Es ist heute selbstverständlich, vielleicht sogar unerlässlich geworden, „Erkenntnisse und Methoden der Psychologie bzw. der Psychotherapie für die geistliche Begleitung zu nutzen."[309] Durch entsprechende Aus- und Fortbildungsangebote wird die Geistliche Begleitung heute wieder einem sehr viel größeren Personenkreis zugänglich gemacht, einschließlich der Ordensfrauen und der Laien in der Kirche.[310] Die seit dem Konzil erfolgte Differenzierung zwischen dem Sakrament der Buße und der Geistlichen Begleitung führte zu einer „Wiederentdeckung der unterschiedlichen Charismen von Klerikern und Laien, zu denen ganz im altkirchlichen Verständnis auch die Berufung und Befähigung zu geistlicher Begleitung gehört."[311]

Ganz im Sinne des charismatischen Modells der Geistlichen Begleitung merkt jedoch der bekannte deutsche Karmelit und Professor für Spirituelle Theologie Michael Plattig zu den heute bestehenden Ausbil-

---

[306] Vgl. Michael Plattig, OCarm: „Sag mir ein Wort, wie ich gerettet werden kann" – Ursprung und Entwicklung geistlicher Begleitung, S. 31-35.

[307] Klemens Schaupp, Hildegard Tillmanns, OFM: Geistliche Begleitung – Berufung oder Beruf?, S. 84.

[308] Michael Plattig, OCarm: „Sag mir ein Wort, wie ich gerettet werden kann" – Ursprung und Entwicklung geistlicher Begleitung, S. 35.

[309] Ebd.

[310] Vgl. Klemens Schaupp, Hildegard Tillmanns, OFM: Geistliche Begleitung – Berufung oder Beruf?, S. 84.

[311] Michael Plattig, OCarm: „Sag mir ein Wort, wie ich gerettet werden kann" – Ursprung und Entwicklung geistlicher Begleitung, S. 35.

dungsangeboten in Geistlicher Begleitung zum Zwecke der Berufsaus-
übung kritisch-skeptisch das Folgende an:

> *„Solche Konzepte, die sicher wohldurchdacht sind und verant-*
> *wortet durchgeführt werden, sind auf dem Hintergrund des Ur-*
> *sprungs geistlicher Begleitung vor allem in zweifacher Hinsicht*
> *kritisch zu hinterfragen. Unabdingbare Voraussetzung für die*
> *Begleitung anderer ist das eigene geistliche Leben, der eigene*
> *geistliche Weg und niemand kann sich selbst zum Begleiter, zur*
> *Begleiterin machen. Beide Grundsätze der Begleitung wie sie*
> *das alte Mönchtum formulierte, sind nicht durch eine Ausbil-*
> *dung kompensierbar und bleiben eine kritische Anfrage an alle,*
> *die andere geistlich begleiten.“*[312]

Die Geistliche Begleitung der Gegenwart muss sich, selbst wenn sie
sich bis zu einem gewissen Punkt in einem charismatischen Modell bewegt, den Herausforderungen „durch die zunehmende Professionalisierung der helfenden Berufe stellen“[313], daran führt kein Weg vorbei. Sie
wird ihre charismatisch-theologische Eigenart jedoch nur bewahren,
wenn sie den Vorrang der Gnade bei ihrer Ausübung nicht aufgibt.[314]
Nach christlichem Verständnis wird Geistliche Begleitung niemals ein in
jederlei Hinsicht erlernbares „Handwerk“ bzw. „ein Brotberuf“ wie jeder
andere sein können. Sie bleibt eine Kunst „begnadeter“ Menschen. Es
wird für die Zukunft dieses wertvollen *geistlichen* Dienstes am Mitmenschen also eine ausgewogene Balance zwischen Beruf und Berufung an-
zustreben sein.[315]

---

[312] Ebd., S. 35.
[313] Klemens Schaupp, Hildegard Tillmanns, OFM: Geistliche Begleitung – Berufung oder Beruf?, S. 84.
[314] Vgl. ebd.
[315] Ebd., S. 92.

4.1.2.5 Kurze Zusammenfassung sowie kritische Anmerkungen zum charismatischen Modell in seinen verschiedenen Ausformungen

Das charismatische Modell findet seinen theologischen Ausgangspunkt in den Briefen des Apostels Paulus, in denen er seine Charismenlehre entwickelt und dargelegt hat. Einen Höhepunkt fand die charismatische Begleitung bei den Einsiedlermönchen in der ägyptischen Wüste, später trat es dann zugunsten des sakramentalen Modells weitgehend in den Hintergrund. Die Nachkonzilsphase mit ihren verschiedenen Reformen hat nach einer langen Phase der Marginalisierung zu einer Wiederbelebung des charismatischen Modells geführt, so dass es heute wieder neben den anderen bekannten Modellen als eigenständige Form Geistlicher Begleitung besteht bzw. eingesetzt werden kann.

Im Mittelpunkt des charismatischen Modells steht seit jeher ein spiritueller Meister bzw. „Altvater", der über die Gnadengabe der Herzenskenntnis verfügt und außerdem die verschiedenen „Geister" zu unterscheiden vermag, die auf einen Menschen einwirken und ihn zu seinem Heil oder Verderben zu beeinflussen versuchen. Die begleitete Person verlässt sich in diesem speziellen Beziehungsverhältnis voll und ganz auf die besondere Lebensweisheit bzw. die tiefen geistlichen Einsichten des Meisters und wird dessen Anweisungen vertrauensvoll und in heiligem Gehorsam befolgen, so lautet zumindest der Idealtypus dieses Modells.

Die Gefahr liegt hierbei in einer Idealisierung des Geistlichen Begleiters, der aus Sicht der begleiteten Person als „heiliger Mann" über „inspiriertes" religiöses Sonderwissen verfügt, das Nicht-Charismatikern unzugänglich verborgen bleibt.[316] Dadurch kann der Geistliche Begleiter zu einer Art „Guru" stilisiert werden, dem mit einer übertriebenen Erwartungshaltung an dessen spirituelle Einsichten und Seelenführungskompetenzen begegnet wird. Auf der Strecke bleiben dadurch die Entscheidungsfreiheit und Eigenverantwortung der begleiteten Person, die in die Rolle eines passiven Entscheidungsempfängers verfallen kann.[317] Diese

---

[316] Vgl. David L. Fleming, SJ: Models of Spiritual Direction, S. 108 f.

[317] Vgl. hierzu auch Mihály Szentmártoni, SJ: Camminare insieme. Psicologia pastorale, S. 84 f.

Extremformen gilt es unbedingt zu vermeiden, und zwar auf beiden Seiten des geistlichen Begleitungsverhältnisses.

Auf den ersten Blick scheinen die Gaben eines charismatischen Seelenführers tatsächlich etwas sehr Seltenes, ja geradezu Wundersames zu sein.[318] Gewisse Aussagen von großen Heiligen wie z.B. Teresa von Ávila oder Franz von Sales, die von der Seltenheit eines „begabten" Geistlichen Begleiters sprechen bzw. von der großen Schwierigkeit, einen solchen zu finden, scheinen diese Auffassung zu belegen.[319] Tatsächlich ist es aber so, und ein Blick in die Spiritualitätsgeschichte bestätigt diese Behauptung[320], dass der Heilige Geist die Charismen der Geistlichen Begleitung stets in dem benötigten Maße unter den Gläubigen verteilt, so dass der Kirche immer gerade die Qualität und Menge an Geistlichen Begleitern zur Verfügung steht, die sie im Hier und Jetzt zur Erfüllung ihrer Sendung bzw. zum Aufbau des Gottesreiches nötig hat.

Kontrovers wird die Debatte um die Frage der Professionalisierung der Geistlichen Begleitung geführt.[321] Unter den spirituellen Theologen herrscht Einigkeit, dass die Gaben der Geistlichen Begleitung geistverliehen sind und durch eine Ausbildung zwar kultiviert, aber nicht erworben werden können. Dennoch wächst die Anzahl freiberuflicher Geistlicher Begleiter mit einer professionellen Schulung, z.B. in Gesprächsführungstechniken oder sogar in spiritueller Theologie. Hierbei stellt sich denn auch die Frage nach einer angemessenen Bezahlung dieser Spezialisten. Auch, wenn dem aus kirchenrechtlicher Perspektive nichts entgegensteht[322], so wird Geistliche Begleitung „gegen Bezahlung" von einigen Autoren gar in die Nähe zur Simonie gerückt:

"[M]oney does not usually enter into a spiritual direction agreement, nor should it. Unlike therapy or counseling, which are professional relationships between a therapist or counselor and a client, spiritual direction is a relationship of charity and

---

[318] Vgl. David L. Fleming, SJ: Models of Spiritual Direction, S. 108 f.
[319] Vgl. Michael Plattig, OCarm: „Sag mir ein Wort, wie ich gerettet werden kann" – Ursprung und Entwicklung geistlicher Begleitung, S. 31 ff.
[320] Vgl. David L. Fleming, SJ: Models of Spiritual Direction, S. 109.
[321] Siehe hierzu Punkt 4.1.2.4.
[322] Siehe hierzu Punkt 3.3.

generosity between fellow Christians. Spiritual gifts cannot be purchased; they are not for sale. "[323]

Diese Position mag ein wenig extrem erscheinen, zumal auch ein niedergelassener, hauptberuflicher Geistlicher Begleiter selbstverständlich Geld zum Leben benötigt.[324] Dennoch dürfen finanzielle Aspekte niemanden von der Inanspruchnahme Geistlicher Begleitung abschrecken, schon gar nicht die Bedürftigen.[325] Hier wäre zu überlegen, ob eine evtl. Vergütung nicht auch von dritter Seite geschehen könnte, z.b. durch einen Orden, eine Pfarrei, eine Diözese oder einen privaten Träger.[326]

Im engeren Sinne der biblischen bzw. der Vätertradition schließen sich das charismatische Modell und eine Honorartätigkeit als Geistlicher Begleiter aber tatsächlich aus. Der charismatische Begleiter bietet sich nicht selbst als Begleiter an, sondern wird aufgrund gewisser Kriterien von jemandem ausgewählt, der sich eine Begleitung wünscht.[327] Ein solcher Begleiter wird seinen Liebesdienst am Mitchristen mithilfe von Inspiration bzw. geistgewirkter Intuition durchführen[328], aber nicht durch Rückgriff auf erlerntes psychologisches Wissen bzw. einen entsprechende Methodenkatalog.[329]

---

[323] Mary Winifred, CHS: Imaging Spiritual Direction, S. 531.

[324] Vgl. Teresa Blythe: Spiritual Direction 101, S. 156 ff.

[325] Vgl. Klemens Schaupp, Hildegard Tillmanns, OFM: Geistliche Begleitung – Berufung oder Beruf?, S. 90.

[326] Vgl. ebd., S. 92.

[327] Siehe hierzu Punkt 4.1.2.3.

[328] Vgl. David L. Fleming, SJ: Models of Spiritual Direction, S. 109.

[329] Vgl. Mihály Szentmártoni, SJ: Camminare insieme. Psicologia pastorale, S. 85.

4.2 Institutionalisierte Standard-Modelle der katholischen Kirche

Die beiden zuvor beschriebenen Modelle, die unter der Kategorie „biblisch-patristisch" zusammengefasst worden sind, geben bereits alle wichtigen Grundthemen, Prinzipen bzw. Herangehensweisen vor, die für die Geistliche Begleitung in der christlichen Tradition charakteristisch geworden sind. Durch ihren buchstäblich „charismatischen" Charakter sind sie jedoch zugleich etwas „ungeformt", bedürfen also eines stabilen Rahmens, in welchem diese Prinzipien einen Raum für ihre Entfaltung bzw. zweckmäßige Anwendung finden können.

Wie im vorangegangenen Abschnitt bereits kurz dargestellt wurde, haben sich in langwierigen Institutionalisierungs- und auch Professionalisierungsprozessen ganz allmählich feste Strukturen für die Ausübung bzw. Gestaltung der Geistlichen Begleitung herausgebildet. In der Gestalt der sogenannten Seelenführungs- bzw. Andachtsbeichte hat sich über die Jahrhunderte ein sakramentales Modell entwickelt, in welchem den Gläubigen ein Angebot der Geistlichen Begleitung in einer von der Kirche genau festgelegten und empfohlenen Form zur Verfügung gestellt werden konnte.

Für die geistliche Ausbildung, Formung und Begleitung des Priester- bzw. Ordensnachwuchses in den jeweiligen Ausbildungshäusern hingegen ist seitens der kirchlichen Autoritäten das juridisch-dogmatische Modell mit seinen diversen Regelungen und Vorschriften hervorgebracht worden. Auf diese beiden „praktischen" Grundmodelle der Kirche wird in den nun folgenden Abschnitten ausführlicher eingegangen werden.

4.2.1 Das sakramentale Modell – Geistliche Begleitung im Beichtgespräch

Das Sakrament der Buße und die Geistliche Begleitung sind zwei sehr unterschiedliche Gnaden- bzw. Hilfsmittel der Kirche, welche dazu dienen sollen, die einzelnen Gläubigen ihrem Heil in Christus näher zu bringen. Während das Beichtgespräch um die Sünden und Verfehlungen eines Menschen kreist und dabei durchweg vergebungsorientiert ist, ist die Geistliche Begleitung sehr viel breiter aufgestellt. Sie beleuchtet alle

Lebensbereiche des Menschen mit dem Licht des Glaubens und will ihm durch das Wirken des Heiligen Geistes dazu verhelfen, im Laufe eines lebenslangen Entwicklungs- und Reifeprozesses derjenige zu werden, der er in den Augen Gottes sein kann.[330] Elemente der Geistlichen Begleitung können, vielleicht sollten sie sogar, in ein Beichtgespräch mit einbezogen werden, aber erforderlich im strengen Sinne sind sie nicht. Alles, worum ein Pönitent bittet, ist die Lossprechung von seinen Sünden. Alle anderen Themen, die sein Glaubensleben betreffen, muss er aus eigenem Wunsch anbringen und mit dem Beichtpriester erörtern wollen, sofern dies der (Zeit-)Rahmen des Beichtprozesses zulässt.[331]

Trotz der genannten Unterschiede sind beide Formen des helfenden und heilsamen Gesprächs im Laufe der Spiritualitätsgeschichte eine enge Synthese eingegangen, welche ihren Niederschlag in der Seelenführungs- bzw. Andachtsbeichte gefunden hat.[332] Bei dieser speziellen Gestaltungs- form des Beichtgesprächs kann man auch von einem sakramentale Mo- dell[333] der Geistlichen Begleitung sprechen. Es wurzelt, wie auch schon das charismatische Modell der Geistlichen Begleitung, in der Mönchstra- dition der Alten Kirche, wie der nun folgende kurze historische Abriss zeigen wird.

4.2.1.1 Entstehung, Funktion, und Praxis der Seelenführungs- und der Andachtsbeichte

Die Seelenführungsbeichte ist aus der sogenannten „Mönchsbeichte" bei den Wüstenvätern hervorgegangen[334], d.h. ein jüngerer Mönch öffnete

---

[330] Vgl. Philipp Müller: Geistliche Begleitung und sakramentale Beichte. Eine theologisch-praktische Verhältnisbestimmung. In: Geist und Leben (GuL), Aus- gabe 81/4, 2008, S. 243.
[331] Vgl. Michael Schneider, SJ: Das Sakrament der Versöhnung. Köln ²2002, S. 112 f.
Zu den weiteren Unterschiedenen siehe ausführlicher Punkt 2.2.7 dieser Arbeit.
[332] Vgl. ders.: Geistliche Begleitung im Lebensprozeß, S. 26-30.
[333] Vgl. zur Beschreibung dieses Modells David L. Fleming, SJ: Models of Spiri- tual Direction, S. 109 f. Vgl. auch Mihály Szentmártoni, SJ: Camminare insieme, S. 85, sowie Sue Pickering: Spiritual Direction, S. 25.
[334] Vgl. Michael Schneider, SJ: Seelenführung und Beichte, S. 4.

einem älteren, in geistlichen Dingen erfahreneren Mönch sein Herz und
sein Gewissen.[335] Er breitete ohne jeden Vorbehalt alles vor diesem „Altvater" aus, was ihn bedrängte: seine Gedanken und Versuchungen, seine
Vorstellungen und Wünsche, seine Probleme und Nöte, aber auch seine
Fehler und Sünden. Der ältere Mönch, mit den Gnadengaben der Herzenskenntnis und der Unterscheidung der Geister ausgestattet, nahm sich
alle Zeit, die nötig war, hörte sich die Ausführungen des jüngeren
Mönchs genau an und lauschte dabei aufmerksam dem Ursprung und den
Wirkungen der Gedanken nach. Oft vermuteten die Wüstenväter Dämonen hinter den üblen, aufwühlenden oder verführerischen Gedanken, die
im Inneren des Menschen wirkten.[336] Schließlich erteilte der Altvater dem
jüngeren Mönch ein „Wort" („Rhema" bzw. „Apophthegma"), d.h. einen
geistgewirkten Spruch.[337] Dies konnte ein Wort des Ratschlags bzw. der
Weisung sein, wie sich die Schlichen des bösen Geistes erkennen lassen
und wie man ihnen am besten entgegen wirkt, damit der Mönch nicht
vom rechten Weg der Heiligkeit abkommt. Es konnte auch ein Wort der
Buße oder der inneren Heilung sein, allerdings charismatisch gewirkt,
nicht mit „amtlicher Jurisdiktion" ausgesprochen.[338]

Geistliche Begleitung bei den Wüstenvätern beschränkte sich weitest-
gehend auf die soeben beschriebene Form, die auch als „Exagoreusis"
bzw. „Gewissensöffnung" bekannt ist.[339] Von Beichte und Buße im sakramentalen Sinne kann hierbei noch nicht die Rede sein, zumal die frühen
Mönche fast ausschließlich Laien waren. Bei dieser Form der Gesprächsführung stand also naturgemäß nicht die Absolution bzw. Versöhnung
mit Gott und der Kirche im Vordergrund, sondern die Eröffnung der ver-
borgenen Gedanken und Versuchungen, und damit in der Regel auch ein
Bekenntnis der eigenen Verfehlungen und Sünden, damit der Altvater

---

[335] Vgl. hierzu und zum Folgenden ders.: Geistliche Begleitung im Lebensprozeß, S. 4.
[336] Vgl. Michael Plattig, OCarm: „Sag mir ein Wort, wie ich gerettet werden
kann" – Ursprung und Entwicklung geistlicher Begleitung, S. 26.
[337] Vgl. Michael Schneider, SJ: Geistliche Begleitung im Lebensprozeß, S. 4; 40
f.
[338] Vgl. ebd., S. 4.
[339] Vgl. hierzu und zum Folgenden ebd., S. 4.

einen „kompetenten und zutreffenden Zuspruch" geben konnte, der „dem einzelnen auf seinem geistlichen Weg weiterhilft."[340]

Unter dem Einfluss irischer Wandermissionare, die in der Tradition der Wüstenväter standen[341], nahm die sogenannte Privat- bzw. Ohrenbeichte allmählich Gestalt an und breitete sich bis zum 9. Jahrhundert im gesamten christlichen Abendland aus, wo sie bis heute die gängige Form des Bußsakraments darstellt.[342] In einem fortwährenden Ausformungs- und Verbreitungsprozess ging die Gewissensöffnung der Mönchsväter mit ihrem ursprünglich seelsorgerisch-therapeutischen Charakter eine enge Verbindung mit der anfangs nur schwersten Sünden (Apostasie, Ehebruch, Mord) vorbehaltenen Rekonziliationsbeichte der Alten Kirche ein, woraus die sogenannte Seelenführungsbeichte hervorging.[343] Die Lossprechung von den gebeichteten Sünden erfolgte von nun an auch nicht mehr erst *nach* Ableistung der auferlegten Buße, wie noch im frühen Christentum, sondern gleich im Anschluss an das Sündenbekenntnis, und blieb naturgemäß den Priestern überlassen bzw. vorbehalten. Damit ist die Seelenführungsbeichte von den charismatischen Altvätern auf die Priester der katholischen Kirche übergegangen.

Spätestens seit der katholischen Reform (bzw. Gegenreformation) im 16. Jahrhundert nimmt das Bußsakrament in der Geistlichen Begleitung eine herausragende Stellung ein, und zwar nicht nur wegen der Sakramentalität des Beichtgesprächs, sondern vor allem weil es von da an „als gewöhnlicher Ort Geistlicher Begleitung angesehen wird."[344] Mit der Häufigkeit der Aussprachen nimmt auch die Häufigkeit des Empfangs des Bußsakraments zu. Hatte der Pönitent keine schweren Sünden zu bekennen, so wurde er angehalten, auch die lässlichen bzw. Alltagssün-

---

[340] Ebd.
[341] Vgl. ders.: Artikel „Andachtsbeichte". In: Walter Kasper (Hg.): Lexikon für Theologie und Kirche, 3. Aufl., Band 1, Freiburg i.Br. 1993, Sp. 614.
[342] Vgl. auch Dorothea Sattler: Abschnitt 1 „Systematisch-theologisch" im Artikel „Beichte". In: Isidor Baumgartner, Peter Scheuchenpflug (Hgg.): Lexikon der Pastoral. Auf der Grundlage des Lexikon für Theologie und Kirche (LThK), 3. Aufl., Freiburg i.Br. 2002, Sp. 148.
[343] Vgl. hierzu und zum Folgenden Michael Schneider, SJ: Das Sakrament der Versöhnung, S. 110.
[344] Ebd.

den zu beichten, die fortan in ihrer Schwere anders gewichtet und als „große Vergehen gegen Gottes Liebe"[345] gewertet wurden. In der sich wandelnden Frömmigkeit seit dem Konzil von Trient (1545-1563) richtete sich die Aufmerksamkeit nun vor allem „auf ein gottgefälliges, tugendhaftes Leben" und die Geistliche Begleitung diente immer mehr der „Belehrung in Glaubensfragen" sowie einer „Belehrung für die rechte Gestaltung des Lebens überhaupt."[346]

Aus dieser sich den Zeitumständen immer weiter anpassenden Seelenführungsbeichte entwickelte sich schließlich die sogenannte Andachtsbeichte, die auch heute noch insbesondere bei Klerikern und Ordensleuten in Gebrauch ist. Mit ihr ist „das häufige Bekenntnis läßlicher Sünden mit Empfang der sakramentalen Lossprechung"[347] gemeint. Sie diente seit dem Konzil von Trient vor allem der Vorbereitung auf den würdigen Empfang der Heiligen Kommunion und wurde in diesem Zusammenhang den Gläubigen seitens des päpstlichen Lehramts fortlaufend empfohlen und gefördert. Im 20. Jahrhundert geschah dies insbesondere durch die Päpste Pius X. (hl.) und Pius XII..[348] Auch der Jesuit Karl Rahner stand der Andachtsbeichte als junger Theologe recht positiv gegenüber[349], und in der von ihm zusammen mit Josef Höfer herausgegeben 2. Auflage des Lexikons für Theologie und Kirche heißt es im Artikel „Andachtsbeichte" von 1957 würdigend:

„Durch [den frommen Brauch der häufigen Beichte, F.D.] *wird die rechte Selbsterkenntnis gefördert, die christliche Demut vertieft, die sittliche Schwäche an der Wurzel gefaßt, die geistliche Nachlässigkeit und Lauheit bekämpft, das Gewissen gereinigt,*

---

[345] Ebd., S. 111.

[346] Siehe zu den Teilzitaten Michael Plattig, OCarm: „Sag mir ein Wort, wie ich gerettet werden kann" – Ursprung und Entwicklung geistlicher Begleitung, S. 33.

[347] Michael Schneider, SJ: Artikel „Andachtsbeichte". Im LThK³, Bd. 1, Sp. 614.

[348] Vgl. Michael Plattig, OCarm: „Sag mir ein Wort, wie ich gerettet werden kann" – Ursprung und Entwicklung geistlicher Begleitung, S. 31 ff. Vgl. auch Michael Schneider: Geistliche Begleitung im Lebensprozeß, S. 28.

[349] Siehe hierzu Karl Rahner, SJ: Vom Sinn der häufigen Andachtsbeichte. Schriften zur Theologie, Band 3, Einsiedeln, Zürich, Köln 1934 (²1957), S. 211-225.

der Wille gestärkt, eine heilsame Seelenleitung ermöglicht und kraft des Sakraments die Gnade vermehrt. "[350]

Bis in die Zeit nach dem II. Vatikanischen Konzil blieb die Andachtsbeichte die gängige Form der Geistlichen Begleitung in der katholischen Kirche, was sich erst seit den 1970ern bzw. mit dem neuen Ordo paenitentiae von 1973/74 geändert hat.[351] Obwohl es immer wieder Kritik an der Andachtsbeichte sowie ihrer engen Verbindung mit der Seelenführung gab[352], tut sich die Kirche offenbar doch sehr schwer damit, dieses sakramentale Modell der Geistlichen Begleitung komplett aufzugeben, wie sich weiter unten um Text unter Punkt 4.2.1.4 noch zeigen wird.

4.2.1.2 Spezifische Vorteile des sakramentalen Modells der Geistlichen Begleitung

Wie sich in den vorangegangenen Textabschnitten gezeigt hat, ist das Beziehungsverhältnis zwischen einem Geistlichen Begleiter und der begleiteten Person im sakramentalen Modell zunächst einmal das eines Beichtvaters zu einem Pönitenten[353] bzw. zu (s)einem „Beichtkind".[354] Der Geistliche Begleiter ist in diesem Modell notwendigerweise immer ein Priester (bzw. Bischof), da nur ein solcher qua Weihe und kirchlichem Amt die Absolutionsvollmacht innehat und daher sakramental von allen gebeichteten Sünden, den schweren und den lässlichen, lossprechen

---

[350] Vgl. Johannes Obernhumer: Artikel „Andachtsbeichte". In Karl Rahner, SJ; Josef Höfer (Hgg.): Lexikon für Theologie und Kirche, 2. Aufl., Band 1, Freiburg i.br. 1957, Sp. 504. (Aus Gründen der einfacheren Lesbarkeit wurden alle Abkürzungen im Zitat ausgeschrieben.)
In diesem Absatz bezieht sich der Artikel auf die Enzyklika Mystici Corporis (1943) von Papst Pius XII.
[351] Vgl. Michael Schneider, SJ: Geistliche Begleitung im Lebensprozeß, S. 27 ff.
[352] Vgl. ders.: Artikel „Andachtsbeichte". Im LThK³, Bd. 1, Sp. 615.
[353] Vgl. Mihály Szentmártoni, SJ: Camminare insieme, S. 85.
[354] Vgl. Michael Schneider, SJ: Seelenführung und Beichte, S. 6. Vgl. zum Ausdruck „Beichtkind" sowie zum dahinter stehenden Beziehungsverhältnis auch Klaus Mertes, SJ: Macht- und Ohnmachtsstrukturen im Bußsakrament. In: Sabine Demel, Michael Pfleger (Hgg.): Sakrament der Barmherzigkeit. Welche Chance hat die Beichte? Freiburg i.Br. 2017, S. 499 f.

kann.[355] Damit stellt dieses institutionalisierte Modell eine Herausforderung an das charismatische Modell dar, was die grundsätzliche Befähigung und Auswahl eines Geistlichen Begleiters betrifft.

Der große Vorteil dieses Modells liegt sicherlich darin, dass das Beichtgespräch nicht bloß formalistisch bzw. mechanistisch verläuft und somit im Bereich des Unpersönlichen verbleibt, sondern dass dem Beichtenden in väterlicher Weise ein Wort des Rates und der Leitung angeboten wird, welches ihm neue Perspektiven und Handlungsoptionen erschließt, die er auf seinen weiteren Lebens- und Glaubensweg mitnehmen kann.[356] Zudem wird durch ein Element der Geistlichen Begleitung im Beichtgespräch eine echte Beziehung[357] aufgebaut bzw. auch wiederhergestellt, nämlich die zwischen der Kirche, vertreten durch den Priester, und einem ihrer Glieder, d.h. dem reuigen Sünder.[358] Nur so wird Versöhnung für den Pönitenten wirklich erfahrbar, und zwar nicht nur mit Gott als liebendem Vater, sondern auch mit der Kirche als sorgender Mutter des Gläubigen, welche durch die Sünde des Einzelnen immer auch mitbetroffen ist.[359] Ein solches Element der Seelenführung mag auf diese Weise dazu beitragen, dass ein Beichtgespräch vom Pönitenten als besonders heilsam wahrgenommen wird.[360] Angesichts dieser Erwägungen scheint es nur verständlich, wie sich eine solche Synthese zwischen der Geistlichen Begleitung und dem Beichtgespräch entwickeln und über Jahrhunderte halten konnte. Dennoch hat die Nachkonzilsphase zu einschneidenden Veränderungen in der Praxis der Seelenführungs- bzw. Andachtsbeichte geführt.

---

[355] Vgl. hierzu und zum Folgenden David L. Fleming, SJ: Models of Spiritual Direction, S. 109.

[356] Vgl. ebd.

[357] Vgl. Michael Schneider, SJ: Seelenführung und Beichte, S. 35.

[358] Vgl. hierzu und zum Folgenden ebd., S. 5 f.

[359] Vgl. auch Hubert Windisch: Abschnitte b) „Beichtvater" und c) „Beichtgespräch" im Artikel „Beichte". In: Isidor Baumgartner, Peter Scheuchenpflug (Hgg.): Lexikon der Pastoral. Auf der Grundlage des Lexikon für Theologie und Kirche (LThK), 3. Aufl., Freiburg i.Br. 2002, Sp. 151-154.

[360] Vgl. Michael Schneider, SJ: Geistliche Begleitung im Lebensprozess, S. 35.

4.2.1.3 Herausforderung des sakramentalen Modells durch ein gewandeltes Buß- und Sakramentsverständnis nach dem II. Vatikanischen Konzil

Trotz der eben genannten Vorteile hat sich die Form und das Verständnis des Bußsakraments im Laufe des 20. Jahrhundert so stark gewandelt, dass auch bei den Konzilsvätern der Wunsch aufkam, wieder stärker zwischen der Seelenführung und der Sündenvergebung im Leben der Kirche zu differenzieren. Dadurch sollte der eigentliche Charakter des Sakraments der Umkehr und der Versöhnung gegenüber den Aspekten der Geistlichen Begleitung bzw. der bloßen Vorbereitung auf den Kommunionempfang hervorgehoben werden. [361] So heißt es denn auch in der Liturgiekonstitution des II. Vatikanischen Konzils: „Ritus und Formeln des Bußsakramentes sollen so revidiert werden, daß sie Natur und Wirkung des Sakramentes deutlicher ausdrücken."[362]

Mit dem reformierten Ordo paenitentiae[363] wurden die angemahnten Reformen wenige Jahre nach Abschluss des Konzils umgesetzt, wodurch es in der Praxis der Kirche zu einer Trennung zwischen der Buße und der Seelenführung kam. Gleichzeitig kam es aber auch zu einem unübersehbaren Niedergang der allgemeinen Beicht- und Bußpraxis in der katholischen Kirche. Scheinbar hat die Trennung von Seelenführung und dem Sakrament der Versöhnung dazu geführt, dass Menschen heute verstärkt nach Geistlicher Begleitung fragen, gleichzeitig aber das Bußsakrament für viele Gläubige an Sinn und Nutzen eingebüßt hat.[364]

---

[361] Vgl. Michael Plattig, OCarm: „Sag mir ein Wort, wie ich gerettet werden kann" – Ursprung und Entwicklung geistlicher Begleitung, S. 34 f.

[362] Sacrosanctum Concilium (SC) Nr. 72.

[363] Ordo paenitentiae. Editio typica, Vatikanstadt 1974.

[364] Der deutsche Jesuit Michael Schneider vermutet hierzu folgenden Zusammenhang:

„Bis zur Zeit nach dem II. Vatikanum hatte in der römischen Kirche die regelmäßige Andachtsbeichte quasi die Funktion der geistlichen Begleitung inne. [Es, F.D.] läßt sich festhalten, daß die unterschiedliche Entwicklung des Bußsakraments und der sogenannten Seelenführungsbeichte bzw. Exagoreusis mit zur heutigen Beichtkrise beigetragen hat, indem nämlich alle Funktio-

4.2.1.4 Das Festhalten des kirchlichen Lehramts am sakramentalen Modell

Anhand unterschiedlicher Faktoren lässt sich aber ablesen, dass die Kirche die Seelenführungs- bzw. Andachtsbeichte nicht so ohne weiteres aufgeben möchte. In den folgenden Absätzen werden einige Indizien hierfür zusammengetragen:

Zum einen ist dasselbe Konzil, das zur Reform der Bußriten aufgerufen hat, wie selbstverständlich in den weiter oben besprochenen Dekreten davon ausgegangen, dass die Geistliche Begleitung in den Händen der Priester verbleibt, welche ja im Gegensatz zu den Laien das Bußsakrament spenden können (siehe hierzu Punkt 3.1 dieser Arbeit). Zudem empfiehlt auch der neue Ordo paenitentiae, der als Antwort auf die Konzilsbeschlüsse geschaffen worden ist, in seinen Vorbemerkungen unter Nr. 7 b:

> *„Der häufige und gewissenhafte Empfang dieses Sakraments ist [...] auch für jene, die leichte Sünden begangen haben, sehr nützlich. Es geht nämlich nicht nur um die Wiederholung eines Ritus oder um irgendeine psychologische Übung, sondern um das ständige Bemühen, die Taufgnade zu vervollkommnen, damit in uns, die wir das Todesleiden Jesu Christi an unserem Leib tragen, mehr und mehr das Leben Jesu sichtbar werde. Bei diesen 'Andachtsbeichten' sollen die Gläubigen, wenn sie sich leichter Sünden anklagen, vor allem danach trachten, Christus gleichförmiger zu werden und sorgfältiger dem Anruf des Geistes zu folgen."*[365]

Aber gerade diese „Andachtsbeichten" zeichnen sich ja durch ein Element der Geistlichen Begleitung aus, wie sich aus den zitierten Formulierungen ergibt: Die Gläubigen sollen danach trachten „*Christus*

---

nen, die in den letzten Jahrhunderten die Seelenführungs- und Devotionsbeichte hatten, nun in die geistliche Begleitung übergegangen sind."

Ders.: Geistliche Begleitung im Lebensprozess, S. 4.
[365] Zit. in: Ebd., S. 29.

gleichförmiger" zu werden und sorgfältiger *„dem Anruf des Geistes zu folgen".* Dies sind, und zwar recht offensichtlich, klassische Themen bzw. Zielsetzungen der Geistlichen Begleitung.

Auch der CIC von 1983 empfiehlt unter Can. 988 § 2 das Bekenntnis „der lässlichen Sünden", d.h. also mit anderen Worten die Praxis der Andachtsbeichte:

> *„Dem Pönitenten wird gleichzeitig empfohlen, auch alle lässlichen Sünden zu bekennen (c. 988 §2). Man spricht hier häufig von ‚Andachtsbeichten'. Die lässlichen Sünden gehören zwar nicht notwendig zur Materie des Sakraments, ihr Bekenntnis und die Reue darüber, verbunden mit dem Vorsatz, sich auch in den kleinen Alltäglichkeiten des Lebens um eine der Berufung als Kind Gottes entsprechenden Heiligkeit (Art. 39-42 VatII LG) zu bemühen, lässt aber auf besondere Weise die Bedeutung der sakramental vermittelten Gnadenhilfen Gottes erkennbar werden. [...] Die regelmäßige Beichte in überschaubaren Zeitabständen gewinnt dabei den Charakter einer ‚Schule der göttlichen Barmherzigkeit', die dem Gläubigen für den Glaubensweg der Heiligkeit eine unersetzbare Hilfe darstellt."*[366]

In Bezug auf die Priesterausbildung geht der CIC unter Can. 239 § 2 ebenfalls recht selbstverständlich davon aus, dass der Spiritual in einem Priesterseminar immer ein Priester sein muss[367]. Auch wird den Priesteramtskandidaten in vielen Seminarordnungen ausdrücklich vorgeschrieben, dass der von ihnen gewählte Geistliche Begleiter ein Priester zu sein hat[368], womit wiederum ein direkter Zusammenhang zwischen Geistlicher

---

[366] Stephan B. Haering, OSB, Wilhelm Rees, Heribert Schmitz (Hgg.): Handbuch des katholischen Kirchenrechts, Regensburg ³2015, S. 1203 f. Eine sehr ähnliche Interpretation dieses Canons findet sich in John P. Beal, James A. Coriden, Thomas J. Green (Hgg.): New Commentary on the Code of Canon Law, Mahwah (NJ), USA 2000, S. 1169-1172, mit Verweis auf den neuen Ordo paenitentiae, Nr. 7 b, auf S. 1171.

[367] Vgl. John P. Beal, James A. Coriden, Thomas J. Green (Hgg.): New Commentary on the Code of Canon Law, S. 311.

[368] Vgl. Stephan B. Haering, OSB, Wilhelm Rees, Heribert Schmitz (Hgg.): Handbuch des katholischen Kirchenrechts, S. 377. Dies gilt auch für folgende

124

Begleitung und dem Empfang des Bußsakraments angenommen werden kann.[369]

Aber auch aus der Universitätstheologie der Gegenwart verlauten Stimmen, welche einen großen geistlichen Nutzen in einer Verbindung des Bußsakraments mit Geistlicher Begleitung sehen und daher das sakramentale Modell mehr oder minder deutlich unterstützen. Der Mainzer Pastoraltheologe Philipp Müller (geb. 1960) z.B. sieht beide als einen „komplementären Dienst"[370]. Stellt etwa ein Geistlicher Begleiter fest, dass eine begleitete Person „sich dem Anspruch der göttlichen Gnade und Liebe radikal verweigert und schwere Schuld auf sich geladen hat"[371], so kann er ihr entweder den Empfang des Sakraments der Buße nahelegen oder auch selbst anbieten, sofern er Priester mit Absolutionsvollmacht ist. Aber selbst, wenn der Geistliche Begleiter kein Priester ist, so kann Geistliche Begleitung dennoch in der Gestalt der sogenannten Laienbeichte einen gewissen Buß- und Versöhnungscharakter in sich tragen:

> *„Wenn ein Mensch im Rahmen der geistlichen Begleitung der Wahrheit seines Lebens ins Auge schaut und dabei auch seiner Schuld gewahr wird und sie aufrichtig bereut, so kann sich hier Sündenvergebung und echte Versöhnung mit Gott ereignen.* "[372]

Hier klingt, wenn auch nur indirekt, das alt-ehrwürdige Motiv der Mönchsbeichte an, die ebenfalls heilsam und versöhnend sein konnte.

Denkbar sind für Müller auch Fälle, wo ein Mensch eine bestimmte Sünde bereits gebeichtet hat, vielleicht sogar mehrmals, ihn aber dennoch

---

Seminarordnung: College Rule of the Pontifical Irish College, Rom (undatiert, unveröffentlichtes Manuskript); siehe die Punkte 2.2 und 2.3 auf S. 9.

[369] Vgl. United States Conference of Catholic Bishops (Hg.): Program of Priestly Formation, 5th Edition, Washington, D.C., USA 2006, Nr. 120, S. 50. Vgl. auch Irish Bishops' Conference (Hg.): Programme for the Formation of Priests in Irish Seminaries, Dublin 2006, Nr. 197, S. 60.

[370] Philipp Müller: Geistliche Begleitung und sakramentale Beichte, S. 249.

[371] Ebd.

[372] Ebd.

„immer wieder dieselben Gewissensnöte plagen und innerlich belasten. In diesem Fall kann die geistliche Begleitung dabei helfen, die bereits vollzogene sakramentale Zusage von Gottes Vergebung zur persönlichen Erfahrung werden zu lassen, indem Schuldgefühle und Schuldkonflikte in ihrer inneren Dynamik genau angeschaut und nach und nach aufgearbeitet werden."[373]

Für ihn kann Geistliche Begleitung nicht nur zu einer echten Versöhnung mit Gott führen, sondern in der Gestalt der Andachtsbeichte auch eine „heilsame Seelenführung" beinhalten. Und selbst wenn die begleitete Person „nur" lässliche Sünden begangen hat, die zu beichten nicht zwingend erforderlich ist, so kann ihnen „das befreiende Wort der Lossprechung" bisweilen doch gut tun.[374]

Eine besondere Schnittstelle zwischen Geistlicher Begleitung und dem Bußsakrament sieht Müller in der Selbsterkenntnis des Menschen, zu welcher beide hinführen können:

„Bei aller Unterschiedlichkeit zielen sowohl das Bußsakrament wie auch die geistliche Begleitung darauf, der Wahrheit des eigenen Lebens vor Gottes Angesicht auf die Spur zu kommen. Ein Mensch, der sich ihr in einer Haltung größtmöglicher Ehrlichkeit stellt, wird erfahren, dass ihn diese Wahrheit nicht einengt und belastet, sondern im Sinne von Joh 8,32 frei macht."[375]

Hier zeigt sich noch einmal die Komplementarität zwischen diesen beiden Formen des helfenden, seelsorgerischen Gesprächs, von der weiter oben bereits die Rede war.

Auch der deutsche Jesuit und Dogmatiker Michael Schneider (geb. 1949) sieht bei allen offenkundigen Unterschieden[376] doch einen engen Zusammenhang zwischen der Geistlichen Begleitung und dem Bußsakrament und glaubt, dass man das Element der Seelenführung nicht aus

---

[373] Ebd., S. 250.
[374] Vgl. ebd.
[375] Ebd., S. 252.
[376] Vgl. Michael Schneider, SJ: Geistliche Begleitung im Lebensprozeß, S. 2-6.

dem Beichtgeschehen herauslösen kann, ohne dass dem Bußsakrament dadurch wesentliche Bedeutungsinhalte verloren gehen.[377] Einen Auslöser der „Beichtkrise" seit den 1970ern sieht er auch darin, dass wesentliche Funktionen der Seelenführungs- bzw. Andachtsbeichte mit dem neuen Ordo paenitentiae (1973/74) nun auf die Institution der Geistlichen Begleitung übergegangen sind, wodurch das Bußsakrament „teils sehr unklare Konturen"[378] angenommen habe. Angesichts dieser Entwicklung fragt er skeptisch:

> *„Ist aber eine geistliche Begleitung ohne regelmäßigen Empfang des Bußsakraments überhaupt möglich?"*[379]

Für Schneider hängen die Seelenführung und das Sakrament der Sündenvergebung „aufs engste" zusammen und stellen „in gleicher Weise einen entscheidenden Dienst im Glaubensleben"[380] dar. Wenn beim „Bußsakrament vor allem das Bekenntnis der eigenen Sünden und der Blick in die Vergangenheit des eigenen Lebens im Vordergrund" steht, dann sieht er darin „ein eingeengtes Verständnis dieses Sakraments".[381] Dem fügt er erläuternd hinzu:

> *„Gewiß, bei der Beichte handelt es sich vor allem um eine sakramentale Form der Begegnung im Glauben, doch kann sich der Zuspruch des Beichtvaters nicht bloß auf die Sünden und die Schuld des Einzelnen richten, denn diese stehen immer in dem größeren Zusammenhang des konkreten Lebens wie auch der Umwelt des Paenitenten. […] Statt also den Zuspruch nur mit Blick auf die Absolution zu geben, gehört es ebenso zur Aufgabe des Beichtvaters, dem Paenitenten mit seinem Bekenntnis so weiterzuhelfen, daß er in seinem geistlichen Leben immer mehr dem Ruf Gottes entspricht."*[382]

---

[377] Vgl. hierzu und zum Folgenden ders.: Seelenführung und Beichte, S. 5 f.
[378] Vgl. ebd., S 3.
[379] Michael Schneider, SJ: Geistliche Begleitung im Lebensprozeß, S. 9.
[380] Ders.: Seelenführung und Beichte, S. 6.
[381] Ebd., S. 5.
[382] Ebd.

Hierbei zeigt er sich zum einen von den Mönchsvätern inspiriert, aber auch sehr stark von der lebendigen Praxis der Ostkirchen, die auf dieser Tradition in ungebrochener Linie aufbauen:

> *„Der Geistliche Vater wird seinen Dienst wohl kaum als einen Service oder Job ausüben. Vielmehr erfährt er sich unmittelbar in das Leben des anderen hineingenommen, so daß es ihm fern liegt, dem anderen bloß zu raten oder ihn zu beraten; statt über den anderen zu befinden oder gar zu urteilen, ist er einzig bestrebt, daß dieser gerettet wird. Es handelt sich hier wahrhaft um ‚Seelenführung‘, da der Geistliche Vater der Gottesgeburt im Leben und in der Solidarität gemeinsamen Glaubens zu dienen sucht."*[383]

An späterer Stelle in seinen Überlegungen fügt er hinzu:

> *„Die vertrauensvolle Zuneigung des Priesters wird dem Paenitenten beim sakramentalen Akt helfen, künftig nicht mehr in die bekannten Sünden und Fehlhaltungen zurückzufallen. Ebenso wird der Beichtvater zu erkennen geben, daß er den Zustand der Sünde und den Kampf mit ihr aus dem eigenen Leben wie aus den Begegnungen im Beichtstuhl kennt, auch wenn jeder mit seinem Beichtbekenntnis einmalig ist und in freier Eigenverantwortung steht. Die ‚Kompetenz‘ des Beichtvaters hat nichts Angelerntes an sich; sie bleibt ein Charisma, also eine ‚Frucht‘ des Gebets und ein Geschenk aus der Begegnung mit dem Herrn."*[384]

Bei Schneider klingen also in aller Deutlichkeit die Motive der Wüstenväter-Tradition an. Damit argumentiert er bei seiner Unterstützung des sakramentalen Modells durchaus *charismatisch*, verbindet argumentativ also das charismatische mit dem sakramentalen Modell, wobei er sich allerdings in aller Konsequenz auf das Charisma der Priester beziehen bzw. beschränken muss. Wobei Geistliche Begleitung und das Bußsakrament für ihn nicht zwingend zusammengehören[385], die Seelenfüh-

---

[383] Ebd., S. 3.
[384] Ebd., S. 6.
[385] Siehe hierzu ders.: Geistliche Begleitung im Lebensprozeß, S. 29:

rung also z.B. auch durch charismatisch begabte Ordensfrauen geschehen kann. Ein Beichtgespräch ohne Geistliche Begleitung hingegen sieht er, wie oben gezeigt, eher skeptisch.[386]

4.2.1.5 Zusammenfassung und kritische Betrachtung des sakramentalen Modells

Über einen langen Zeitraum in der Spiritualitätsgeschichte ist die Geistliche Begleitung lediglich im Zusammenhang mit dem Bußsakrament[387] wahrgenommen worden, und zwar im doppelten Wortsinn.[388] Das heißt, dass aufgrund der historischen Verschmelzung der Seelenführung mit der Beichte zur sogenannten Seelenführungs- bzw. Andachtsbeichte die Geistliche Begleitung nicht mehr als ein eigenständiger Dienst der Kirche verstanden wurde, welcher den Gläubigen auch außerhalb des Beichtstuhles zur Verfügung hätte stehen können. Zum anderen war der Beichtstuhl aber auch über Jahrhunderte der einzige Ort, an dem die Gläubigen sich geistlichen Rat und Führung von ihrem Seelsorger in Fragen des Gewissens und der Moral einholen konnten, und zwar im

---

„Die Verbindung von Beichte und Seelenführung ist keine grundsätzlich notwendige. Daraus erklärt sich, daß sie mit Blick auf die Häufigkeit des Empfangs wie auch die Intensität des Bekenntnisses unterschiedlich gestaltet sein kann. Geistliche Führung umfaßt viele Themen und Bereiche, die über die Frage von Sünde und Schuld hinausgehen und deshalb ganz andere Vollzüge als den Empfang der sakramentalen Beichte notwendig machen. Umgekehrt darf die Beichtpraxis selbst nicht mit geistlicher Führung verwechselt werden, denn der Poenitent bittet um die Lossprechung; was darüber hinaus sein Glaubensleben betrifft, muß aus eigenem Wunsch angesprochen werden.“

---

[386] In seinem Beitrag „Das Sakrament der Versöhnung" entwirft Michael Schneider ein Modell für ein Seelenführungs-Beichtgespräch, worauf aber an dieser Stelle aus Platzgründen nicht weiter eingegangen werden kann.
Siehe hierzu ders.: Das Sakrament der Versöhnung. Köln ²2002, S. 113-123.
[387] Zu den Gemeinsamkeiten und Unterschieden zwischen diesen beiden Hilfs- und Gnadenmitteln der Kirche siehe auch ganz ausführlich Punkt 2.2.7 dieser Arbeit.
[388] Vgl. zum folgenden u.a. David L. Fleming, SJ: Models of Spiritual Direction, S. 109.

Schutzraum des Sakraments. Dadurch übernahm der Beichtvater über Jahrhunderte die Rolle des geistlichen Ratgebers, der zugleich mit der Autorität der Kirche sprach.

Die häufige Beichte, in der Regel wöchentlich, hat auch irgendwann dazu geführt, dass nicht mehr die schweren Sünden gebeichtet wurden, sondern auch die lässlichen, die der Vergebung im Bußsakrament aber nicht bedurften. Die Folge war, dass der eigentliche Zweck der Beichte verdunkelt wurde und allmählich aus dem Blick geriet, nämlich die Versöhnung mit Gott und mit der Kirche. War nämlich keine schwere Sünde begangen worden, die einen Bruch mit Gott und seiner Kirche darstellte, war auch keine Versöhnung möglich, da sie schlicht und einfach nicht nötig war.[389] Insofern ist das Anliegen der Konzilsväter verständlich, den ursprünglichen Charakter des Bußsakraments wieder her- bzw. stärker herauszustellen.

Aber auch für den Prozess der Geistlichen Begleitung stellt die Synthese mit dem Bußsakrament eine Einengung bzw. Verkürzung dar. Im sakramentalen Modell kann nur ein Priester als Seelenführer in Frage kommen. Kirchliche Laien, selbst heiligmäßige und charismatisch begabte Ordensleute, sind nach diesem Modell von der Geistlichen Begleitung von vornherein ausgeschlossen. Für die verschiedenen Gnadengaben des Geistes gibt es in der Gemeinschaft der Gläubigen keinen echten Nutzen, da ohnehin alle Charismen im Priester zusammenzuströmen scheinen. Für diese Sichtweise aber gibt es keinerlei Belege in der Heiligen Schrift oder in der Tradition der Kirche.[390]

Auch zeigt die Spiritualitätsgeschichte, dass in der Handhabung der Gläubigen das charismatische Modell auch in der sakramentalen Praxis nie ganz aufgegeben wurde, da die Menschen mitunter große Anstrengungen auf sich nahmen, um einen geistbegabten Beichtvater für sich zu finden, dem sie ihr Herz und ihr Gewissen ohne Vorbehalte oder Sorge vor seelischem Schaden öffnen konnten.[391]

---

[389] Vgl. Michael Schneider, SJ: Artikel „Andachtsbeichte". Im LThK³, Bd. 1, Sp. 615.
[390] Vgl. David L. Fleming, SJ: Models of Spiritual Direction, S. 110.
[391] Vgl. Michael Plattig, OCarm: „Sag mir ein Wort, wie ich gerettet werden kann" – Ursprung und Entwicklung geistlicher Begleitung, S. 31-33.

Dass ein Beichtgespräch aber auf gar keinen Fall ohne ein Element der Geistlichen Begleitung stattfinden sollte, zeigt sich zumindest in einem oft vernachlässigten liturgischen Gestus, nämlich dem der Handauflegung. Er weist das Bußsakrament als ein Sakrament aus, in welchem der Heilige Geist seinen Raum hat und seine Wirkung im reuigen Sünder frei entfalten möchte.

4.2.2 Das juridisch-dogmatische Modell – Geistliche Begleitung in kirchlichen Ausbildungshäusern

Nach dem sakramentalen Modell ist das juridisch-dogmatische Modell[392] der Geistlichen Begleitung das zweite Modell, das von der Kirche *rechtlich* und *theologisch* bis ins Detail geregelt worden ist. Es kommt überall dort zum Tragen, wo Menschen in einem kirchlichen Rahmen ausgebildet und spirituell „geformt" werden. Dies sind die Klöster und Noviziatshäuser[393], die kleinen und die großen Priesterseminarien, kirchliche Internate[394], Kollegien[395] etc. Deswegen kann auch hier, und das durchaus im Wortsinn, von einem *institutionalisierten Modell*[396] der Geistlichen Begleitung gesprochen werden.

Im juridisch-dogmatischen Modell sind die Rollen und Funktionen aller Beteiligten fest umrissen bzw. klar voneinander abgegrenzt, so dass die individuellen Kompetenzen, Zuständigkeiten, Rechte und Pflichten aller unmissverständlich geregelt sind. In diesem Modell wird der Geistliche Begleiter entweder beauftragt bzw. ernannt[397], wie z.B. im Falle der Priesterseminarien oder der katholischen Internate, oder er hat diese Funktion qua Amt inne, wie es traditionell bei den Äbten, den Ordens-

---

[392] Vgl. zur Begriffsbildung Mihály Szentmártoni, SJ: Camminare insieme, S. 84. Dieses Modell wird an dieser Stelle als „dogmatico-giuridico" charakterisiert, also mit umgekehrter Schwerpunktsetzung in der Begriffsfindung. Da allerdings der rechtlich-institutionalisierte Rahmen bei diesem Modell das Hauptcharakteristikum darstellt, hat der Verfasser dieser Arbeit der Bezeichnung „juridisch-dogmatisch" in dieser Reihenfolge den Vorzug gegeben.

[393] Vgl. Mihály Szentmártoni, SJ: Camminare insieme, S. 83.

[394] Kongregation für den Klerus: Das Geschenk der Berufung zum Priestertum. Ratio Fundamentalis Institutionis Sacerdotalis. Verlautbarungen des Apostolischen Stuhls Nr. 209, hrsg. vom Sekretariat der Deutschen Bischofskonferenz, Bonn 2017, Nr. 18, S. 21.

[395] Vgl. Sue Pickering: Spiritual Direction, S. 24.

[396] Vgl. David L. Fleming, SJ: Models of Spiritual Direction, S. 107 f. Vgl. auch Mihály Szentmártoni, SJ: Camminare insieme, S. 83 f. Außerdem Sue Pickering: Spiritual Direction, S. 24.

[397] Vgl. Mihály Szentmártoni, SJ: Camminare insieme, S. 83.

132

oberen oder den Novizenmeistern der unterschiedlichen religiösen Gemeinschaften der Fall ist.[398]

Geistliche Begleitung ist in diesem Modell fest in den Ausbildungsrahmen der verschiedenen Institutionen eingepasst und dient nicht nur der menschlichen und spirituellen Reifung der begleiteten Personen, sondern auch der Vermittlung einer ganz bestimmten Spiritualität, wie sie z.b. typisch für den Diözesanklerus oder eine der Ordensgemeinschaften ist.[399] Damit hat die Geistlichen Begleitung im institutionalisierten Rahmen eine dezidiert erzieherische Komponente, d.h. sie soll gezielt Einfluss darauf nehmen, in welcher Weise bzw. in welche Richtung sich die begleitete Person entwickelt. Der Geistlichen Begleitung kommt in dieser Rahmensetzung auch bei der Feststellung der Eignung einer Person für eine bestimmte Lebensform oder ein kirchliches Amt eine wesentliche Rolle zu: Entwickelt sich ein Kandidat nicht in einer Weise, wie es für ein bestimmtes Charisma essentiell ist, oder erweist er sich im Laufe des Begleitungsprozesses gar als ungeeignet für seine angestrebte Stellung bzw. Rolle in der Kirche, so ist er von der Fortsetzung des eingeschlagenen Weges zu entmutigen oder ggf. sogar davon auszuschließen.[400]

Im juridisch-dogmatischen Modell ist auch genauestens festgelegt, bei wem ein Schüler, Novize oder Seminarist beichten kann, darf bzw. sollte und wer qua leitender oder (be)urteilender Funktion durch kanonisches Recht strikt davon ausgeschlossen ist, die Beichte eines Untergebenen zu hören. In diesen Bestimmungen kommt die strikte Trennung zwischen dem externen und dem internen Forum zum Tragen, welche die Gewissensfreiheit einer Person schützen soll, die sich in geistlicher Ausbildung befindet. Damit soll, anders ausgedrückt, sichergestellt werden, dass ein

---

[398] Vgl. hierzu und zum Folgenden David L. Fleming, SJ: Models of Spiritual Direction, S. 107.
[399] Vgl. auch Sue Pickering: Spiritual Direction, S. 24.
[400] Siehe hierzu David L. Fleming, SJ: Models of Spiritual Direction, S. 107:

"Oftentimes direction in this model exercises a judgemental role because candidates for religious life or for the priesthood must be declared fit or not fit and so accepted or rejected. Spiritual direction in this designated job-form plays an important part in the Church today, just as it has in past centuries."

Mensch dem Beichtvater gegenüber ohne jede Scheu und Sorge sein Gewissen öffnen kann.[401]

Geistliche Begleiter werden in diesem institutionalisierten Modell seitens der kirchlichen Obrigkeit ausgewählt und ernannt, nicht jedoch zuallererst von den zu begleitenden Personen aufgrund gewisser Charismen ausgewählt. Damit steht das juridisch-dogmatische Modell im Kontrast zum charismatischen Modell. Die Verantwortlichen für die Priesterausbildung haben die persönliche Befähigung und Eignung eines potentiellen Spirituals, d.h. eines institutionalisierten Geistlichen Begleiters, vorab zu prüfen und sicherzustellen.[402] Ihre persönliche und spirituelle Autorität verdanken die Geistlichen Begleiter nicht in erster Linie dem sichtbaren Wirken des Heiligen Geistes in ihnen bzw. durch sie, sondern sie erhalten ihre Autoritätsstellung kraft kirchlicher Beauftragung.

Die nun folgenden Abschnitte orientieren sich an den namensgebenden Eigenheiten des Modells, d.h. zuerst werden die kirchenrechtlichen („*juridischen*") Aspekte einer näheren Betrachtung unterzogen, soweit dies nicht bereits unter Punkt 3.2 dieser Arbeit erfolgt ist. Anschließend werden anhand bedeutender kirchlicher Lehrdokumente und Instruktionen die theologischen („*dogmatischen*") Hintergründe beleuchtet, die diesen rechtlichen Bestimmung entweder zugrunde liegen, oder aus ihnen hervorgegangen sind. Allerdings ist hierbei nicht immer streng zwischen Theologie und Kirchenrecht zu unterscheiden, da auch die gesamtkirchlichen Instruktionen sowie die verschiedenen nationalen Rahmenordnungen einen rechtlich bindenden Charakter aufweisen. Die Dekrete des II. Vatikanischen Konzils werden hierbei nicht weiter berücksichtigt, da dies bereits unter Punkt 3.1 ausführlich geschehen ist.

---

[401] Siehe hierzu auch die entsprechenden Ausführungen unter Punkt 3.3 dieser Arbeit.
[402] David L. Fleming, SJ: Models of Spiritual Direction, S. 107.

4.2.2.1 Kirchenrechtliche Grundlagen des juridisch-dogmatischen Modells im CIC (1983)

Im katholischen Kirchenrecht wird zwischen den verschiedenen Gruppen unterschieden, die sich auf einen Beruf in der Kirche vorbereiten. Diese sind die Kandidaten für das Priesteramt („Alumnen") bzw. den Ständigen Diakonat, die Ordensleute sowie die Gemeinde- und Pastoralreferenten.[403] Jeder, der sich in einer Ausbildung bzw. Vorbereitung für einen kirchlichen Beruf befindet, kann grundsätzlich zur Inanspruchnahme von Geistlicher Begleitung verpflichtet werden.[404] Ein genauer Blick in die Gesetztestexte offenbart jedoch die Bemühungen des kirchlichen Gesetzgebers, die Freiheit und Freiwilligkeit in spirituellen Angelegenheiten zu achten, da diesen Qualitäten im geistlichen Leben eine besondere Bedeutung zukommen.[405] Deswegen enthalten die einzelnen Texte im Regelfall keine strengen Vorschriften, sondern eher eindringliche Empfehlungen, die den kirchlichen Oberen einen gewissen Spielraum für Einzelfallentscheidungen einräumen, insbesondere wenn es um die geistliche Freiheit eines Individuums geht.[406] Hierzu merkt der bekannte deutsche Kirchenrechtler Stephan Hearing erläuternd an:

> *„Eine fruchtbare langfristige Praxis geistlicher Begleitung wird weniger durch rechtliche Regelungen erreicht werden als durch die bereichernde Erfahrung aufgrund einer guten geistlichen Begleitung, die junge Menschen in ihrer Ausbildungszeit gemacht haben."*[407]

Wenn sich ein Mann auf den priesterlichen Dienst in der Kirche vorbereiten möchte und aufgrund seiner grundsätzlichen persönlichen Eignung von (s)einem Bischof als Kandidat angenommen wird[408], so ist er in der Regel seminarpflichtig, d.h. er muss zumindest für eine gewisse Zeit

---

[403] Vgl. Stephan B. Haering, OSB: Kirchenrechtliche Aspekte der Geistlichen Begleitung, S. 39 ff.
[404] Vgl. ebd., S. 41.
[405] Vgl. ebd., S. 42.
[406] Vgl. ebd.
[407] Ebd.
[408] Siehe hierzu Can. 241 § 1.

in einem Priesterseminar leben.[409] Im Rahmen der geistlichen Ausbildung, die er während seiner Seminarstudien erfährt, soll die Feier der Eucharistie im Mittelpunk des Seminarlebens stehen, damit der Seminarist „aus dieser reichen Quelle" die notwendige Kraft für sein „geistliches Leben" schöpfen kann.[410] Seine spirituelle Bildung soll auch die „Erziehung" zur Feier des Stundengebetes umfassen[411] sowie die „Verehrung der seligen Jungfrau Maria, auch durch den Rosenkranz, das betrachtende Gebet und andere Frömmigkeitsübungen."[412] Hierdurch soll der Seminarist den Geist des Gebetes erlangen und Kraft für seine Berufung gewinnen.[413] Zur Seminarausbildung gehört auch die „Gewöhnung" an den häufigen Empfang des Bußsakramentes[414], wobei diese Formulierung an die Andachtsbeichte denken lässt. Außerdem wird die Wahl eines Geistlichen Begleiters „empfohlen"[415] sowie die jährliche Teilnahme an Exerzitien.[416] Das Handbuch des katholischen Kirchenrechts kommentiert hierzu:

> *„Dabei genügt es nicht, die genannten Mittel formal zu absolvieren, sondern sie wollen den Alumnen zu einer tiefen geistlichen Verbundenheit mit Christus und zu einem Leben aus seinem Wort und den Sakramenten hinführen, so dass die persönliche Frömmigkeit eingebunden ist in die Tradition und den Gnadenschatz der Kirche. Hierzu bedarf es gerade im Priesterseminar des persönlichen Bemühens und der Hinführung durch die Verantwortlichen."[417]*

---

[409] Siehe hierzu Can. 235 § 1.

[410] Vgl. Can. 246 § 1. Vgl. hierzu und zum Folgenden auch Stephan B. Haering, OSB, Wilhelm Rees, Heribert Schmitz (Hgg.): Handbuch des katholischen Kirchenrechts, S. 380.

[411] Vgl. Can. 246 § 2.

[412] Can. 246 § 3.

[413] Vgl. ebd.

[414] Vgl. Can. 246 § 4.

[415] Ebd.

[416] Vgl. Can. 246 § 5.

[417] Stephan B. Haering, OSB, Wilhelm Rees, Heribert Schmitz (Hgg.): Handbuch des katholischen Kirchenrechts, S. 380.

Im CIC wird auch besonderen Bezug auf die Verpflichtung zu einer zölibatären Lebensführung genommen, zur welcher die Seminaristen hingeführt werden sollen. Dazu heißt es im Can. 247 § 1:

> *„Auf die Einhaltung des zölibatären Standes sind sie durch eine entsprechende Erziehung vorzubereiten; sie haben zu lernen, ihn als eine besondere Gabe Gottes in Ehren zu halten."*[418]

Hierzu kommentiert das Handbuch des katholischen Kirchenrechts:

> *„Es genügt nicht, ihn billigend in Kauf zu nehmen, sondern die Alumnen sollen ihn als besondere Gabe Gottes kennen und schätzen lernen, so dass sie ihn für sich persönlich voll bejahen."*[419]

Eine wesentliche Rolle bei der Vermittlung bzw. Einübung dieser Ausbildungsinhalte spielt der Spiritual eines Priesterseminars, von dem es dort gemäß Can. 239 § 2 stets mindestens einen geben muss.[420] Er steht den Priesteramtskandidaten auf Wunsch auch als persönlicher Geistlicher Begleiter zur Verfügung. Derselbe Canon gesteht den Seminaristen allerdings die Freiheit zu, „sich auch an andere Priester zu wenden, die vom Bischof für diese Aufgabe bestellt sind."[421] Das heißt, dass sie in Ausübung ihrer Gewissensfreiheit ihren Geistlichen Begleiter frei wählen dürfen, sich diese Wahl aber im Nachhinein von ihrem Bischof bzw. dem Rektor ihres Seminars bestätigen lassen müssen, sofern dieser Priester nicht bereits eine entsprechende bischöfliche Beauftragung erhalten hat.[422] Damit soll sichergestellt werden, dass der Geistliche Begleiter für diese Aufgabe auch geeignet ist.[423] Manche Ausbildungs- bzw. Seminarordnungen präzisieren die Bestimmungen bzgl. des Geistlichen Be-

---

[418] Can. 247 § 1.

[419] Stephan B. Haering, OSB, Wilhelm Rees, Heribert Schmitz (Hgg.): Handbuch des katholischen Kirchenrechts, S. 380.

[420] Vgl. ebd., S. 377.

[421] Can. 239 § 2.

[422] Vgl. Stephan B. Haering, OSB, Wilhelm Rees, Heribert Schmitz (Hgg.): Handbuch des katholischen Kirchenrechts, S. 377.

[423] Vgl. hierzu und zum Folgenden Stephan B. Haering, OSB: Kirchenrechtliche Aspekte der Geistlichen Begleitung, S. 39.

gleiters eines Priesteramtskandidaten, aber „das Element der freien Wahl und einer gewissen Pluralität im Angebot der geistlichen Berater" dürfen sie nicht „eliminieren"[424].

Der CIC setzt in seinen Formulierungen als gegeben voraus, dass es sich bei dem frei gewählten Geistlichen Begleiter eines Seminaristen um einen Priester handelt. Einige Ausbildungsordnungen, wie z.B. die deutsche Rahmenordnung für die Priesterbildung, lassen aber die Möglichkeit offen, dass es sich bei diesem Begleiter auch um einen Nicht-Priester handelt, was die Option eines weiblichen Geistlichen Begleiters (z.B. einer Ordensfrau) mit einschließt.[425] Der Priesteramtskandidat muss sich mit seinem Geistlichen Begleiter „regelmäßig bzw. in überschaubaren Zeitabschnitten"[426] treffen und sich dabei mit ihm über sein geistliches Leben bzw. den Stand seiner allgemeinen Entwicklung im Rahmen des Seminarstudiums austauschen.

Für den Empfang des Bußsakraments müssen den Seminaristen neben den ordentlichen Beichtvätern im Priesterseminar auch noch andere Priester zur Verfügung stehen, die ggfs. von außerhalb in regelmäßigen Abständen hinzukommen, um ihnen die Beichte abzunehmen. Dabei sind sie bei der Wahl ihres Beichtvaters in Ausübung ihrer Gewissensfreiheit völlig frei.[427] In manchen Rahmenordnungen wird den Seminaristen zwar nahegelegt, bei ihrem Geistlichen Begleiter im Sinne einer ganzheitlichen Seelenführung auch die Beichte abzulegen, allerdings ist damit keine Verpflichtung verbunden.[428]

Can. 246 § 4 stellt, der kirchlichen Praxis im sakramentalen Modell folgend, eine enge Verbindung zwischen Geistlicher Begleitung und dem Empfang des Bußsakraments her, wobei hier noch am stärksten das Motiv der Seelenführungsbeichte bzw. der Exagoreusis („Gewissensöffnung") anklingt:

---

[424] Ebd.
[425] Vgl. ebd.
[426] Ebd.
[427] Vgl. hierzu Can. 240 § 1. Siehe hierzu auch Stephan B. Haering, OSB, Wilhelm Rees, Heribert Schmitz (Hgg.): Handbuch des katholischen Kirchenrechts, S. 377.
[428] Siehe für weitere Details die Ausführungen unter Punkt 4.2.1.4.

„Die Alumnen sollen sich an den häufigen Empfang des Buß-sakramentes gewöhnen; es wird empfohlen, daß jeder einen frei gewählten Leiter für sein geistliches Leben hat, dem er vertrau-ensvoll sein Gewissen eröffnen kann."[429]

Auch, wenn im juridisch-dogmatischen Modell die geistliche Vater-schaft des Begleiters nicht unbedingt klar erkennbar im Vordergrund steht, so kommt sie an dieser Stelle doch implizit zur Sprache bzw. wird für die Verhältnisbestimmung zwischen dem Seminaristen und seinem Spiritual in gewisser Weise vorausgesetzt.

Aufgrund der strengen Trennung zwischen dem externen und dem internen Forum dürfen weder der Spiritual, noch der Beichtvater eines Priesteramtskandidaten zu einer Stellungnahme herangezogen werden, wenn es um dessen Zulassung zur Weihe bzw. um dessen Entlassung aus dem Seminar geht.[430] Allerdings kann der Geistliche Begleiter, ohne dadurch eine Verletzung des internen Forums zu begehen, gegenüber den Ausbildungsverantwortlichen (d.h. dem Rektor bzw. dem Ausbildungslei-ter) Auskunft darüber erteilen, ob und in welcher Frequenz seine Beglei-tung in Anspruch genommen worden ist. Außerdem hat der Spiritual die Möglichkeit, das Begleitungsverhältnis „offiziell zu beenden"[431], d.h. auch den Rektor über diese Tatsache in Kenntnis zu setzen, sollte es zu schweren Diskrepanzen zwischen ihm und der begleiteten Person kom-men, z.B. was den Verlauf oder den Inhalt der Begleitung betrifft.

In Hinblick auf die Problematik des internen bzw. sakramentalen Fo-rums und dessen Wahrung innerhalb der Priesterausbildung ist auch das folgende kirchenrechtliche Faktum von Interesse: Priesterseminarien sind von den Pflichten der Pfarrseelsorge grundsätzlich ausgenommen. In allgemeinen Pfarrangelegenheiten die Seminaristen betreffend übernimmt der Rektor eines Seminars bzw. dessen Beauftragter im Bedarfsfall die Amtspflichten eines Pfarrers, jedoch mit zwei wichtigen Ausnahmen:

---

[429] Can. 246 § 4.
[430] Vgl. Can. 240 § 2. Siehe hierzu auch Stephan B. Haering, OSB, Wilhelm Rees, Heribert Schmitz (Hgg.): Handbuch des katholischen Kirchenrechts, S. 377.
[431] Stephan B. Haering, OSB: Kirchenrechtliche Aspekte der Geistlichen Beglei-tung, S. 43.

„Eheangelegenheiten und der Dienst des Beichtvaters".[432] Das bedeutet konkret, dass der Rektor als kirchlicher Oberer mit Jurisdiktion im externen Forum seinen Seminaristen nicht die Beichte abnehmen darf, von seltenen Ausnahmen einmal abgesehen, da ihn sonst in seinen Entscheidungen bzgl. der Eignung eines Seminaristen zum Priesteramt das Beichtgeheimnis binden könnte. Einen solchen möglichen Konflikt will das Kirchenrecht von vornherein vermeiden.[433]

Aus Platzgründen werden die kirchenrechtlichen Bestimmungen in Bezug auf die Geistliche Begleitung von Kandidaten für den Ständigen Diakonat, das Ordensleben oder den Beruf des Pastoralreferenten an dieser Stelle ausgelassen, zumal viele der oben aufgeführten Vorschriften und Regelungen analog auch für sie gelten.[434] Das heißt, dass kirchlich beauftragte Geistliche Begleiter die persönliche und spirituelle Reifeentwicklung dieser Kandidaten fördern sollen, jedoch bei Entscheidungen über deren Zulassung zur Weihe, Profess oder Aufnahme in den kirchlichen Dienst nicht hinzugezogen werden sollten.[435]

---

[432] Ders., Wilhelm Rees, Heribert Schmitz (Hgg.): Handbuch des katholischen Kirchenrechts, S. 377. Siehe hierzu auch Can 262, welcher inhaltlich auf Can. 985 verweist.

[433] Vgl. hierzu den Wortlaut von Can. 985:

„Der Novizenmeister und sein Gehilfe sowie der Rektor eines Seminars oder einer anderen Erziehungseinrichtung dürfen sakramentale Beichten ihrer Alumnen, die sich im selben Haus aufhalten, nur hören, wenn die Alumnen in Einzelfällen von sich aus darum bitten."

[434] Vgl. hierzu ebd., S. 39 ff.

[435] Wobei letzteres bei den genannten Personengruppen nicht explizit durch das Kirchenrecht ausgeschlossen ist. Siehe hierzu Stephan B. Haering, OSB: Kirchenrechtliche Aspekte der Geistlichen Begleitung, S. 40 f.

4.2.2.2 Geistliche Begleitung in *Pastores dabo vobis* in Hinblick auf das juridisch-dogmatische Modell

Das nachsynodale Apostolische Schreiben „Pastores dabo vobis"[436] (PDV) von 1992 setzt sich, wie der deutsche Titel anzeigt, mit der Priesterbildung[437] im Kontext der Gegenwart auseinander.[438] PDV ist nach den Konzilsdekreten Optatam Totius (OT) und Presbyterorum Ordinis (PO), in deren Kontext dieses Lehrschreiben steht, das einflussreichste lehramtliche Dokument zu diesem Thema und ist bis heute als eine der wichtigsten Referenzquellen anzusehen, wenn es um eine Neuordnung der Weisungen bzw. Richtlinien zur Priesterbildung in einer Teilkirche des lateinischen Ritus geht.[439] Neben den beiden genannten Konzilsdekreten ist dieses Dokument die drittwichtigste Quelle für die theologischen Rahmensetzungen bzw. Inhalte des juridisch-dogmatischen Modells. Es wird daher im Folgenden unter Zuhilfenahme ausführlicherer Direktzitate zu Worte kommen, um den Stil und Charakter dieses Kerndokuments des besprochenen Modells besser einschätzen zu können.

Das Thema der Geistlichen Begleitung erscheint konkret an vier Stellen im Dokument, und zwar in den Abschnitten Nr. 40, 50, 66 und 81.[440] Diese vier Abschnitte stecken gewissermaßen den Gesamtrahmen ab, in welchem institutionalisierte Geistliche Begleitung im Sinne dieses Modells zum Einsatz kommen soll:

---

[436] Papst Johannes Paul II. (hl.): Nachsynodales Apostolisches Schreiben „Pastores dabo vobis" an die Bischöfe, Priester und Gläubigen über die Priesterbildung im Kontext der Gegenwart. Mit einem Vorwort von Karl Lehmann und Erläuterungen von Karl Hillenbrand, Würzburg 1992.

[437] Damit ist in diesem Zusammenhang sowohl die Ausbildung *zum* Priester, als auch die fortlaufende Bildung *der* Priester gemeint.

[438] Vgl. zum folgenden Karl Hillenbrand: Erläuterungen. In: Papst Johannes Paul II. (hl.): Pastores dabo vobis, S. 192 ff. (Siehe zu den weiteren Angaben Fußnote 436.)

[439] Vgl. Piotr Tarnawski: La direzione spirituale nell'insegnamento e nella prassi della Chiesa, S. 119.

[440] Vgl. hierzu und zum folgenden Absatz Ivan Platovnjak: La direzione spirituale oggi, S. 145 f.

Abschnitt Nr. 40 beschäftigt sich in Übereinstimmung mit OT Nr. 3 und PO Nr. 11 mit der Förderung und Begleitung von Priesterberufungen vor einem anvisierten Eintritt in ein Priesterseminar, d.h., hier hat Geistliche Begleitung im Rahmen der Berufungspastoral eine klärende bzw. vorbereitende Funktion in Hinblick auf das juridisch-dogmatische Modell. Die Abschnitte Nr. 50 und Nr. 66 regeln im Sinne von OT Nr. 8 die konkrete Anwendungsphase des Modells[441], in welcher ein Priesteramtskandidat während seines Seminarstudiums Christus, „dem Haupt und Hirten, dem Diener und Bräutigam der Kirche nachgeformt"[442] wird. Im Abschnitt Nr. 81 schließlich geht es im Sinne von OT Nr. 22 sowie PO Nr. 18 und 19 um eine lebenslange Fortsetzung der Priesterbildung auch über das Seminarstudium und die Priesterweihe hinaus, wodurch das juridisch-dogmatische Modell auch über die konkrete Anwendungsphase hinaus wirkt.[443] Es stehen also alle vier genannten Abschnitte in irgendeinem Zusammenhang mit diesem Modell, wobei die Abschnitte Nr. 50 und Nr. 66 für die Beschreibung des Modells von zentraler Bedeutung sind. Dennoch lohnt sich mit Blick auf das juridisch-dogmatische Modell, aber auch die Fragestellung dieser Arbeit, zunächst ein etwas genauerer Blick auf den Abschnitt Nr. 40.

In dem soeben genannten Abschnitt nimmt das päpstliche Lehrschreiben ganz konkret Bezug auf Kinder und Jugendliche.[444] In ihnen soll der „Wunsch und der Wille zu einer vollen und engagierten Nachfolge Jesu Christi"[445] geweckt werden. Ziel jeder Erziehung im Sinne des christlichen Glaubens ist es, mithilfe des Heiligen Geistes einen jeden Menschen dahin gelangen zu lassen, dass er „Christus in seiner vollendeten Gestalt darstellt".[446] Hier findet sich ein Grundthema der Geistlichen Begleitung, nämlich einen jeden Gläubigen in seinem Leben und Handeln durch die Kraft des Heiligen Geistes dem Bilde Christi gleichförmig zu machen.

Bei dieser Zielsetzung setzt nach Abschnitt Nr. 40 auch jede Berufungspastoral an, und die „Sorge um die Berufungen zum Priestertum"

---

[441] Vgl. Ivan Platovnjak: La direzione spirituale oggi, S. 182 f.
[442] PDV, Nr. 3.
[443] Vgl. ebd., S. 209.
[444] Vgl. zum Folgenden PDV, Nr. 40.
[445] Ebd.
[446] Ebd., mit Bezug auf Eph 4,13.

kommt auch „in einem entschlossenen und überzeugenden Angebot geistlicher Führung"[447] zum Ausdruck, die sich in dieser Hinsicht auch nicht durch andere Formen helfender Gespräche ersetzen lässt:

> *„Es gilt, die großartige Tradition der persönlichen geistlichen Begleitung wiederzuentdecken, die im Leben der Kirche stets so viele und kostbare Früchte getragen hat: Sie kann in bestimmten Fällen und unter klaren Bedingungen zwar unterstützt, aber niemals durch Formen psychologischer Analyse oder Hilfe ersetzt werden."*[448]

Dieses „Geschenk der geistlichen Führung" soll an Kinder und Jugendliche herangetragen werden, damit sie „entdecken" und „schätzen", „prüfen" und „erproben" können. Ihre „Erzieher im Glauben" sollen sie „mit vertrauensvoller Beharrlichkeit darum zu bitten". In diesem Zusammenhang kommt wiederum den Priestern eine herausragende Rolle zu:

> *„Die Priester ihrerseits sollen als erste Zeit und Kraft auf diese Arbeit der Erziehung und der persönlichen geistlichen Hilfe verwenden: Sie sollen nie bedauern, viele andere, selbst schöne und nützliche Dinge vernachlässigt oder hintangestellt zu haben, wenn sich das nicht vermeiden ließ, um ihrem Dienst als Mitarbeiter des Geistes bei der Erleuchtung und Führung der Berufenen treu zu bleiben."*[449]

In den Formulierungen „Erleuchtung und Führung der Berufenen" sowie „Mitarbeiter des Geistes" klingt ein weiteres Hauptthema der Geistlichen Begleitung an, nämlich der Auftrag eines Geistlichen Begleiters, der begleiteten Person bei der Erfassung seiner geistgeschenkten „Gnadengaben und besonderen Offenbarungen"[450] zu helfen, damit diese zum Dienst an der ganzen Gemeinde[451] eingesetzt werden können.

---

[447] Ebd.
[448] Ebd.
[449] Ebd.
[450] Ebd.
[451] Vgl. Röm 12,6-8.

Bemerkenswert ist, dass Geistliche Begleitung hier in einen engen Zusammenhang mit der Erziehung von Kindern und Jugendlichen gebracht wird. Damit wird ihr eine Dimension verliehen, die ganz dem juridisch-dogmatischen Modell entspricht und welche zudem für die Zwecke der Berufungspastoral eingesetzt werden kann. An dieser Stelle klingen deutlich hörbar die Motive der Andachtsbeichte an, welche in der nachtridentinischen Phase u.a. ebenfalls der frommen Belehrung und Tugenderziehung der Gläubigen dienen sollte.[452]

Bei näherem Hinsehen fällt aber noch etwas auf, dass nämlich in einer Phase, in der sich die Renaissance der Geistlichen Begleitung bereits in vollem Gange befand, d.h. in den 1990ern, im besprochenen Absatz in PDV trotzdem in aller Ausdrücklichkeit dazu aufgerufen wird, die „großartige Tradition der persönlichen geistlichen Begleitung *wiederzuentdecken*", und zwar als Dienst der Priester an ihren Gemeinden. Es scheint fast so, als stelle sich PDV implizit dem charismatischen Modell der Geistlichen Begleitung entgegen, dessen Wiederbelebung nach dem II. Vatikanischen Konzil[453] zu ebendieser Renaissance beigetragen hat. Außerdem wird im Abschnitt Nr. 40 mehr oder minder deutlich der starke Rückgang an geistlichen Berufungen mit dem Niedergang der Geistlichen Begleitung in Verbindung gebracht, welcher sich zeitgleich zur Konzils- bzw. Nachkonzilsphase ereignete. Von einer Wiederbelebung der Geistlichen Begleitung in den Pfarrgemeinden erhofft sich PDV also auch eine Überwindung der Berufungskrise in der Kirche.[454] Da aber Geistliche Begleitung seit der katholischen Reform im 16. Jahrhundert fast ausschließlich in der Gestalt des sakramentalen Modells stattfand, d.h. in der Seelenführungs- bzw. Andachtsbeichte, wird damit in PDV auch zu einer Wiederherstellung dieser Praxis aufgerufen. Damit wird auch klar, warum die Geistliche Begleitung nach Abschnitt Nr. 40 in den Händen der Priester liegen soll. Damit kann zur Seminarerziehung im Sinne des juridisch-dogmatischen Modells übergeleitet werden.

Das gesamte 5. Kapitel von PDV, in welches Abschnitt Nr. 50 eingebettet ist, beschäftigt sich mit der Seminarausbildung der Priesteramts-

---

[452] Siehe hierzu die Darstellung unter Punkt 4.2.1.1 dieser Arbeit.
[453] Siehe hierzu die Ausführungen unter Punkt 4.1.4.2 dieser Arbeit.
[454] Vgl. Ivan Platovnjak: La direzione spirituale oggi, S. 147.

kandidaten.[455] Aus den verschiedenen Abschnitten in diesem Kapitel geht hervor, dass die Priester(aus)bildung im Rahmen eines andauernden Lebensprozesses stattfindet, der durch die Priesterweihe eine „markante Prägung erfährt"[456], aber mit ihr noch lange nicht abgeschlossen ist. Die Hinführung zum Priesterberuf geschieht in einer gegenseitigen Durchdringung aller Bereiche, welche geistliches Leben und menschliche Reife, theologische Bildung und pastorale Befähigung umfassen. Ziel und Fundament des gesamten Formungsprozesses im Laufe der mehrjährigen Seminarerziehung ist eine „gediegene menschliche Reife"[457].

Im Abschnitt Nr. 50 geht es konkret um die zölibatäre Lebensform der (künftigen) Priester und deren Einordnung in den Gesamtrahmen der evangelischen Räte, d.h. Armut, Keuschheit und Gehorsam:

> *„Die geistliche Formung dessen, der zu einem ehelosen Leben berufen ist, muß den künftigen Priester mit besonderer Sorgfalt darauf vorbereiten, den Zölibat in seinem eigentlichen Wesen und in seinen wahren Zielsetzungen, also in seinen evangeliumsgemäßen geistlichen und pastoralen Begründungen kennenzulernen, zu achten, zu lieben und zu leben. "*[458]

Hierbei kommt der „Tugend der Keuschheit" eine zentrale Rolle zu. Mit ihrer Hilfe kann „nach dem Beispiel Christi eine aufrichtige, menschliche, brüderliche, persönliche und opferfähige Liebe zu allen und zu jedem einzelnen"[459] gelebt und bezeugt werden. In dem zitierten Absatz wird der Geistlichen Begleitung im Kontext eines Priesterseminars die bedeutungsvolle Aufgabe zugewiesen, die künftigen Priester in einer Weise zu „formen", dass sie die zölibatäre Lebensform in ihrem Wesen und Zweck vollständig für sich ergründen, begreifen, annehmen und umsetzen können. Dabei bezieht sich PDV an dieser Stelle ausdrücklich auf das Konzilsdekret OT, Abschnitt Nr. 10:

---

[455] Vgl. hierzu und zum Folgenden Karl Hillenbrand: Erläuterungen, S. 199.
[456] Ebd.
[457] Ebd.
[458] PDV, Nr. 50.
[459] Ebd.

„Die Alumnen [...] sollen mit großer Sorgfalt auf diesen Stand hin erzogen werden: sie verzichten darin um des Himmelreiches willen [...] auf die eheliche Gemeinschaft, hangen dem Herrn mit ungeteilter Liebe an [...], wie sie dem Neuen Bund in besonderer Weise entspricht; sie geben Zeugnis für die Auferstehung in der künftigen Welt [...] und gewinnen besonders wirksame Hilfe zur ständigen Übung jener vollkommenen Liebe, die sie in ihrer priesterlichen Arbeit allen alles werden läßt [...].“[460]

Erneut offenbart sich hier der erzieherische Charakter der Geistlichen Begleitung im juridisch-dogmatischen Modell, welcher ihr vom kirchlichen Lehramt wiederholt und mit großer Deutlichkeit zugewiesen worden ist. Ihr kommt auch die wichtige Aufgabe zu, den Seminaristen den Wert völliger Enthaltsamkeit zu vermitteln, denn: „Die Ehelosigkeit der Priester trägt das Merkmal der Keuschheit.“[461]

Diesen Wert der aufrichtigen geschlechtlichen Tugendhaftigkeit in ihrer Lebensführung sollen die Priesteramtskandidaten nicht nur äußerlich hinnehmen, sondern ganz und gar verinnerlichen:

„[D]er priesterliche Zölibat [kann] weder als eine bloße Rechtsnorm noch als eine ganz äußerliche Bedingung für die Zulassung zur Priesterweihe angesehen werden.“[462]

Der Zölibat muss vielmehr, und auch viel tiefer, als eine freie Wahl begriffen werden, welche eine ungeteilte „Liebe zu Christus und zu seiner Kirche" umfasst und eine volle, freudige „Verfügbarkeit des Herzens für den priesterlichen Dienst" nach sich zieht. Die zölibatäre Lebensform trägt einen Wert in sich, „der tief mit der heiligen Weihe verbunden ist, die den Priester Jesus Christus, dem Guten Hirten und Bräutigam der Kirche gleichförmig macht.“[463]

---

[460] OT, Nr. 10.
[461] PDV, Nr. 50.
[462] Ebd.
[463] Alle Teilzitate ebd.

Bei seinem kirchlichen Erziehungsauftrag der Seminaristen „zur Keuschheit im Zölibat"[464] ist der institutionalisierte Geistliche Begleiter zur Kooperation mit den anderen Ausbildungsverantwortlichen aufgerufen:

> *„Die Bischöfe sollen zusammen mit den Rektoren und den Spiritualen der Seminare Grundsätze festlegen, Kriterien und Hilfen anbieten für den Unterscheidungsprozeß auf diesem Gebiet. [...] Im Seminar, das heißt in seinem Ausbildungsprogramm, soll der Zölibat mit aller Klarheit, ohne jede Doppeldeutigkeit und in seinem positiven Gehalt, dargestellt werden.* "[465]

Nachfolgend betont PDV in Abschnitt Nr. 50, dass ein Seminarist „über einen hinreichenden Grad psychischer und sexueller Reife sowie über ein eifriges und echtes Gebetsleben verfügen"[466] soll. Außerdem soll er „unter der Führung eines geistlichen Begleiters stehen." Mit diesen notwendigen menschlichen Eigenschaften ausgestattet und versehen mit den klassischen spirituellen Hilfsmitteln, auf die schon die Einsiedlermönche in der ägyptischen Wüste im Kampf gegen die Versuchungen erfolgreich zurückgegriffen hatten, kann und wird es ihm gelingen, etwaige „Schwierigkeiten" bei der „Hinführung zur priesterlichen Ehelosigkeit" zu überwinden.[467] Dem Geistlichen Begleiter kommt in diesem erzieherischen Prozess eine aktive Rolle zu:

> *„Der Spiritual soll dem Seminaristen dabei helfen, daß er zu einer reifen und freien Entscheidung gelangt, die sich auf die Wertschätzung der priesterlichen Freundschaft und der Selbstbeherrschung sowie auch auf die Annahme der Einsamkeit und auf ein in rechter Weise verstandenes physisches und psychologisches Persönlichkeitsbild gründet.* "[468]

---

[464] Ebd.

[465] Ebd.

[466] Ebd.

[467] Vgl. ebd., unter ausführlicher Zitation der Vorlage Nr. 24 der 8. Ordentlichen Bischofssynode von 1990.

[468] Ebd.

Die Funktion eines Spirituals in einem Priesterseminar geht grundsätzlich über das hinaus, was gemeinhin unter klassischer Geistlicher Begleitung in der Gestalt regelmäßig stattfindender Einzelgespräche zu verstehen ist. Ihm kommt als verantwortlicher Ausbilder in priesterlicher Spiritualität auch die Aufgabe zu, den Seminaristen explizit die Lehre der
Kirche anhand bestimmter, bewusst ausgewählter Dokumente zu vermitteln:

> *„Darum sollen die Seminaristen die Lehre des II. Vatikanischen*
> *Konzils, die Enzyklika Sacerdotalis caelibatus und die 1974 von*
> *der Kongregation für das katholische Bildungswesen herausge-*
> *gebene Instruktion über die Erziehung zum priesterlichen Zöli-*
> *bat gut kennen."*[469]

Damit ist durch PDV auch vorgegeben, was Gegenstand der geistlichen Instruktionen im Rahmen des Seminarstudiums zu sein hat. Auch
sollen jene Themenbereiche in den Seminarien angesprochen bzw. in die
Lehre mit einbezogen werden, die ein wenig nach „geistlicher Sexual-
kunde"[470] anmuten:

> *„Damit der Seminarist den priesterlichen Zölibat in freier Ent-*
> *scheidung um des Himmelreiches willen auf sich nehmen kann,*
> *ist es notwendig, daß er um die christliche und wahrhaft*
> *menschliche Natur sowie um den Zweck der Geschlechtlichkeit*
> *in der Ehe und im Zölibat Bescheid weiß."*[471]

Aus den zitierten Textabschnitten aus PDV Nr. 50 wird hinreichend
deutlich, dass dem Spiritual in einem Priesterseminar bei der Erziehung
der Seminaristen zu einer zölibatären Lebensweise eine ganz zentrale
Rolle zukommt, und zwar nicht nur durch den Prozess einer klassischen
Geistlichen Begleitung durch reflektierende Gesprächsführung, sondern

---

[469] Ebd.
[470] Wahrscheinlich ist damit das gemeint, was gemeinhin als „Theologie des
Leibes" bekannt ist, ein zentrales Thema der Theologie von Papst Johannes Paul
II. Siehe hierzu u.a. Christopher West: Theology of the Body Explained. A
Commentary on John Paul II's "Gospel of the Body". Boston (MA), USA ²2003.
Sowie Steve Kellmeyer: Sex and the Sacred City, Plano (TX), USA ³2010.
[471] PDV, Nr. 50.

auch aktiv als ein spiritueller Lehrer durch geistliche Instruktionen in den von ihm eigenverantwortlich geführten Unterrichtseinheiten im Rahmen des Seminarstudiums.

In das oben bereits genannte 5. Kapitel zur Seminarausbildung der Priesteramtskandidaten ist auch Abschnitt Nr. 66 eingefügt. Er ist den Ausbildern in einem Priesterseminar gewidmet, welche für die „angemessene Verwirklichung des Erziehungsprogramms" verantwortlich sind. Diese werden wie folgt aufgeführt: der Rektor, der Spiritual, die Oberen und die Professoren.[472] Sie alle müssen sich dem verantwortlichen Diözesanbischof verbunden fühlen, den sie in je unterschiedlicher Weise repräsentieren, „und sie müssen untereinander überzeugte und herzliche Gemeinschaft und Zusammenarbeit pflegen".[473] Interessant ist in diesem Zusammenhang die Feststellung, dass der Funktion bzw. den Eigenschaften eines Spirituals kein eigener Abschnitt gewidmet ist, sondern dass er als Teil des Leitungsteams eines Priesterseminars präsentiert wird, eingefügt zwischen dem Rektor und den „Oberen".[474]

Der Auswahl geeigneter Ausbilder für ein Priesterseminar ist von größter Wichtigkeit für einen in jeglicher Hinsicht fruchtbringenden Formungsprozess. Deswegen haben bereits die Synodenväter der 8. Ordentlichen Bischofssynode von 1990 in Hinblick auf die „Auswahl und Ausbildung der Verantwortlichen für die Priesterausbildung" das Folgende festgehalten:

„Die Aufgabe der Ausbildung der Priesteramtskandidaten erfordert gewiß nicht nur eine bestimmte besondere Vorbereitung seitens der Ausbilder, die wirklich technisch, pädagogisch, geistlich, menschlich und theologisch sein soll, sondern auch Gemeinschaftssinn und den Geist einmütiger Zusammenarbeit bei der Entfaltung des Ausbildungsprogramms, so daß die Einheit im pastoralen Wirken des Seminars unter der Leitung des Rektors stets gewahrt bleibt. Die Gruppe der Ausbilder soll Zeugnis eines wirklichen Lebens nach dem Evangelium und totaler Hingabe an den Herrn sein. Es ist zweckmäßig, daß sie ei-

---

[472] Vgl. PDV, Nr. 66.
[473] Ebd.
[474] Vgl. Ivan Platovnjak: La direzione spirituale oggi, S. 199 f.

ne gewisse Dauerhaftigkeit aufweist und daß ihr gewöhnlicher Aufenthaltsort in der Seminargemeinschaft sei. "[475]

Wiederum fällt auf, dass die Vorgaben recht allgemein gehalten sind und sich nicht spezifisch dazu äußern, welche Bedingungen der Spiritual eines Priesterseminars zu erfüllen hat bzw. welche konkrete Vorbildung er besitzen sollte.[476] Er ist schlicht in die gleiche Gruppe mit den anderen Ausbildern eingeordnet worden und soll zusammen mit ihnen für eine gewisse, nicht zu kurze Dauer als Teil der ganzen Seminargemeinschaft leben. Die Verantwortung für die Auswahl und Ausbildung der einzelnen Priesterausbilder wird in PDV den zuständigen Ortsbischöfen übertragen. Dabei müssen, den jeweiligen Umständen bzw. Gegebenheiten vor Ort betreffend, zumindest die folgenden Kriterien erfüllt werden:

„Für dieses Amt müssen Priester mit beispielhaftem Lebenswandel gewählt werden, die im Besitz verschiedener Eigenschaften sind: ‚menschliche und geistliche Reife, seelsorgliche Erfahrung, berufliche Kompetenz, Festigkeit in der eigenen Berufung, Kooperationsfähigkeit, ihrem Amt entsprechende Kenntnisse in den Humanwissenschaften (besonders der Psychologie), Kenntnisse über die Formen von Gruppenarbeit.'"[477]

Die Zuständigkeiten zwischen den einzelnen Ausbildern in einem Priesterseminar sind zwar nach Seminarhierarchie und Zuständigkeitsbereichen getrennt, und auch die Vertraulichkeit im Rahmen der Geistlichen Begleitung muss gewahrt bleiben. Dennoch wird die Erziehung der Priesteramtskandidaten gemeinschaftlich in die Hände aller Ausbilder gelegt:

„Unter Wahrung der Unterscheidung von forum internum und forum externum, der erforderlichen Freiheit bei der Wahl der Beichtväter und der Klugheit und Diskretion, die für die Aufgabe des Spirituals notwendig sind, soll sich die priesterliche Gemeinschaft der Ausbilder solidarisch fühlen in der Verantwortung bei der Erziehung der Priesteramtskandidaten. Ihr kommt

---

[475] Vorlage Nr. 29, zit. in: PDV, Nr. 66.
[476] Vgl. Ivan Platovnjak: La direzione spirituale oggi, S. 199 f.
[477] PDV, Nr. 66, mit Zitation aus Vorlage Nr. 29 der Bischofssynode. (Siehe Fußnote 467.)

*an erster Stelle, doch stets mit Bezug auf die maßgebliche zu-
sammenfassende Beurteilung durch den Bischof und den Rektor, die Aufgabe zu, die Eignung der Kandidaten zu fördern und
festzustellen, was ihre geistliche, menschliche und geistige Befähigung angeht, vor allem bezüglich des Geistes des Gebetes,
der profunden Aneignung der Glaubenslehre, der Fähigkeit zu
wahrer Brüderlichkeit und des Charismas des Zölibats".*[478]

In dem soeben zitierten Textabschnitt bestätigt sich, was bereits einleitend zum juridisch-dogmatischen Modell gesagt wurde[479], nämlich, dass
der Geistlichen Begleitung in diesem handlungsleitenden Theorierahmen
eine wichtige Rolle bei der Feststellung der Eignung einer Person für eine
bestimmte geistliche Lebensform oder ein kirchliches Amt zukommt.[480]

Am Ende von Abschnitt Nr. 66 wird schließlich der Einsatz von Laien
in der Priesterausbildung zur Sprache gebracht. Ausführlich ist von dem
„gesunden Einfluß der Spiritualität der Laien und des weiblichen Charismas auf jeden Erziehungsvorgang"[481] die Rede. „Männer und Frauen"
sollten „in die Ausbildungstätigkeit an den künftigen Priestern"[482] einbezogen werden:

*„Diese sind mit Sorgfalt auszuwählen, im Rahmen der kirchli-
chen Gesetzgebung und gemäß ihren besonderen Begabungen*

---

[478] PDV, Nr. 66.

[479] Siehe zum hier Gesagten auch Fußnote 400.

[480] Allerdings in sehr eng gesetzten Grenzen, wie bereits an anderer Stelle gesagt
wurde. Noch einmal zur Verdeutlichung: Erweist sich ein Kandidat als offensichtlich ungeeignet z.b. für den Empfang der Priesterweihe, oder fehlt ihm
dauerhaft die Kraft oder der Wille zu einer zölibatären Lebensweise, so ist er
seitens des Geistlichen Begleiters von der Fortsetzung seiner Studien zu entmutigen bzw. abzubringen. Sollte sich der Kandidat als begleitungsresistent bzw. als
hartnäckig und unbußfertig in Bezug auf ein moralisches Fehlverhalten welcher
Art auch immer erweisen, so bleibt dem Spiritual unter Wahrung des internen
Forums nur, die Begleitung zu beenden und den Rektor hierüber zu informieren.
Bei einem Beichtvater ist die Situation etwas komplizierter, da das Beichtgeheimnis absolut bindet und daher nichts nach außen dringen darf, was auf die Art
oder Schwere der begangenen Sünden hinweisen könnte.

[481] PDV, Nr. 66.

[482] Ebd.

sowie ihren nachgewiesenen Fähigkeiten. Es ist statthaft, von ihrer Mitarbeit [...] gute Früchte für ein ausgewogenes Wachsen des ‚sensus Ecclesiae' und für eine genauere Wahrnehmung der eigenen priesterlichen Identität seitens der Priesteramtskandidaten zu erwarten."[483]

Angesichts dieser wertschätzenden Ausführung ist es denkbar und mittlerweile in einigen größeren Seminarien auch Praxis[484], neben einem männlichen Spiritual, der immer ein Priester sein muss, auch einen weiblichen Geistlichen Begleiter zur Verfügung zu haben, welcher z.b. eine entsprechend ausgebildete und in spirituellen Lebensfragen bewanderte Ordensfrau sein kann.

Der letzte im Zusammenhang mit dem juridisch-dogmatischen Modell zu betrachtende Abschnitt in PDV trägt die Nummer 81. Er befindet sich im 6. Kapitel von PDV, welches der „formatio permanens" der bereits geweihten Priester gewidmet ist. Damit ist ein lebenslanger Reifeprozess gemeint, welcher den Priester auch über das eigene Seminarstudium hinaus fortlaufend dem Bilde Christi gleichförmig machen soll.[485] Hier reicht das juridisch-dogmatische Modell also über den eigenen Kernbereich der Seminarerziehung hinaus, da nach diesem Modell und den Lehren von PDV[486] bzw. OT und PO[487] die menschliche, theologische, spirituelle und pastorale Formung und Reifung des Menschen mit der Priesterweihe

---

[483] Ebd.

[484] So z.b. bis vor kurzem im St. Patrick's College Maynooth (SPCM), National Seminary of Ireland. Siehe hierzu SPCM: Kalendarium. Academic Year 2017-2018, S. 17. Online verfügbar unter: https://maynoothcollege.ie/files/images/Kalendarium-Complete1.pdf (aufgerufen am 07.09.2019.)

[485] Vgl. Karl Hillenbrand: Erläuterungen, S. 202.

[486] Siehe PDV, Nr. 71:

„Die Weiterbildung der Welt- wie der Ordenspriester ist die natürliche und absolut notwendige Fortsetzung jenes Bildungsprozesses der priesterlichen Persönlichkeit, der im Seminar oder im Ordenshaus seinen Ausgang genommen und dort auf dem Ausbildungsgang mit Blick auf die Weihe entfaltet worden ist."

[487] Siehe hierzu OT Nr. 22 sowie PO Nr. 18 und 19.

noch lange nicht abgeschlossen ist.[488] In diesem Zusammenhang kommt der Geistlichen Begleitung wieder eine zentrale Bedeutung zu:

> *„Sie ist ein klassisches Mittel, das nichts an Wert verloren hat, nicht nur für die geistliche Ausbildung, sondern auch für die Förderung und Erhaltung dauerhafter Treue und Großzügigkeit in der Ausübung des priesterlichen Dienstes."*[489]

Abschnitt Nr. 81 schließt mit einer Reflexion von Kardinal Montini, dem späteren Papst Paul VI. (hl.) zur Bedeutung der Geistlichen Begleitung:

> *„[D]ie geistliche Begleitung [hat] eine sehr schöne Funktion, und man kann sagen, eine unerläßliche für die moralische und geistliche Erziehung der Jugend, die die Berufung ihres eigenen Lebens, wie immer sie auch sei, mit absoluter Redlichkeit deuten und befolgen will; sie behält ihre positive Bedeutung in jedem Lebensalter, wenn im Licht und in der Liebe eines frommen und klugen Rates die Bewahrheitung der eigenen Aufrichtigkeit und die Bestärkung zur großmütigen Erfüllung der eigenen Pflichten gefragt ist. Sie ist ein feines pädagogisches Mittel, aber von größtem Wert; sie ist eine pädagogische und psychologische Kunst, von ernster Verantwortung für den, der sie ausübt; sie ist geistliche Übung der Demut und des Vertrauens für den, der sie erhält."*[490]

Dieses Zitat fängt den Geist von PDV in äußerst passender und zutreffender Weise ein: Geistliche Begleitung hat in diesem Lehrschreiben eine ausgeprägt erzieherische Komponente, was sich auch in der allgemeinen Präsentation des Spirituals, seiner Einordnung in die Seminarhierarchie sowie der Definition seines Zuständigkeits- und Kompetenzrahmens niederschlägt. Damit verleiht PDV der Rolle und Funktion eines Geistlichen Begleiters in der Seminarerziehung einen Charakter, wie er voll und ganz

---

[488] Vgl. Ivan Platovnjak: La direzione spirituale oggi, S. 208.
[489] PDV, Nr. 81.
[490] Giovanni B. Montini: Hirtenschreiben „Vom Sinn der Moral", Mailand 1961. Zit. in PDV, Nr. 81.

den Erwartungen an ein idealtypisches juridisch-dogmatisches Modell entspricht.

PDV war als päpstliches Lehrschreiben an die gesamte Weltkirche gerichtet, verbunden mit der Aufforderung, die darin enthaltenen Vorgaben und Weisungen in die konkrete Priesterausbildung vor Ort, d.h. in den Zuständigkeitsbereichen der einzelnen nationalen Bischofskonferenzen zu übertragen und in die Praxis umzusetzen. Im Laufe dieser Arbeit sind dafür bereits zwei Rahmenordnungen nationaler Bischofskonferenzen als Referenzquellen zu Sprache gekommen, nämlich die deutsche und die US-amerikanische Ausbildungsordnung für die Priesterbildung. Eine weitere Bischofskonferenz, welche PDV auf ihre Situation vor Ort zu übertragen hatte, war die Irische, in deren Zuständigkeitsbereich als Priesteramtskandidat sich auch der Verfasser dieser Arbeit befindet. Daher wird die irische Rahmenordnung für die Priesterbildung in dem nun folgenden Unterkapitel als Beispiel herangezogen werden, wie eine solche Übertragung konkret aussehen kann, selbstverständlich in Hinblick auf die Geistliche Begleitung, wie es der Thematik dieser Arbeit entspricht.

4.2.2.3 Das juridisch-dogmatische Modell in der Praxis der katholischen Kirche Irlands

Das von den Irischen Bischöfen im Jahr 2006 herausgegebene „Programme for the Formation of Priests in Irish Seminaries"[491] stellt die Rahmenordnung für die Priesterbildung in der Irischen Kirche dar und folgt inhaltlich im Wesentlichen den beiden Konzilsdekreten Optatam Totius (OT) und Presbyterorum Ordinis (PO) sowie dem päpstlichen Lehrschreiben „Pastores dabo vobis" (PDV) von 1992. Damit überträgt die irische Bischofskonferenz die Lehren und Weisungen des universalkirchlichen Lehramts sowie des allgemeinen Kirchenrechts im CIC von 1983 auf die Verhältnisse und Erfordernisse der Ortskirchen.[492]

---

[491] Irish Bishops' Conference (Hg.): Programme for the Formation of Priests in Irish Seminaries, Dublin 2006. Der Titel dieses Dokuments wird im Folgenden mit „PFPIS" abgekürzt.

[492] Vgl. ebd., Covertext auf der Rückseite.

Eine erste Erwähnung findet die Geistliche Begleitung in Abschnitt Nr. 39:

> *"Along with the Sacrament of Reconciliation, the practice of spiritual direction is recommended to priests."*[493]

Es folgt unmittelbar an diese Empfehlung ein Zitat aus dem „Direktorium für Dienst und Leben der Priester" von 1994:

> *„Um zur Verbesserung ihrer Spiritualität beizutragen, ist es notwendig, daß die Priester selbst die Seelenführung praktizieren. Indem sie die Formung ihrer Seele in die Hände eines weisen Mitbruders legen, werden sie schon von den ersten Schritten im Dienst an ein Bewußtsein entwickeln für die Wichtigkeit, nicht allein die Wege des geistlichen Lebens und des pastoralen Einsatzes zu gehen."*[494]

Geistliche Begleitung trägt also zur Verbesserung priesterlicher Spiritualität bei und hilft den geweihten Seelsorgern, ihren oft fordernden geistlichen Lebensweg nicht alleine beschreiten zu müssen. Dabei wird selbstverständlich davon ausgegangen, dass der Geistliche Begleiter eines Priesters „ein weiser Mitbruder", d.h. also selbst ein Priester ist.

Es fällt auf, dass in Abschnitt Nr. 39 die Geistliche Begleitung in direkte Nähe zum Bußsakrament gerückt wird, zumal im vorangehenden Abschnitt Nr. 38 die Notwendigkeit eines regelmäßigen Empfangs des Bußsakraments durch die Priester ganz besonders hervorgehoben wird:

> *„Like any good member of the faithful, the priest needs to confess his own sins and weaknesses. He is the first to realise that*

---

[493] Ebd., Nr. 39.

[494] Kongregation für den Klerus: Direktorium für Dienst und Leben der Priester, Rom 1994, Nr. 54.
Online verfügbar unter:
http://www.vatican.va/roman_curia/congregations/cclergy/documents/rc_con_cc lergy_doc_31011994_directory_ge.html
(aufgerufen am 07.09.2019.)

> *the practice of the Sacrament of Reconciliation reinforces his faith and charity towards God and his brothers and sisters.*"[495]

Das Bußsakrament dient in erster Linie der Vergebung schwerer Sünden. Einfache „Alltagssünden" oder „Schwächen" („weaknesses") sind menschlich und bedürfen nicht der Beichte. In diesem Zusammenhang verdient auch jene Formulierung eine gewisse Aufmerksamkeit: "the practice of the Sacrament of Reconciliation reinforces his faith and charity". Ein Wachstum im Glauben und in der Nächstenliebe lässt, wie die anderen in den Zitaten anklingenden Motive auch, aufhorchen und stark an die Andachtsbeichte denken, auf deren regelmäßige Praxis die zitierten Abschnitte offenbar abzielen, ohne sie jedoch genau zu benennen. Hierzu passt auch folgendes Zitat aus PDV, welches sich die Irischen Bischöfe zu eigen machen:

> '*the priest's spiritual and pastoral life, like that of his brothers and sisters ... depends, for its quality and fervour, on the frequent and conscientious personal practice of the Sacrament of Penance ... the whole of his priestly existence suffers an inexorable decline if by negligence or for some other reason he fails to receive the Sacrament of Penance at regular intervals and in a spirit of genuine faith and devotion.*"[496]

Im Leben und in der Praxis der (irischen) Kirche scheint die Devotionsbeichte immer noch so präsent und selbstverständlich, dass sie keiner eigenen Erwähnung bedarf. Ihr Motiv scheint jedoch durch die Textabschnitte der Rahmenordnung durch, wenn man genau hinschaut.

Im Abschnitt Nr. 63 der irischen Rahmenordnung für die Priesterbildung geht es um die Berufungspastoral und die Begleitung eines potentiellen künftigen Priesteramtskandidaten durch den verantwortlichen Ansprechpartner für die Berufe der Kirche („vocations director"). Für die Begleitung eines Bewerbers um Aufnahme in die Seminarausbildung trifft das Dokument die folgende Regelung:

---

[495] PFPIS, Nr. 38.
[496] Ebd., Nr. 38, mit Zitat aus PDV, Nr. 26.

"It is necessary that the vocations director or other trusted priest should get to know the candidate, establish a rapport with him and in time introduce him to the bishop. The vocations director should ask the candidate to write an autobiographical sketch giving some information on his family background, educational record, work experience, interests and personality. The vocations director's role will subsequently be one of prayerful and discerning accompaniment."[497]

Nachdem sich ein Interessent bzw. Bewerber bei (s)einem Bistum gemeldet hat, soll er zunächst von dem Ansprechpartner für Berufe der Kirche über einen gewissen Zeitraum begleitet werden. Dieser Begleitungsprozess dient dezidiert dem Kennenlernen eines Bewerbers, um sich von ihm einen detaillierteren Eindruck zu verschaffen und seine generelle Eignung abzuschätzen, in ein Priesterseminar einzutreten und sich den dortigen, vielfältigen Formungsprozessen zu unterziehen. Da dieser Begleitungsprozess auch einer Beurteilung des Kandidaten dient, soll dem Bewerber zur Klärung seiner Berufung bzw. während des fortlaufenden Bewerbungsprozesses ein Geistlicher Begleiter zur Verfügung stehen, dem er ohne Scheu und Sorge sein Gewissen öffnen kann, um den Willen Gottes für sich und seine Lebensform zu ergründen:

"This accompaniment in the external forum will be further enhanced by the candidate having a spiritual director appointed by the bishop to accompany him in the internal forum."[498]

Hier spiegelt sich in gewisser Weise wider, was in PDV Nr. 40[499] zur Berufungspastoral gesagt bzw. empfohlen wurde, nämlich dass Geistliche Führung durch die Ortspriester Berufungen wecken kann und ebendiese auf jeden Fall bis zum Eintritt ins Seminar begleiten sollte.[500]

---

[497] Ebd., Nr. 63.

[498] Ebd.

[499] Siehe hierzu Punkt 4.2.2.2 dieser Arbeit.

[500] Vgl. zur Rolle der Geistlichen Begleitung in der Berufungspastoral auch: Kongregation für den Klerus: Direktorium für Dienst und Leben der Priester, Nr. 54:

In Abschnitt Nr. 69 geht es um die Geistliche Begleitung im Kontext eines Propädeutikums, d.h. eines Jahres der vorbereitenden Heranführung eines Bewerbers an die Priesterausbildung in einem bereits festeren, institutionalisiertem Rahmen. Es findet in der Regel in Vollzeit in einem kirchlichen Ausbildungshaus statt, das voll oder wenigstens teilweise diesem spezifischen Zweck gewidmet ist. Durch diesen ersten, noch relativ unverbindlichen Eintritt eines Bewerbers in einen institutionalisierten Ausbildungsabschnitt der priesterlichen Formung kommt das juridisch-dogmatische Modell bereits zum Tragen. Das propädeutische Jahr beinhaltet bereits ausgewählte Elemente der Seminarerziehung, d.h. dass der Bewerber auch Geistliche Begleitung zur Verfügung haben bzw. in Anspruch nehmen soll. In Hinblick auf die spirituellen Ausbildungsinhalte eines Propädeutikums heißt es an diesem Abschnitt:

"The spiritual component should entail some basic input and help on how to pray so that prayer links with life and the aspirant's process of discernment. This may involve some praying and sharing in small groups. There must also be the opportunity for individual spiritual direction. Guidance should be given too on spiritual reading and time is to be set aside for quiet days and days of reflection. Ways of praying including Lectio Divina and praying with Scripture and Psalms should be explored."[501]

Wie in PDV so vorgesehen, mischen sich bei der Geistlichen Begleitung im juridisch-dogmatischen Modell klassische Elemente der Geistlichen Begleitung, wie z.B. die persönliche Entscheidungsfindung in Hinblick auf den Willen Gottes, mit konkreten Ausbildungsinhalten in Bezug auf eine geistliche Praxis, wie sie für das Seminarleben typisch und den Erwerb einer priesterlichen Spiritualität zweckdienlich ist.

„Parallel zum Sakrament der Versöhnung wird es der Priester auch am Dienst der Seelenführung nicht fehlen lassen. Die Wiederentdeckung und Verbreitung dieser Praxis, auch zu anderen als zu den für die Beichte vorgesehenen Zeiten, ist eine große Wohltat für die Kirche in der gegenwärtigen Zeit. [...] Die großzügige und aktive Einstellung der Priester, die sie praktizieren, ist auch eine wichtige Gelegenheit, Berufungen zum Priester- und Ordensleben auszumachen und zu unterstützen."

[501] PFPIS, Nr. 69.

158

Den Vorgaben von PDV sowie dem logischen Ablauf folgend setzt sich die irische Rahmenordnung für die Priesterbildung als nächstes mit den Inhalten und Zielen der konkreten Seminarerziehung auseinander. In Abschnitt Nr. 101 heißt es hierzu:

> *"The formation programme not only prepares students in philosophy and theology [...] but also brings to maturity their understanding of the faith, assisting them to develop a spirituality consistent with a priestly vocation. Accordingly daily Eucharist, the Liturgy of the Hours, sacramental reconciliation, community and personal prayer, spiritual direction, conferences by formation personnel, days of recollection and retreats, devotion to Our Lady, intellectual and pastoral formation and community life are essential components of the seminary formation."[502]*

Geistliche Begleitung ist hier in den Gesamtrahmen der Seminarerziehung eingebunden und soll den Seminaristen dabei helfen, „eine Spiritualität zu entwickeln, die mit einer priesterlichen Berufung im Einklang steht", und zwar als ein Gesichtspunkt unter anderen in einem intensivierten Glaubensleben.

Abschnitt Nr. 124 behandelt die Möglichkeit, dass einem Seminaristen eine „Auszeit" von der Seminarausbildung nahegelegt werden kann, sollte es begründete Zweifel an seiner Berufung zum priesterlichen Dienst bzw. Eignung zum Empfang der heiligen Weihen geben:

> *"In cases where there may be a doubt about the student's vocation or his readiness for Orders it may be prudent for him to spend a specified period of time working or studying under suitable guidance, with access to spiritual direction and counselling, away from the seminary."[503]*

Zusammen mit psychologischer Beratung kann Geistliche Begleitung hier zur Klärung der Situation bzw. der Fragen zur persönlichen Berufung beitragen.

---

[502] Ebd., Nr. 101.
[503] Ebd., Nr. 124.

Die Position des Spirituals wird in Abschnitt Nr. 143 ausdrücklich erwähnt, und zwar in zumindest inhaltlicher Bezugnahme auf Can. 239 §§ 1-2 sowie PDV Nr. 66, welche die Personalzusammensetzung in einem Priesterseminar kirchenrechtlich regeln:

> *„In each seminary there should be staff responsible for its direction. These will include the Rector, Vice-Rector, Director of Formation, Spiritual Director and other officers according to the traditions and needs of the seminary. According to the Decree Optatam totius 'seminary superiors and professors should be chosen from among the best'."*[504]

Ein Spiritual ("Spiritual Director") gehört fest und unverzichtbar zum Personalstab eines Seminars und ist den „officers" zugeordnet, d.h. dem leitenden Personal. An dieser Stelle wird seine Position jedoch anders, als in PDV Nr. 66, nicht direkt hinter dem Rektor verordnet, sondern seine Nennung folgt auf die des Ausbildungsleiters („Director of Formation").

Die Rolle des Ausbildungsleiters wird kurz darauf in Abschnitt Nr. 148 strikt von der des Spirituals und der eines Beichtvaters unterschieden, was der konsequenten Trennung des externen, internen und sakramentalen Forums entspricht:

> *"The Director of Formation assists the Rector in overseeing the evaluation process and has a responsibility for the authentic intellectual, pastoral, human and spiritual formation in the external forum. He may not therefore act as a spiritual director or confessor to any student in the seminary where he works."*[505]

Hier gilt für den Ausbildungsleiter das Gleiche, was bereits unter Punkt 4.2.2.1 in Bezug auf den Rektor gesagt wurde: Da beide im Rahmen ihrer persönlichen Kompetenzen für die Beurteilung eines Kandidaten hinsichtlich seiner Eignung für den priesterlichen Dienst verantwortlich sind, können sie einen Kandidaten weder als Spiritual, noch als Beichtvater begleiten. Der Kandidat wird aus Sorge vor einer etwaigen

---

[504] Ebd., Nr. 143
[505] Ebd., Nr. 148.

Nicht-Zulassung zur Weihe sein Gewissen niemals ganz frei öffnen können, wie dies für eine fruchtbare Geistliche Begleitung bzw. Beichte unerlässlich ist. Die Ausbilder auf der anderen Seite könnten in ihrer Entscheidungsfindung durch das Siegel der Beichte gebunden sein, was sie aufgrund der schweren Verantwortung nicht sein dürfen, was die Weihezulassung und damit die Zulassung zum priesterlichen Dienst betrifft.

Die sich hieran anschließenden Abschnitte in der irischen Rahmenordnung für die Priesterbildung behandeln nun unmittelbar die Funktion bzw. die Aufgaben des Spirituals in einem Priesterseminar unter der Oberaufsicht der irischen Bischöfe. Dort heißt es in Abschnitt Nr. 149, dass der Geistliche Begleiter die spirituelle Entwicklung der Seminaristen aus einer privilegierten Beziehung heraus „durch klugen Rat, feste Führung, großzügige Ermutigung und Gebet weise führen"[506] soll.

In Abschnitt Nr. 150 folgen genauere Angaben zur Ausbildung bzw. zu den fachlichen und persönlichen Eigenschaften, über die ein Spiritual in einem irischen Priesterseminar verfügen sollte:

"The spiritual director [...] should refine his capacities to welcome, to listen, to converse and to understand, together with a good knowledge of spiritual theology, of the other theological disciplines and of the human and pedagogical sciences. No means should be spared to give him the possibility of attending an institute or at least an intensive course of spirituality."[507]

Diese Anforderungen hat PDV im Abschnitt Nr. 66 noch offen bzw. im Bereich des Ungenauen belassen, möglicherweise auch in Hinblick auf die sehr unterschiedlichen Bedingungen und Möglichkeiten in der Weltkirche. Die irischen Bischöfe fordern hingegen erst einmal gute Fähigkeiten in der helfenden Gesprächsführung als Grundvoraussetzung für

---

[506] RFPIS, Nr. 149:

"The Spiritual Director is to guide wisely, from within a privileged relationship, the student's path of spiritual progress, by means of wise counsel, firm direction, generous encouragement and prayer."

[507] Ebd., Nr. 150.

einen Spiritual. Als Ausbildungsleiter für das geistliche Leben einer Seminargemeinschaft soll er sich in Pädagogik ebenso auskennen, wie in den verschiedenen theologischen Disziplinen. Von größter Bedeutung erscheinen naturgemäß auch profunde Kenntnisse der Theologie der Spiritualität, welche er evtl. sogar über einen Qualifizierungskurs erwerben sollte.

In Abschnitt Nr. 151 erinnert die Rahmenordnung daran, dass die Geistliche Begleitung sich von anderen Formen der helfenden Gesprächsführung sehr unterscheidet, namentlich von psychologischer Beratung und Psychotherapie. Sie ist ein Dienst der Kirche, welchen der Geistliche Begleiter streng im internen Forum ausübt. Deswegen darf er auch nicht für die Beurteilung von Seminaristen herangezogen werden. In jedem Seminar soll es mindestens einen Geistlichen Begleiter geben, unabhängig von der Freiheit der Seminaristen, für sich einen geeigneten Geistlichen Begleiter frei zu wählen. Damit greift die Rahmenordnung Can. 239 § 2 sowie 240 § 2 des CIC auf und bringen sie in der irischen Seminarausbildung zur Anwendung.[508]

Der darauffolgende Abschnitt Nr. 152 weist auf die Notwendigkeit kontinuierlicher Fort- und Weiterbildungen für alle Seminarausbilder, also auch einschließlich des Spiritals hin:

> *„They should strive to keep their skills and knowledge 'up to date through attendance at conferences or courses such as are held to review progress in spiritual or pedagogical sciences, or to learn about new methods and recent experience'."*[509]

Abschnitt Nr. 178 weist auf die Unterschiede zwischen Vocational Growth Counseling[510] und Geistlicher Begleitung hin. Es hat seinen eigenen Wert und Platz in der Seminarausbildung und stellt keinen Ersatz für

---

[508] Vgl. ebd., Nr. 151.
[509] Ebd., Nr. 152.
[510] Vocational Growth Counseling im Rahmen der Priesterausbildung wird in Abschnitt Nr. 176 ausführlich beschrieben bzw. von der Geistlichen Begleitung abgegrenzt.

die Geistliche Begleitung dar.[511] Im Abschnitt Nr. 192 geht es um die geistliche Ausbildung der Seminargemeinschaft, welche u.a. durch Vorträge durch den Spiritual gestaltet wird. Damit wird noch einmal in Erinnerung gerufen, dass der Geistliche Begleiter eines Seminars auch eine Lehr- und Ausbilderfunktion einnimmt.

Auf den Seiten 56-62 in der Druckversion der Rahmenordnung ist ein ganzes Kapitel der geistlichen Ausbildung bzw. Formung der Seminaristen gewidmet. Galt die Aufmerksamkeit in den bisher dargestellten Abschnitten vor allem der Person, den Eigenschaften und den Kompetenzen des Geistlichen Begleiters, so rückt der Fokus nun auf die Priesteramtskandidaten sowie ihr Verhältnis zur Institution der Geistlichen Begleitung und zu ihrem Spiritual.

Abschnitt Nr. 196 stellt eine längere Instruktion zur Bedeutung der Geistlichen Begleitung in der Seminarerziehung dar. Es betont ihren unerlässlichen Wert in der Priesterausbildung und die Notwendigkeit für jeden Seminaristen, einen Spiritual zu haben, dem sie sich voll und ganz anvertrauen können.[512] Um dies zu gewährleisten, wird ihnen größtmögliche Vertraulichkeit zugesichert, da Geistliche Begleitung sich im Schutzraum des internen Forums bewegt. Damit ist im Gegenzug aber auch eine Aufforderung zu größtmöglicher Offenheit und Ehrlichkeit der Seminaristen ihren Begleitern gegenüber verbunden, auf deren Rat sie hören und vertrauen sollen:

"Seminarians should avail themselves of this unique opportunity for growth by being as honest and transparent as possible

---

[511] Ebd., Nr. 178: "The counselling given shall be consistent with the overall seminary programme and shall not take the place of spiritual direction."
[512] Siehe hierzu ebd., Nr.: 196:

„As every spiritual journey is personal and individual, it requires personal guidance and discernment. Every seminarian, therefore, should have a spiritual director whose task is to assist him in his path of personal conversion to Christ in his growth in relation to the priesthood."

about all the areas of life with their spiritual directors and trustful and responsive to their counsel. "[513]

Als wesentliche Inhalte bzw. Themenbereiche für die Geistliche Begleitung werden die folgenden aufgeführt:

"Prayer, spiritual reading, relationship with Christ, sexuality, celibate chastity, justice, personal relationships, commitment, simplicity of lifestyle and interiorisation".[514]

Damit ist eine ganze Bandbreite von Gesprächsthemen abgedeckt, wie sie im Prinzip allen Modellen der Geistlichen Begleitung gemein ist. In Übereinstimmung mit PDV Nr. 50 nehmen jedoch eine zölibatäre Lebensweise bzw. die Keuschheit, die sich auch in diesem Zitat aufgelistet finden, im gesamten Kapitel zur geistlichen Ausbildung bzw. Formung der Seminaristen eine überproportional starke Stellung ein:

"In this setting, seminarians should be encouraged to speak about their own personal struggles and review their success and failure in living a chaste, celibate life."[515]

Dies ist sicher den charakteristischen Eigenheiten des juridisch-dogmatischen Modells geschuldet. Dennoch zeigt sich, dass es sich bei diesem Modell bei allem Legalismus und Formalismus, welche ihm seinen Rahmen geben, doch um eine authentische Form der Geistlichen Begleitung handelt. Dies zeigt sich auch im folgenden Abschnitt, indem es um die Beichtpraxis der Seminaristen geht:

"While it is common practice for the student's spiritual director to be his confessor, he is free to approach a confessor of his choice inside or outside the seminary."[516]

Auch, wenn es üblich ist, dass Seminaristen bei ihrem Spiritual beichten, so steht es ihnen doch völlig frei, sich für den Empfang des Bußsak-

---

[513] Ebd.
[514] Ebd.
[515] Ebd.
[516] Ebd., Nr. 197.

raments an einen anderen Beichtpriester zu wenden. Das juridisch-dogmatische Modell gibt, wie sich wiederholt gezeigt hat, der Seelenführungs- bzw. Andachtsbeichte den klaren Vorzug. Dennoch stellt es die irische Rahmenordnung im Sinne des neuen Ordo paenitentiae den Priesteramtskandidaten frei, beide Gnaden- bzw. Hilfsmittel der Kirche getrennt voneinander in Anspruch zu nehmen.

In Abschnitt Nr. 209 wird festgelegt, dass Seminaristen ihren Geistlichen Begleiter regelmäßig aufsuchen sollen, d.h. mindestens einmal im Monat.[517] Außerdem sollen sie ihren Geistlichen Begleiter nicht ohne weiteres wechseln, zumindest nicht ohne guten bzw. ernsthaften Grund.[518] Im Abschnitt Nr. 211 heißt es für diesen Fall:

"If, for serious reason, there should be a change of director, attention shall be given to continuity in seminarians' spiritual development."[519]

Haben die Priesteramtskandidaten einen für sich passenden Geistlichen Begleiter gefunden, so sollen sie ihm erlauben, sie richtig kennenzulernen:

"Seminarians are encouraged to confide their personal history, personal relationships, prayer experiences and other significant topics to their spiritual director."[520]

Nachdem sich nun eine ganze Reihe von Abschnitten mit den Seminaristen beschäftigt haben, geht es nun in Abschnitt Nr. 215 wieder um die Ausbilder, von denen er Einigkeit in Fragen der Zölibatserziehung einfordert:

„Directors of formation and spiritual directors should share the same understanding of an integral celibate commitment and the

---

[517] Ebd., Nr. 209: „Every seminarian shall have a spiritual director deputed to this work by the bishop whom he visits regularly, at least once a month."
[518] Ebd., Nr. 210.
[519] Ebd., Nr. 211.
[520] Ebd.

*kinds of behaviour that are counter-indicators to commitment
and growth in a celibate lifestyle. "*[521]

Ein letztes Mal in der irischen Rahmenordnung für die Priesterbildung
wird die Geistliche Begleitung in Abschnitt Nr. 316 erwähnt, und zwar
im Zusammenhang mit den theologischen Studienfächern, die während
der akademischen Priesterausbildung („Theological Studies"[522]) zu belegen sind:

*„In spirituality, the core should include an introduction to spir-
ituality, a selection of classic spiritual writers and an introduction to spiritual direction. "*

Damit berücksichtigt die Rahmenordnung der irischen Bischöfe zumindest in gewisser Hinsicht die unter Punkt 3.1.1 bereits zitierte Weisung aus OT Nr. 19 in Hinblick auf die Ausbildung der künftigen Priester:

*„Sorgfältig sollen sie in die Kunst der Seelenführung eingeführt
werden, damit sie alle Glieder der Kirche in erster Linie zu einem voll bewußten und apostolischen Christenleben und zur Erfüllung ihrer Standespflichten führen können. Mit gleicher
Sorgfalt sollen sie lernen, Ordensmänner und Ordensfrauen so
zu führen, daß sie ihrer Berufsgnade treu bleiben und im Geist
ihres Ordens voranschreiten. "*

Auf diese Weise werden die Pfarrseelsorger auf jene bedeutsame Aufgabe vorbereitet, die ihnen in vielen unterschiedlichen Lehrdokumenten
der Kirche mit großer Selbstverständlichkeit zugewiesen worden ist: Die
Seelenführung der ihnen anvertrauten Gläubigen.

Im Großen und Ganzen ergibt sich beim Lesen des „Programme for
the Formation of Priests in Irish Seminaries" (PFPIS) ein etwas anderer
Eindruck, als ihn „Pastores dabo vobis" hinterlassen hat. Bei PDV schien
der Spiritual eines Priesterseminars sehr in die Hierarchie des Seminars

---

[521] Ebd., Nr. 215.
[522] Ebd., S. 91.

eingebunden, er erscheint in direkter Nähe zum Rektor und hat starke Lehr- und Formungskompetenzen in Hinblick auf die Seminaristen. Er erscheint fast als ein „Funktionär" der Seminarausbildung. Der Zölibatserziehung wird im Vergleich zu anderen Themen der Geistlichen Begleitung ein bemerkenswert großer Raum in der Beschreibung der Aufgaben und Kompetenzen eines Spirituals gegeben, während andere Themen der Geistlichen Begleitung bzw. der klassischen Seelenführung kaum angesprochen werden. Es fällt schwer, sich den Spiritual in PDV als Geistlichen Vater im Sinne der Mönchstradition vorzustellen.

PFPIS hinterlässt eher den Eindruck, dass sich die irischen Bischöfe für die Rolle des Geistlichen Begleiters interessieren. Sie beschreiben die menschlichen Eigenschaften, die sie sich bei ihm zu finden hoffen, ebenso, wie die fachlichen Voraussetzungen, die er für seine wichtige Rolle im Seminarleben mitbringen oder zumindest erwerben sollte. Auch, wenn sich auch hier nicht unbedingt das Bild einer Vaterfigur für die Seminaristen aufdrängt, so entsteht doch der Eindruck eines geistlichen Freundes, den sie im Geistlichen Begleiter finden können, und dem sie sich vorbehaltlos mit allen ihren Fragen und Problemen, Sorgen und Versuchungen, Fehlern und sogar Sünden anvertrauen können.

Zum Schluss dieses Unterkapitels soll noch auf eine wichtige Tatsache hingewiesen werden: Die Priesterausbildung in irischen Priesterseminarien befindet sich aktuell wieder in einem umfassenden Reformprozess, welcher den massiven Veränderungen in den sozialen und kulturellen Gegebenheiten der westlichen Gesellschaften in den vergangenen zwei Jahrzehnten geschuldet ist. Wie sich gezeigt hat, liegen die Veröffentlichungen von PDV (1992) und PFPIS (2006) schon wieder einige sehr ereignisvolle Jahre zurück. Unter diesen sich stetig wandelnden „Zeichen der Zeit" hat es das universelle kirchliche Lehramt für angemessen und sogar notwendig gehalten, die Priesterausbildung in der katholischen Kirche den neuen Bedingungen anzupassen. Hieraus ist im Jahr 2016 eine neue Grundrahmenordnung für die Priesterbildung hervorgegangen. Sie wurde von der Kongregation für den Klerus veröffentlicht und trägt den Namen: „Das Geschenk der Berufung zum Priestertum."[523] Auf aus-

---

[523] Kongregation für den Klerus: Das Geschenk der Berufung zum Priestertum. Ratio Fundamentalis Institutionis Sacerdotalis. Verlautbarungen des Apostoli-

drücklichen Wunsch der Kleruskongregation wird sie in den beiden nationalen Priesterseminarien der irischen Kirche bereits umgesetzt, d.h. am Pontifical Irish College in Rom und am St. Patrick's College in Maynooth. Das ist insofern bemerkenswert, als dass die neue Ratio noch keine verbindliche Rechtskraft für die irische Kirche besitzt. Hierzu muss sie erst wieder in eine nationale Rahmenordnung („ratio nationalis")[524] für die Priesterbildung seitens der Irischen Bischofskonferenz übersetzt werden, die universelles Kirchenrecht in lokales Kirchenrecht umwandelt. Nach Informationen des Verfassers ist dieser Prozess gerade im vollen Gange.

Damit ist die soeben besprochene, bisherige Rahmenordnung für die Priesterbildung gewissermaßen mit einem „Verfallsdatum" versehen, das in absehbarer Zeit ablaufen wird. Da PFPIS aber offiziell immer noch in Kraft ist, konnte sie in dieser Arbeit noch als konkretes Beispiel für Ausführungsbestimmungen zum juridisch-dogmatischen Modell in einer Teilkirche des lateinischen Ritus herangezogen werden.[525]

---

schen Stuhls Nr. 209, hrsg. vom Sekretariat der Deutschen Bischofskonferenz, Bonn 2017.

[524] Vgl. ebd., Nr. 3-8.

[525] Ein Blick in den Abschnitt Nr. 107 der neuen Ratio offenbart aber, dass sich zumindest an den Bestimmungen zur Geistlichen Begleitung im juridisch-dogmatischen Modell vorerst nicht viel ändern wird:

„Die geistliche Begleitung ist ein bevorzugtes Mittel für das Gesamtwachstum der Person. Der geistliche Begleiter soll in aller Freiheit von den Seminaristen unter den vom Bischof bestimmten Priestern gewählt werden. […] Diese Freiheit ist tatsächlich nur authentisch, wenn der Seminarist sich mit Aufrichtigkeit, Vertrauen und Fügsamkeit öffnet. Die Begegnung mit dem Begleiter darf nicht nur gelegentlich, sondern muss konsequent und regelmäßig erfolgen. Die Qualität der geistlichen Begleitung ist nämlich für die Wirksamkeit des ganzen Ausbildungsprozesses wichtig. […] Es ist wünschenswert, dass für eine ganzheitliche Ausbildung der geistliche Begleiter auch der ständige Beichtvater sein kann."

4.2.2.4 Zusammenfassende Darstellung und Kritik des juridisch-dogmatischen Modells

Im juridisch-dogmatischen Modell ist Geistliche Begleitung fest in den Ausbildungsrahmen der Seminarien und Noviziatshäuser eingebaut. Der Geistliche Begleiter wird von der Kirche ausgewählt bzw. beauftragt und den künftigen Priestern bzw. Ordensleuten zur Verfügung gestellt. Dabei bestehen seine Aufgaben nicht nur in der klassischen Wegbegleitung, sondern auch in der geistlichen Ausbildung und „Formung" der ihm anvertrauten Personen. Die Zölibatserziehung nimmt einen hohen Stellenwert in diesem Modell ein, ebenso die Erziehung zur kontinuierlichen Pflege geistlicher Praktiken bzw. zu einer generellen Einhaltung der diversen institutionellen Normen.[526] Dabei kommt dem Geistlichen Begleiter bzw. Spiritual u.a. die Aufgabe zu, über die Eignung der begleiteten Person innerhalb der Grenzen des internen Forums mitzuentscheiden und offensichtlich ungeeignete Kandidaten davon abzubringen, ihren eingeschlagenen Weg in Richtung eines geistlichen Berufs weiter zu verfolgen.

Der gesamte Begleitungsprozess ist hierbei in einen festen institutionellen Rahmen eingefügt, alle Details in diesem Modell der Geistlichen Begleitung sind kirchenrechtlich und theologisch genauestens geregelt. Geistliche Begleitung im institutionalisierten Rahmen hat daher eher den Charakter einer „geistlichen Ausbildung" als den einer klassischen Seelenführung im Sinne einer „geistlichen Vaterschaft". Auch, wenn die persönliche bzw. geistliche Freiheit der Alumnen bzw. Novizen in den Regularien immer wieder hervorgehoben wird, so ist sie in der Praxis doch oft stark reduziert[527], und zwar bis zu dem Punkt, dass den Personen in einem kirchlichen Ausbildungshaus die Wahl eines ganz bestimmten Begleiters (de facto) vorgeschrieben wird, und sei es in der Form einer „nachdrücklichen Empfehlung".[528] Hierunter kann das Vertrauensverhältnis leiden, dass zwischen dem Begleiter und der begleiteten Person

---

[526] Vgl. Mihály Szentmártoni, SJ: Camminare insieme. Psicologia pastorale, S. 83 f.

[527] Vgl. David L. Fleming, SJ: Models of Spiritual Direction, S. 107 f.

[528] Siehe hierzu als Beispiel: College Rule of the Pontifical Irish College, Rom (undatiert, unveröffentlichtes Manuskript); insbesondere die Punkte 2.2 und 2.3 auf S. 9.

169

notwendigerweise bestehen muss, soll der Prozess fruchtbringend bzw. zielführend verlaufen.[529]

Das Verhältnis zum Geistlichen Begleiter, der im juridisch-dogmatischen Modell in seiner Extremform als kirchlicher Oberer und Funktionär des Seminarsystems in Erscheinung tritt, droht ein oberflächliches bzw. distanziertes zu bleiben. Und auch die eigentliche Zielsetzung jeder Geistlichen Begleitung, nämlich das innere Wachstum und die Reifung der begleiteten Person hin zur Christusähnlichkeit, kann leicht in eine äußerliche Anpassung an Regeln und Erwartungen umschlagen, die an die Alumnen bzw. Novizen herangetragen wird.[530]

Einige dieser potentiellen Gefahren scheinen von den Verfassern der neuen Ratio Fundamentalis[531] erkannt worden zu sein. So herrscht in ihr bereits ein wesentlich anderer Tonfall in Bezug auf das Ausbildungsteam in einem Priesterseminar, als es noch bei PDV der Fall war. So werden Priester in Abschnitt Nr. 52 der neuen Ratio als „Männer der Gemeinschaft" beschrieben. Weiter heißt es in diesem Abschnitt:

„Daher müssen im Seminar die Beziehungen, die zwischen den Ausbildern und den Seminaristen und zwischen den Seminaristen selbst entstehen, durch Vaterschaft und Mitbrüderlichkeit geprägt sein. "[532]

So bleibt zu hoffen, dass auch juridisch-dogmatischen Modell der Geistlichen Begleitung der Kernaspekt der geistlichen Vaterschaft, welcher auch im charismatischen und im sakramentalen Modell eine Schlüsselrolle im Begleitungsprozess spielt, bald wiederentdeckt bzw. wiederhergestellt wird. Denn nur ein solches väterliches Verhältnis wird eine Beziehung eröffnen, die geistliches Wachstum erlaubt. Und nur über das

---

[529] Vgl. Mihály Szentmártoni, SJ: Camminare insieme. Psicologia pastorale, S. 84.

[530] Vgl. David L. Fleming, SJ: Models of Spiritual Direction, S. 107 f.

[531] Kongregation für den Klerus: Das Geschenk der Berufung zum Priestertum. Ratio Fundamentalis Institutionis Sacerdotalis. Verlautbarungen des Apostolischen Stuhls Nr. 209, hrsg. vom Sekretariat der Deutschen Bischofskonferenz, Bonn 2017.

[532] Ebd., Nr. 52.

gelebte väterliche Vorbild aller Ausbilder, den Spiritual in ganz besonderer Weise mit eingeschlossen, werden die Priesteramtskandidaten lernen, ihren künftigen Gemeinden in wahrhaftiger geistlicher Vaterschaft[533] zu dienen.[534]

Mit diesem Unterkapitel ist die Darstellung des juridisch-dogmatischen Modells abgeschlossen, und damit auch die des letzten Hauptmodells der katholischen Tradition. Es folgt nun eine Zusammenfassung der Ergebnisse dieser Arbeit.

---

[533] Ebd., Nr. 50-52.

[534] Wobei selbstverständlich auch nach der neuen Ratio Fundamentalis eine Ausbildung der Seminaristen in Geistlicher Begleitung auf gar keinen Fall fehlen darf:

> *„In diesem Umfeld ist mit Blick auf die Seelsorge der Gläubigen auch die Ausbildung in der Unterscheidung der Geister und in der geistlichen Leitung als unerlässlicher Bestandteil des priesterlichen Dienstes zu berücksichtigen."*

Ebd., Nr. 178.

5. Resümee und Ausblick

Ziel dieser Arbeit war es, ein wenig Licht in das Dickicht zu bringen, welches in den vergangenen 30 Jahren rund um den Bereich der Geistlichen Begleitung gewachsen ist: Immer neue Modelle tauchen in der einschlägigen Literatur auf und wollen für den Einsatz in der praktischen Seelsorge ernsthaft in Betracht gezogen werden. Nach welchen Kriterien aber soll unter diesen zahlreichen, teilweise sehr unterschiedlichen Modellen ausgewählt werden? Welche taugen tatsächlich für den Praxiseinsatz, welche sind eher nutzlos bzw. irreleitend, und welche vielleicht sogar schädlich in Hinblick auf das seelische Wohl von Menschen, die sich eine Geistliche Begleitung wünschen? An dieser Stelle wird deutlich, dass bei der Fragestellung dieser Arbeit durchaus kein akademisches Gedankenspiel im Vordergrund stand, sondern die ernsthaften Anliegen eines angehenden Seelsorgers.

Angesichts dieser Ausgangslage bot es sich an, beim Lehramt der Kirche um Orientierung nachzusuchen. Hierbei wurde der Blick gezielt auf das II. Vatikanische Konzil gerichtet, und zwar nicht nur wegen des normativen Charakters seiner Dokumente, sondern auch wegen der starken Impulse, die von ihm für eine Erneuerung der Theologie und des kirchlichen Lebens ausgegangen sind. Die Vermutung lag nahe, dass diese Impulse auch für die Renaissance der Geistlichen Begleitung in der Nachkonzilsphase verantwortlich waren, und zwar bis hin zu jener Boom-Entwicklung, die man heute über alle Konfessionsgrenzen hinweg beobachten kann.

Die Frage war nun, worin genau der ausschlaggebende Impuls bestand. Damit brach eine gründliche Suche an, die sich über alle relevanten Konzilsdokumente erstreckte, d.h. die vier unter Punkt 3.1 besprochenen Dekrete. Doch beschränkte sich diese Suche nicht nur auf die Dekrete des II. Vatikanischen Konzils, sondern auch auf die beiden normativen lehramtlichen Dokumente, die mit einiger Verzögerung auf das Konzil folgten und die das Glaubensleben der Kirche in der Nachkonzilsphase neu regeln sollten. Die Rede ist hier vom KKK in dogmatischer und vom CIC in kirchenrechtlicher Hinsicht. Die Hypothese war, dass solch ein starker Impuls nur von detaillierten Definitionen, Zielsetzungen und Weisungen des kirchlichen Lehramts für die Theorie und Praxis der Geistlichen Be-

gleitung ausgegangen sein konnte. Diese hätten dann als Maßstab herangezogen werden können, um einige passende Modelle Geistlicher Begleitung aus der Gesamtmenge auszuwählen und in Hinblick auf die Lehre
und Praxis der Kirche zu präsentieren und zu diskutieren.

Ein Moment der Verwunderung stellte sich beim Verfasser ein, als
alle relevanten normativen Dokumente des kirchlichen Lehramts gründlich gesichtet und ausgewertet waren. In Hinblick auf eine Systematik der
Geistlichen Begleitung, auf die der Fragenkatalog aus Punkt 2.3.3 hätte
angewandt werden können, fanden sich in den Lehrentscheidungen der
Kirche nur sehr wenige inhaltliche Aussagen. Im Prinzip lässt sich die
Lehre des II. Vatikanischen Konzils in Hinblick auf die Geistliche Begleitung in wenigen Sätzen zusammenfassen. Ähnliches gilt für den KKK
und den CIC.

Das Konzil befindet, dass Geistliche Begleitung von größtem Wert für
alle Christen ist, ohne jedoch genau zu sagen, was mit Geistlicher Begleitung eigentlich gemeint ist. Hier setzt das Konzil schlichtweg ein gewis-
ses Hintergrundwissen voraus. Zur Zeit des II. Vatikanischen Konzils
fand Geistliche Begleitung fast ausschließlich in der Form der Seelenfüh-
rungs- bzw. Andachtsbeichte statt. Dieses Modell scheinen die Konzilsväter vorauszusetzen bzw. im Sinn zu haben, wenn sie von geistlicher
Leitung, geistlicher Führung, Seelenführung, Gewissensleitung etc. sprechen. Erst aus diesem Zusammenhang heraus wird plausibel, warum die
Konzilsväter geradezu automatisch an einen Priester denken, wenn sie
von einem Geistlichen Begleiter sprechen. Allein ein geweihter Amtsträger kann wirksam in persona Christi die Sünden vergeben, und zwar im
Rahmen eines Beichtgesprächs. Kirchlichen Laien und nicht-geweihten
Ordensleuten wird die Geistliche Begleitung ebenfalls dringend nahegelegt, allerdings sollen sie sich zu diesem Zweck an ihre Priester vor Ort
wenden. Für einen Dienst als Geistliche Begleiter werden sie in den Konzilsdokumenten gar nicht erst in Betracht gezogen, auch, wenn sie hiervon nicht ausdrücklich ausgeschlossen werden. Aber die interne Logik
der Dokumente legt nahe, dass sie sich für diesen Dienst aufgrund feh-
lender sakramentaler Vollmachten von vornherein nicht eignen.

Der Weltkatechismus zeigt sich in dieser Hinsicht ambivalent. Er kann
das Zeugnis der Schrift hinsichtlich der Charismenlehre des hl. Paulus

sowie die Wüstenväter- und *Wüstenmütter*-Tradition der Alten Kirche nicht ignorieren, zeigt aber dennoch eine Tendenz hin zur Seelenführungs- bzw. Andachtsbeichte und damit zu Geistlichen Begleitern im Priesterstand. Die Jahrhunderte währende und lehramtlich geförderte Praxis des sakramentalen Modells mag auch der KKK nicht ohne Weiteres ablegen.

Im CIC ist die Situation wieder recht eindeutig: Er interessiert sich in erster Linie für das juridisch-dogmatische Modell, das er im Sinne von OT bzw. PO regulieren will. Reflexionen zum Wesen bzw. zur Methodik der Geistlichen Begleitung waren hier von vornherein nicht zu erwarten, wobei sich in kirchenrechtlicher Hinsicht doch relativ viel zur Geistlichen Begleitung sagen lässt, wie sich unter Punkt 3.3 dieser Arbeit gezeigt hat.

Spätestens an dieser Stelle war die Auswahl der zu untersuchenden Modelle bereits zu drei Vierteln durch das kirchliche Lehramt bzw. durch den kirchlichen Gesetzgeber vorgegeben. Diese sind in der Reihenfolge ihres historischen Aufkommens das charismatische, das sakramentale und das juridisch-dogmatische Modell. Sie sind für ein Verständnis der kirchlichen Lehre und Praxis der Geistlichen Begleitung schlichtweg unerlässlich. Allerdings bedurften diese drei Modelle in methodischer Hinsicht einiger wichtiger Ergänzungen, da sie mit Blick auf den seelsorgerischen Praxiseinsatz eine Reihe von Defiziten aufweisen. Hier bot sich geradezu ideal das Emmaus-Modell an, und zwar aus zwei Gründen: Es ist zum einen tief in der Heiligen Schrift verwurzelt und nimmt sich Christus selbst zum Vorbild aller Geistlichen Begleitung. Und zum anderen wird es in hervorragender Weise durch Lamberts Ergänzungen aus der ignatianischen Tradition vervollständigt. Denn eine Abhandlung zu Modellen Geistlicher Begleitung, die versucht, gänzlich ohne Bezug zu den elementaren Beiträgen der ignatianischen Spiritualität zu ihrer Fortentwicklung bzw. zu ihrem großen Erfolg in der lateinischen Kirche auszukommen, kann nur als unvollständig angesehen werden.

Von größtem Interesse war für den Verfasser die Einsicht, dass das II. Vatikanische Konzil nicht etwa durch bewusste lehramtliche Interventionen und aktive Förderung zur Wiederbelebung der seinerzeit darniederliegenden Geistlichen Begleitung beigetragen hat, sondern womöglich eher durch einen gänzlich unbeabsichtigten spirituellen „Butterfly

Effect", sofern der deutsche Jesuit Michael Schneider mit seinen Vermutungen richtig liegt, wie sie unter Punkt 4.2.1.4 dieser Arbeit wiedergegeben worden sind. Dadurch, dass die Konzilsväter das Bußsakrament in seinem ursprünglichen Charakter wiederherstellen wollten und daher eine Ritenreform angemahnt hatten, hat sich nach vielen Jahrhunderten die enge Synthese der Rekonziliationsbeichte mit der väterlichen Seelenführung aufgelöst. Als Folge dieser „Entkoppelung" hat die Beichtpraxis in der Westkirche in kürzester Zeit einen rapiden Niedergang erlitten, während die Geistliche Begleitung im selben Zeitraum einen schier unglaublichen Aufstieg erfahren durfte.

Und noch etwas haben die Konzilsväter mit ihrem in dieser Schwere bzw. mit diesen weitreichenden Folgen offenbar unbeabsichtigten Angriff auf das sakramentale Modell erreicht, nämlich die unumkehrbare Wiederherstellung des vom kirchlichen Lehramt so wenig geliebten charismatischen Modells bis zu dem Punkt, dass es sich gegenwärtig zum neuen Standardmodell der Geistlichen Begleitung entwickelt. Ein Blick auf die laufenden Veröffentlichungen zur Geistlichen Begleitung sowie die rapide voranschreitende Professionalisierung der Geistlichen Begleitung lässt kaum einen anderen Schluss zu, als dass dieser Prozess in vollem Gange ist.

Um die Ironie der Geschichte an dieser Stelle noch einmal zu verdeutlichen: Ohne weiter hierauf zu reflektieren, haben die Konzilsväter in ihren Dekreten die Andachts- bzw. Seelenführungsbeichte als Hauptmodell für die Geistliche Begleitung wortlos als gegeben vorausgesetzt. Gerade der von ihnen favorisierten Andachtsbeichte aber haben die Konzilsväter durch die Liturgiereform das Fundament (bzw. den „Sitz") im Leben der Kirche entzogen. Und nicht nur das, sie haben damit auch noch völlig ungewollt einer ungeliebten Form der Geistlichen Begleitung zu einem neuen Aufstieg verholfen.

Es erschließt sich geradezu von selbst, dass mit dieser Studie das Thema der Modelle Geistlicher Begleitung nicht abgeschlossen, sondern vielmehr gerade erst eröffnet wurde. Diese Studie musste sich aus methodischen und Raumgründen auf vier Grundmodelle aus der Tradition und Praxis der Kirche beschränken. Nimmt man die Definitionen aus Punkt 2.1 hinzu, könnte man sogar von einem fünften Modell, einem „generischen" bzw. „Basis-Modell" Geistlicher Begleitung für diese Arbeit ausgehen.

Die Liste von Modellen, die dieser Lizentiatsarbeit noch hätten hinzugefügt werden können, ist lang und würde die Arbeit um einige historische, aber auch praktisch-theologische Aspekt erweitern. In Frage hierfür kämen zunächst:

- Das Modell der benediktinischen Gastfreundschaft.[535]

- Das Modell der Dritten Orden.[536]

Diese beiden Modelltypen haben ihren Ursprung in der monastischen Tradition.[537] Später wurden sie von den sogenannten Bettelorden, wie z.b. den Franziskanern, den Dominikanern oder den Karmeliten, übernommen und an ihr jeweiliges Ordenscharisma angepasst. Man könnte bei diesen Modellen von „klösterlich-apostolischen Modellen" sprechen, da sich in ihnen diese beiden Wesenszüge des Ordenslebens fruchtbringender Weise miteinander verbinden. Durch diese Synergismen können sie von den Angehörigen (bzw. Professen) der jeweiligen Ordensgemeinschaften für das geistliche Leben und nicht zuletzt die Geistliche Begleitung von Menschen, die normalerweise außerhalb von Kloster-

---

[535] Siehe hierzu Máire Hickey, OSB: „Willst du wahres und unvergängliches Leben...?" (Regula Benedicti, Prolog 17). Geistliche Begleitung als Angebot benediktinischer Gastfreundschaft. In: Sekretariat der Deutschen Bischofskonferenz (Hg.): „Da kam Jesus hinzu..." (Lk 24,15). Handreichung für geistliche Begleitung auf dem Glaubensweg. Arbeitshilfen Nr. 158, Bonn 2001, S. 107-110.

[536] Für einen Kurzüberblick siehe: Leonhard Lehmann, OFMCap: Artikel „Terziaren, Terziarinnen". In: Walter Kasper (Hg.): Lexikon für Theologie und Kirche, 3. Aufl., Band 9, Freiburg i.Br. 2000, Sp. 1349-1352. Vgl. zum Folgenden ebd.

[537] Dies kann man im Fall der Dritten Orden recht deutlich am Beispiel der sogenannten „Benediktineroblaten" erkennen. Siehe hierzu u.a. Hermine Koller: Drittgeborene Kinder Benedikts. Geschichte und Gegenwart der Benediktineroblaten, St. Ottilien 2009.

mauern in der sogenannten „Welt" leben und arbeiten, nutzbar gemacht werden.[538]

Auch die folgenden, miteinander eng verwandten Modelle bieten aufgrund ihrer Wirkungsgeschichte, aber auch wegen ihrer anhaltenden Bedeutung für die Theorie und Praxis der Geistlichen Begleitung reichlich Material für die theologische bzw. pastoralpsychologische Forschung:

- Die diversen Modelle der ignatianischen Tradition.[539]

Sie gehen auf die Spiritualität der Gesellschaft Jesu bzw. ihres Ordensgründers Ignatius von Loyola zurück (der seinerseits tief aus der monastischen Tradition geschöpft hat)[540] und können aufgrund ihres gemeinsamen Ursprungs ebenfalls in eine eigene Kategorie zusammengefasst werden.

Einige der neueren Modelle Geistlicher Begleitung lassen sich unterschiedlichen Kategorien zuordnen, scheinen jedoch, zumindest auf den ersten Blick, recht oft Variationen älterer bzw. in dieser Arbeit bereits erforschter Modelle zu sein. Als Beispiele für solche neueren bzw. wiederbelebten Modelle aus früheren Epochen der Spiritualitätsgeschichte lassen sich die Nachfolgenden nennen:

- Das Modell des Marktplatzes.[541]

---

[538] Ein sehr eindrucksvolles Beispiel für die Anwendung und Wirkung des Modells der benediktinischen Gastfreundschaft bietet die BBC-Dokumentation mit dem Titel „The Monastery" (Produktionsjahr 2004, 4 Episoden). Zu den Details bzw. für weitergehende Informationen zu dieser Doku-Serie siehe die entsprechende Pressemitteilung der BBC: http://www.bbc.co.uk/pressoffice/pressreleases/stories/2005/04_april/22/monastery.shtml (aufgerufen am 28.06.2020)

[539] Siehe Klemens Schaupp: Gott im Leben entdecken. Einführung in die Geistliche Begleitung, Würzburg ²2011. Siehe auch Josef Sudbrack, SJ: Geistliche Führung, Freiburg i.Br. 1981. Sowie William A. Barry, SJ; William J. Connolly, SJ: The Practice of Spiritual Direction, New York (NY), USA ²2009.

[540] Siehe hierzu Javier Melloni: The Exercises of St Ignatius of Loyola in the Western Tradition. Inigo Texts Series: 5, Gloucester 2000.

[541] Siehe Thomas H. Green, SJ: Darkness in the Marketplace. The Christian at Prayer in the World, Notre Dame (IN), USA 1981.

- Das Modell der Reise.[542]

- Das Modell der Erscheinung („Epiphany").[543]

- Das interpersonelle Modell („anam cara").[544]

- Geistliche Begleitung im Alter.[545]

Beim interpersonellen Modell des „anam cara" (irisch für „Seelen-freund") klingt das charismatische Modell an, insbesondere in der Tradition der irischen Einsiedlermönche und Wanderasketen, die ihrerseits von den ägyptischen Wüstenvätern beeinflusst bzw. inspiriert worden sind. Das Modell der Reise hingegen erinnert an das Emmaus-Modell, welches sich Christus selbst zum Vorbild nimmt, der sich als Wegbegleiter für einen gewissen Abschnitt der Reise seiner Jünger zur Verfügung gestellt hat. Eine eingehendere Untersuchung zur Verhältnisbestimmung von neueren und klassischen Modellen Geistlicher Begleitung wäre sicherlich wünschenswert.

Die Liste der soeben aufgeführten Modelle ließe sich noch weiter fortsetzen[546], und die große Nachfrage der Gegenwart nach spiritueller Führung und Beratung lässt erwarten, dass auch in Zukunft weitere Modelle Geistlicher Begleitung entwickelt bzw. im reichen Schatz der kirchlichen Tradition wiederentdeckt, erneuert und an die Erfordernisse unserer Zeit angepasst werden. Es lohnt sich also, in den kommenden Jahren den Markt der verschiedenen spirituellen Angebote sowie die einschlägigen Veröffentlichungen zu diesem Thema im Blick zu behalten.

---

[542] Siehe John P. Gorsuch: An Invitation to the Spiritual Journey, Mahwah (NJ), USA 1990.

[543] Siehe Adrian van Kaam: The Music of Eternity. Everyday Sounds of Fidelity, Notre Dame (IN), USA 1990.

[544] Siehe David G. Benner: Sacred Companions, Downers Grove (IL), USA 2002.

[545] Siehe Anselm Grün, OSB: Geistliche Begleitung im Alter. Übungen und Rituale, Freiburg i.Br. 2018.

[546] Für weitere Modelle siehe David L. Fleming, SJ: Models of Spiritual Direction, S. 106-112. Siehe auch Sue Pickering: Spiritual Direction, S. 24-27.

6. Literaturverzeichnis

Quellentexte:

IGNATIUS VON LOYOLA: Die Exerzitien. Übertragen von BALTHA-SAR, Hans Urs von; Freiburg i.Br. [15]2016.

DERS.: Bericht eines Pilgers. Übersetzt und kommentiert von KNAUER, Peter; Würzburg 2015.

Verlautbarungen und Dokumente des Kirchlichen Lehramts:

PAPST JOHANNES PAUL II. (hl.): Nachsynodales Apostolisches Schreiben PASTORES DABO VOBIS an die Bischöfe, Priester und Gläubigen über die Priesterausbildung im Kontext der Gegenwart. Mit einem Vorwort von LEHMANN, Karl; Würzburg 1992.

IRISH BISHOPS' CONFERENCE: Programme for the Formation of Priests in Irish Seminaries, Dublin 2006.

DIES.: College Rule of the Pontifical Irish College. (Undatiert und unveröffentlicht.)

KONGREGATION FÜR DEN KLERUS: Das Geschenk der Berufung zum Priestertum. Ratio Fundamentalis Institutionis Sacerdotalis. Verlautbarungen des Apostolischen Stuhls Nr. 209, hrsg, vom SEKRETARIAT DER DEUTSCHEN BISCHOFSKONFERENZ, Bonn 2017.

SEKRETARIAT DER DEUTSCHEN BISCHOFSKONFERENZ (Hg.): Rahmenordnung für die Priesterbildung, Bonn 2003.

UNITED STATES CONFERENCE OF CATHOLIC BISHOPS (USCCB; Hg.): Program of Priestly Formation, 5th Edition, Washington, D.C., USA 2006.

180

Sekundärliteratur:

AUMANN Jordan: Christian Spirituality in the Catholic Tradition, San Francisco (CA), USA 2001 ([1]1985).

BARRY, William A.; CONNOLLY, William J.: The Practice of Spiritual Direction, New York (NY), USA [2]2009.

BAUMGARTNER, Isidor: Pastoralpsychologie. Einführung in die Praxis heilender Seelsorge, Düsseldorf [2]1997.

BEAL, John P.; CORIDEN, James A.; GREEN, Thomas J. (Hgg.): New Commentary on the Code of Canon Law, Mahwah (NJ), USA 2000.

BENNER, David G.: Sacred Companions, Downers Grove (IL), USA 2002.

BIRMINGHAM, Madeline; CONNOLLY, William J.: Witnessing to the Fire. Spiritual Direction and the Development of Directors, Kansas City (MO), USA 1994.

BLYTHE, Teresa: Spiritual Direction 101. The Basics of Spiritual Guidance, Berkeley (CA), USA 2018.

BUMPUS, Mary R.; BRADBURN LANGER, Rebecca (Hgg.): Supervision of Spiritual Directors. Engaging in Holy Mystery, Harrisburg (PA); New York (NY), USA 2005.

BURBACH, Christiane (Hg.): Handbuch Personzentrierte Seelsorge und Beratung, Göttingen 2019.

BURKE, Daniel; BARTUNEK, John: Navigating the Interior Life. Spiritual Direction and the Journey to God, Steubenville (OH), USA 2012.

CAPUZZI, David; STAUFFER, Mark D. (Hgg.): Counseling and Psychotherapy. Theories and Interventions. American Counseling Association (ACA), Alexandria (VA), USA [6]2016.

DIES.; GROSS, Douglas R.: The Helping Relationship. From Core Dimensions to Brief and Integrative Possibilities. In CAPUZZI, David; STAUFFER, Mark D. (Hgg.): Counseling and Psychotherapy. Theories and Interventions. American Counseling Association (ACA), Alexandria (VA), USA [6]2016.

COSTELLO, Timothy: Forming a Priestly Identity. Anthropology of Priestly Formation in the Documents of the VIII Synod of Bishops and the Apostolic Exhortation Pastores Dabo Vobis, PUG Rom 2002.

D'ALMEIDA, M. E.: Initial Formation. Psychological and Spiritual Factors Relevant to Vocational Growth, unveröffentlichte Dissertation, PUG Rom 1991.

DAMMERTZ, Viktor J.: Vorwort. In: SEKRETARIAT DER DEUTSCHE BISCHOFSKONFERENZ (Hg.): „Da kam Jesus hinzu…" (Lk 24,15). Handreichung für geistliche Begleitung auf dem Glaubensweg. Arbeitshilfen Nr. 158, Bonn 2001.

DEMACOPOULOS, George E.: Five Models of Spiritual Direction in the Early Church, Notre Dame (IN), USA [3]2011.

DEMEL, Sabine; PFLEGER, Michael (Hgg.): Sakrament der Barmherzigkeit. Welche Chance hat die Beichte?, Freiburg i.Br. 2017.

DÖRTELMANN, Maria M.: „Die Predigt zum Heil der Menschen". Dominikanische Spiritualität. In: Sekretariat der Deutschen Bischofskonferenz (Hg.): „Da kam Jesus hinzu…" (Lk 24,15). Handreichung für geistliche Begleitung auf dem Glaubensweg. Arbeitshilfen Nr. 158, Bonn 2001, S. 111-116.

DRESCHER, Frank: Die Theologie der Unterscheidung. Zur Begriffsbildung im Neuen Testament und bei Ignatius von Loyola, München 2019.

DUFNER, Meinrad; LOUF, André: Geistliche Begleitung im Alltag, Münsterschwarzacher Kleinschriften Band 26, Münsterschwarzach 2006

FALL, Kevin A.; HOLDEN, Janice Miner und MARQUIS, Andre: Theoretical Models of Counseling and Psychotherapy. London; New York, USA ³2017.

FRATTALLONE, Raimondo: La direzione spirituale oggi. Una proposta di ricomprensione, Turin 1996.

DERS.: Direzione spirituale. Un cammino verso la pienezza della vita in Cristo, Rom 2006.

GONZÁLEZ MAGAÑA, J. Emilio, unter Mitarbeit von UKA, Anton: La Direzione Spirituale. Breve percorso storico. Unveröffentlichtes Manuskript zum internen Gebrauch der Studierenden, PUG, Istituto di Spiritualità, Wintersemester 2017.

DERS.: Corso ARP202 „La Direzione Spirituale", Guida di studio No. 3, PU Gregoriana, Rom, Wintersemester 2017/2018. Unveröffentlichtes Handout zum internen Gebrauch der Studierenden.

DERS.: Pratica della Direzione Spirituale e le Tecniche della Consulenza Pastorale. Verlaufsplan zum Seminar AS2008 im Sommersemester 2018, PU Gregoriana, Rom. Unveröffentlichtes Manuskript zum internen Gebrauch der Studierenden.

GORSUCH, John P.: An Invitation to the Spiritual Journey, Mahwah (NJ), USA 1990.

GREEN, Thomas H.: Darkness in the Marketplace. The Christian at Prayer in the World, Notre Dame (IN), USA 1981.

GRÜN, Anselm: Der Umgang mit dem Bösen. Der Dämonenkampf im alten Mönchtum, Münsterschwarzach 1979 (¹⁰2000).

DERS.: Geistliche Begleitung bei den Wüstenvätern, Münsterschwarzach ³1996.

DERS.: Geistliche Begleitung im Alter. Übungen und Rituale, Freiburg i.Br. 2018.

HAERING, Stephan B.: Kirchenrechtliche Aspekte der Geistlichen Begleitung. In: SEKRETARIAT DER DEUTSCHE BISCHOFSKONFERENZ (Hg.): „Da kam Jesus hinzu..." (Lk 24,15). Handreichung für geistliche Begleitung auf dem Glaubensweg. Arbeitshilfen Nr. 158, Bonn 2001, S. 36-46.

DERS.; REES, Wilhelm; SCHMITZ, Heribert (Hgg.): Handbuch des katholischen Kirchenrechts (HdbKathKR³), Regensburg ³2015.

HALLIGAN, Nicholas: Sacraments of Reconciliation, Vol. II: Penance, Anointing of the Sick, State Island (NY), 1972.

HELL, Daniel: Die Sprache der Seele verstehen. Die Weisheit der Wüstenväter, Freiburg i.Br. 2007 (TB.-Ausgabe 2019).

HICKEY, Máire: „Willst du wahres und unvergängliches Leben...?" (Regula Benedicti, Prolog 17). Geistliche Begleitung als Angebot benediktinischer Gastfreundschaft. In: SEKRETARIAT DER DEUTSCHEN BISCHOFSKONFERENZ (Hg.): „Da kam Jesus hinzu..." (Lk 24,15). Handreichung für geistliche Begleitung auf dem Glaubensweg. Arbeitshilfen Nr. 158, Bonn 2001, S. 107-110.

HILLENBRAND, Karl: Erläuterungen. In: Papst JOHANNES PAUL II. (hl.): Nachsynodales Apostolisches Schreiben „Pastores dabo vobis" an die Bischöfe, Priester und Gläubigen über die Priesterbildung im Kontext der Gegenwart. Mit einem Vorwort von LEHMANN, Karl und Erläuterungen von HILLENBRAND, Karl, Würzburg 1992, S. 192-216.

KAAM van, Adrian: The Music of Eternity. Everyday Sounds of Fidelity, Notre Dame (IN), USA 1990.

KELLMEYER, Steve: Sex and the Sacred City, Plano (TX), USA ³2010.

KIEßLING, Klaus: „Unmittelbar den Schöpfer mit dem Geschöpf wirken lassen" – Personzentrierte Geistliche Begleitung. In BURBACH, Christiane (Hg.): Handbuch Personzentrierte Seelsorge und Beratung, Göttingen 2019, S. 392-402.

KIPFMUELLER, Mark K.: Pastoral Counseling Handbook. For Pastors, Deacons and Spiritual Advisors, erschienen im Eigenverlag 2014 (Amazon Digital Services LLC).

KOLLER, Hermine: Drittgeborene Kinder Benedikts. Geschichte und Gegenwart der Benediktineroblaten, St. Ottilien 2009.

KÖSTER, Peter: Geistliche Begleitung. Eine Orientierung für die Praxis, Sankt Ottilien [4]2018.

LAMBERT, Willi: Geistliche Begleitung auf dem Glaubensweg. „Was sind das für Dinge, über die ihr auf eurem Weg miteinander redet?" Lk 24,17. In: SEKRETARIAT DER DEUTSCHEN BISCHOFSKONFE-RENZ (Hg.): „Da kam Jesus hinzu..." (Lk 24,15). Handreichung für geistliche Begleitung auf dem Glaubensweg. Arbeitshilfen Nr. 158, Bonn 2001, S. 10-24.

> DERS.: „Wie eine Waage in der Mitte". Ignatianische Perspektiven für geistliche Begleitung. In: SEKRETARIAT DER DEUTSCHEN BISCHOFSKONFERENZ (Hg.): „Da kam Jesus hinzu..." (Lk 24,15). Handreichung für geistliche Begleitung auf dem Glaubensweg. Arbeitshilfen Nr. 158, Bonn 2001, S. 126-131.

LAPLACE, Jean: Preparing for Spritiual Direction. Übersetzt von GUINNESS, John C., Chicago (IL), USA 1975 ([29]1988).

MABRY, John R.: Starting Spiritual Direction. A Guide to Getting Ready, Feeling Safe, and Getting the Most Out of Your Sessions, Berkeley (CA), USA 2017.

MELLONI, Javier: The Exercises of St Ignatius of Loyola in the Western Tradition. Inigo Texts Series: 5, Gloucester 2000.

MERTES, Klaus: Macht- und Ohnmachtsstrukturen im Bußsakrament. In: DEMEL, Sabine; PFLEGER, Michael (Hgg.): Sakrament der Barmherzigkeit. Welche Chance hat die Beichte?, Freiburg i.Br. 2017, S. 497-507.

MONTINI, Giovanni B.: Hirtenschreiben „Vom Sinn der Moral", Mailand 1961.

PICKERING, Sue: Spiritual Direction. A Practical Introduction, Norwich, UK [5]2017.

PLATTIG, Michael: „Sag mir ein Wort, wie ich gerettet werden kann" – Ursprung und Entwicklung geistlicher Begleitung – eine „Grobskizze". In: SEKRETARIAT DER DEUTSCHEN BISCHOFSKONFERENZ (Hg.): „Da kam Jesus hinzu..." (Lk 24,15). Handreichung für geistliche Begleitung auf dem Glaubensweg. Arbeitshilfen Nr. 158, Bonn 2001, S. 25-35.

PLATOVNJAK, Ivan: La direzione spirituale oggi. Lo sviluppo della sua dottrina dal Vaticano II a Vita Consecrata (1962-1996), Rom 2001.

RAHNER, Karl; VORGRIMLER, Herbert: Kleines Konzilskompendium. Sämtliche Texte des Zweiten Vatikanischen Konzils, Freiburg i.Br. 1966 ([35]2008).

  DERS.: Vom Sinn der häufigen Andachtsbeichte. Schriften zur Theologie, Band 3, Einsiedeln, Zürich, Köln 1934 ([2]1957), S. 211-225.

SAUTERMEISTER, Jochen; SKUBAN, Tobias (Hgg.): Handbuch psychiatrisches Wissen für die Seelsorge, Freiburg i.Br. 2018.

SCHAUPP, Klemens: Gott im Leben entdecken. Einführung in die Geistliche Begleitung, Würzburg [2]2011.

SCHLEGEL, Helmut: Geistliche Begleitung in franziskanischer Spiritualität und Praxis. In: SEKRETARIAT DER DEUTSCHEN BISCHOFS-KONFERENZ (Hg.): „Da kam Jesus hinzu..." (Lk 24,15). Handreichung für geistliche Begleitung auf dem Glaubensweg. Arbeitshilfen Nr. 158, Bonn 2001, S. 117-121.

SCHMITT, Veronika E.: „Zur innersten Mitte gelangen". Karmelitanische Spiritualität. In: SEKRETARIAT DER DEUTSCHEN BI-SCHOFSKONFERENZ (Hg.): „Da kam Jesus hinzu..." (Lk 24,15).

Handreichung für geistliche Begleitung auf dem Glaubensweg. Arbeits-hilfen Nr. 158, Bonn 2001, S. 122-126.

SCHNEIDER, Michael: Das Sakrament der Versöhnung. Köln ²2002.

SEKRETARIAT DER DEUTSCHEN BISCHOFSKONFERENZ (Hg.): „Da kam Jesus hinzu..." (Lk 24,15). Handreichung für geistliche Beglei-tung auf dem Glaubensweg. Arbeitshilfen Nr. 158, Bonn 2001.

SUDBRACK, Josef: Geistliche Führung, Freiburg i.br. 1981.

SZENTMÁRTONI, Mihály: Camminare insieme. Psicologia pastorale. Cinisello Balsamo (Mi) 2001.

DERS.: Psicopatologia e vita spirituale, PU Gregoriana, Rom 2018; unveröffentlichtes Manuskript zum internen Gebrauch der Studie-renden.

WEST, Christopher: Theology of the Body Explained. A Commentary on John Paul II's "Gospel of the Body". Boston (MA), USA ²2003.

Zeitschriften:

FLEMING, David L.: Models of Spiritual Direction. In ders. (Hg.): The Christian Ministry of Spiritual Direction. Review for Religious. The Best of the Review, Vol. 3 (Sammelband), St. Louis (MO), USA 1988, S. 106-112.

DERS. (Hg.): The Christian Ministry of Spiritual Direction. Review for Religious. The Best of the Review, Vol. 3 (Sammelband), St. Louis (MO), USA 1988.

GEROMEL, Eugene: Depth Psychotherapy and Spiritual Direction. In FLEMING, David L.: The Christian Ministry of Spiritual Direction. Re-view for Religious. The Best of the Review, Vol. 3 (Sammelband), St. Louis (MO), USA 1988, S. 148-158.

MÜLLER, Philipp: Geistliche Begleitung und sakramentale Beichte. Eine theologisch-praktische Verhältnisbestimmung. In: Geist und Leben (GuL), Ausgabe 81/4, 2008, S. 241-252.

REARDON, Myles: Priesthood and the Second Dimension. In Colloque. Journal of the Irish Province of the Congregation of the Mission, Ausgabe Nr. 51, Frühjahr 2005.

REPICKY, Robert A.: Jungian Typology and Christian Spirituality. In FLEMING, David L.: The Christian Ministry of Spiritual Direction. Review for Religious. The Best of the Review, Vol. 3 (Sammelband), St. Louis (MO), USA 1988, S. 165-178.

SHEETS, John R.: Spiritual Direction in the Church. In FLEMING, David L. (Hg.): The Christian Ministry of Spiritual Direction. Review for Religious. The Best of the Review, Vol. 3 (Sammelband), St. Louis (MO), USA 1988, S. 54-71.

TARNAWSKI, Piotr: La direzione spirituale nell'insegnamento e nella prassi della Chiesa, così come nella formazione al sacerdozio. In: Resovia Sacra. Studia Teologiczno-Filozoficzne Diecezji Rzeszowskiej, Ausgabe Nr. 16, 2009, S. 115-134.

WINIFRED, Mary (eigentlich: SHEPHERD, Emily): Imaging Spiritual Direction. In: Review for Religious, Ausgabe Nr. 54/1995, St. Louis (MO), USA, S. 531-534.

Nachschlagewerke/Lexikonartikel:

BAUMGARTNER, Isidor: Artikel „Pastoral Counseling". In DERS.; SCHEUCHENPFLUG, Peter (Hgg.): Lexikon der Pastoral. Auf der Grundlage des Lexikon für Theologie und Kirche (LThK), 3. Aufl., Freiburg i.Br. 2002, Sp. 1264 f.

DERS.: Artikel „Heilende Seelsorge". In DERS.; SCHEUCHENPFLUG, Peter (Hgg.): Lexikon der Pastoral, Sp. 699 f.

188

BIEMER, Günter: Artikel „Katechese". In BAUMGARTNER, Isidor; SCHEUCHENPFLUG, Peter (Hgg.): Lexikon der Pastoral. Auf der Grundlage des Lexikon für Theologie und Kirche (LThK), 3. Aufl., Freiburg i.Br. 2002, Sp. 809-811.

FRÖHLICH, Werner D.: DTV Wörterbuch der Psychologie. Taschenbuch-Ausgabe, München 2010 (^{5}2017).

KASPER, Walter (Hg.): Lexikon für Theologie und Kirche, 3. Aufl., Band 1, Freiburg i.Br. 1993.

LEHMANN, Leonhard: Artikel „Terziaren, Terziarinnen". In Walter Kasper (Hg.): Lexikon für Theologie und Kirche, 3. Aufl., Band 9, Freiburg i.Br. 2000, Sp. 1349-1352.

MÜLLER, Wunibald: Artikel „Krisenintervention". In BAUMGARTNER, Isidor; SCHEUCHENPFLUG, Peter (Hgg.): Lexikon der Pastoral. Auf der Grundlage des Lexikon für Theologie und Kirche (LThK), 3. Aufl., Freiburg i.Br. 2002, Sp. 1014 f.

OBERNHUMER, Johannes: Artikel „Andachtsbeichte". In RAHNER, Karl; HÖFER, Josef (Hgg.): Lexikon für Theologie und Kirche, 2. Aufl., Band 1, Freiburg i.Br. 1957, Sp. 504.

RAHNER, Karl; HÖFER, Josef (Hgg.): Lexikon für Theologie und Kirche, 2. Aufl., Band 1, Freiburg i.Br. 1957.

SATTLER, Dorothea: Abschnitt 1 „Systematisch-theologisch" im Artikel „Beichte". In BAUMGARTNER, Isidor; SCHEUCHENPFLUG, Peter (Hgg.): Lexikon der Pastoral. Auf der Grundlage des Lexikon für Theologie und Kirche (LThK), 3. Aufl., Freiburg i.Br. 2002, Sp. 147-149.

SCHLOTTKE, Peter F.: Stichwort „Modell". In WIRTZ, Markus A. (Hg.): Dorsch – Lexikon der Psychologie. Bern ^{18}2014.

SCHNEIDER, Michael: Artikel „Andachtsbeichte". In: KASPER, Walter (Hg.): Lexikon für Theologie und Kirche, 3. Aufl., Band 1, Freiburg i.Br. 1993, Sp. 614 f.

WINDISCH, Hubert: Abschnitte b) „Beichtvater" und c) „Beichtgespräch" im Artikel „Beichte". In BAUMGARTNER, Isidor; SCHEUCHENPFLUG, Peter (Hgg.): Lexikon der Pastoral. Auf der Grundlage des Lexikon für Theologie und Kirche (LThK), 3. Aufl., Freiburg i.Br. 2002, Sp. 151-154.

WIRTZ, Markus A. (Hg.): Dorsch – Lexikon der Psychologie. Bern [18]2014.

Internet:

Quellentexte:

EINHEITSÜBERSETZUNG DER BIBEL, Katholisches Bibelwerk Stuttgart, 2016.

https://www.bibleserver.com/start
(aufgerufen am 06.08.2019)

Dokumente und Verlautbarungen des Kirchlichen Lehramts:

PAPST JOHANNES PAUL II. (hl.): Nachsynodales Apostolisches Schreiben CHRISTIFIDELES LAICI über die Berufung und Sendung der Laien in Kirche und Welt (1988).

http://w2.vatican.va/content/john-paul-ii/de/apost_exhortations/
documents/hf_jp-ii_exh_30121988_christifideles-laici.html
(aufgerufen am 07.08.2019)

KATECHISMUS DER KATHOLISCHEN KIRCHE, Libreria Editrice Vaticana, 2007.

http://www.vatican.va/archive/DEU0035/_INDEX.HTM
(aufgerufen am 06.08.2019)

190

KONGREGATION FÜR DAS KATHOLISCHE BILDUNGSWESEN:
Leitlinien für die Anwendung der Psychologie bei der Aufnahme und
Ausbildung von Priesterkandidaten.

http://www.vatican.va/roman_curia/congregations/ccatheduc/documents/r
c_con_ccatheduc_doc_20080628_orientamenti_ge.html
(aufgerufen am 14.08.2019)

KONGREGATION FÜR DEN KLERUS: Direktorium für Dienst und
Leben der Priester „Tota Ecclesia", Rom 1994.

http://www.vatican.va/roman_curia/congregations/cclergy/documents/rc_
con_cclergy_doc_31011994_directory_ge.html
(aufgerufen am 07.09.2019.)

ORDO PAENITENTIAE, Editio typica, Vatikanstadt 1974.

https://archive.org/details/OrdoPaenitentiae1974
(aufgerufen am 12.08.2019)

Sekundärquellen:

BBC 2: Pressemitteilung vom 22.04.2005: Monastery opens its doors to
BBC TWO.

http://www.bbc.co.uk/pressoffice/pressreleases/stories/2005/04_apr
il/22/monastery.shtml
(aufgerufen am 28.06.2020)

BLAUVELT, Sara: On the Road Again: The Emmaus Model of Accompaniment.

http://www.usccb.org/beliefs-and-teachings/who-we-teach/young-
adults/upload/blauvelt-road-again.pdf
(aufgerufen am 25.08.2019)

GARNER, Larry: The Emmaus Model of Discipleship.

http://storage.cloversites.com/mountcarmelbaptistchurch/documents/Mou
nt%20Carmel%20Discipleship-the%20Emmaus%20Model.pdf
(aufgerufen am 25.08.2019)

SCHNEIDER, Michael: Geistliche Begleitung im Lebensprozeß, Vortragsmanuskript vom Ersten Treffen der Eremitinnen und Eremiten in
Lindenberg bei St. Peter (Schwarzwald) am 26. und 27.09.2010.

https://patristisches-zentrum.de/texte/vortrag/2010_09_eremiten.pdf
(aufgerufen am 09.08.2019)

DERS.: Seelenführung und Beichte. Beitrag auf Radio Horeb vom
12.02.2015.

https://patristisches-zentrum.de/radio/radio_2015/radio_2015_02.pdf
(aufgerufen am 10.08.2019)

ST. PATRICK'S COLLEGE MAYNOOTH, National Seminary of Ireland: Human Formation Programme.

http://seminary.maynoothcollege.ie/formation/human/
(aufgerufen am 14.08.2019)

DASS.: Kalendarium. Academic Year 2017-2018.

https://maynoothcollege.ie/files/images/Kalendarium-Complete1.pdf
(aufgerufen am 07.09.2019)

192

WINIFRED, Mary: Biography

http://www.sistermarywinifred.com/
(aufgerufen am: 28.06.2020)

UNIVERSITY OF CANBERRA, Multi-Faith Centre: Pastoral Care:
What is it?

http://www.canberra.edu.au/current-students/canberra-students/student-
support/multi-faith-centre/pastoral-care/pastoral-worker
(aufgerufen am 13.08.2019)

Online-Nachschlagewerke:

WENNINGER, Gerd (Hg.): Spektrum Lexikon der Psychologie. Stichwort „Modell". Heidelberg 2000.

https://www.spektrum.de/lexikon/psychologie/modell/9869
(aufgerufen am 03.08.2019)

7. Abkürzungsverzeichnis

AA:	Apostolicam Actuositatem
ACA:	American Counseling Association
AE:	Amerikanisches Englisch
angl.:	anglikanisch
Am:	Amos
Art.:	Artikel
Aufl.:	Auflage
BBC:	British Broadcasting Corporation
Bd.:	Band
BE:	Britisches Englisch
bzgl.:	bezüglich
bzw.:	beziehungsweise
CA:	California
Can.:	Canon
cc.:	canones (Pl. von „Canon")
CHS:	Sisters of the Community of the Holy Spirit (angl.)
CIC:	Codex Iuris Canonici (Kodex des kanonischen Rechts)
CM:	Congregatio Missionis; Vinzentiner bzw. Lazaristen
D.C.:	District of Columbia
ders.:	derselbe
d.h.:	das heißt
dies.:	dieselbe(n)
DTV:	Deutscher Taschenbuch Verlag
ebd.:	ebenda
engl.:	englisch
Eph:	Epheserbrief
etc.:	et cetera
evtl.:	eventuell
f.:	folgende
F.D.:	Frank Drescher (bei Anmerkungen bzw. Einschüben in Zitaten)
ff.:	folgende (Pl.)
GuL:	Geist und Leben (Zeitschrift)
HdbKathKR:	Handbuch des katholischen Kirchenrechts
Hg.:	Herausgeber
Hgg.:	Herausgeber (Pl.)

hl.:	heilig
hrsg.:	herausgegeben
i.Br.:	im Breisgau
IL:	Illinois
IN:	Indiana
it.:	italienisch
Jak:	Jakobusbrief
Jes:	Jesaja
Jh.:	Jahrhundert
Joh:	Evangelium nach Johannes
KKK:	Katechismus der Katholischen Kirche
Kor:	Korintherbrief (1./2.)
LC:	Legionäre Christi
Lk:	Evangelium nach Lukas
LThK:	Lexikon für Theologie und Kirche
MA:	Massachusetts
Mi:	Milano (Provinz Mailand)
MO:	Missouri
Msgr.:	Monsignor(e) (engl./it.)
Mt:	Evangelium nach Matthäus
NJ:	New Jersey
No.:	Numero
Nr.:	Nummer
NY:	New York
OCarm:	Ordo Carmelitarum Calceatarum; Karmeliten
OCSO:	Ordo Cisterciensis strictioris observantiae; Trappisten
OFM:	Ordo Fratrum Minorum; Minoriten bzw. Franzikaner
OFMCap:	Ordo Fratrum Minorum Capucinorum; Kapuziner
OH:	Ohio
OP:	Ordo Praedicatorum; Predigerorden bzw. Dominikaner
OSB:	Ordo Sancti Benedicti; Benediktiner
OT:	Optatam Totius
PA:	Pennsylvania
PC:	Perfectae Caritatis
PDV:	Pastores Dabo Vobis
PFPIS:	Programme for the Formation of Priests in Irish Seminaries
Pl.:	Plural

PO:	Presbyterorum Ordinis
PU:	Pontificia Università (Päpstliche Universität)
PUG:	Pontificia Università Gregoriana
RL:	Richtlinien
Röm:	Römerbrief
S.:	Seite
SC:	Sacrosanctum Concilium
SDB:	Societas Sancti Francisci Salesii; Salesianer Don Bosco
SJ:	Societas Jesu; Gesellschaft Jesu bzw. Jesuiten
SM:	Societas Mariae; Gesellschaft Mariens
Sp.:	Spalte
Sr.:	Sister (Schwester)
St.:	Saint bzw. Sankt
TB.:	Taschenbuch
TX:	Texas
u.a.:	unter anderem; unter anderen; und andere
UK:	United Kingdom of Great Britain and Northern Ireland
USA:	United States of America
USCCB:	United States Conference of Catholic Bishops
u.s.w.:	und so weiter
u.v.a.:	und viele andere
VA:	Virginia
vgl.:	vergleiche
Vol.:	Volume
z.B.:	zum Beispiel
zit.:	zitiert

Theologia mundi ex urbe
Römische Studien/Roman Studies
hrsg. von Prof. P. Dr. Markus Graulich (Päpstliche Universität Salesiana, Rom) und
Prof. Dr. Markus Tymister (Pontificio Ateneo S. Anselmo, Pontificio Istituto Liturgico, Rom)

Łukasz Celiński
I riti che seguono l'anafora nella messa in Occidente
Studio di liturgia comparata
Il volume è uno studio storico dello sviluppo della sequenza dei riti, posizionati nella messa fra la fine della preghiera eucaristica e la comunione, nelle maggiori tradizioni liturgiche occidentali (romana, ambrosiana, ispano-mozarabica e gallicana). La novità consiste nell'applicazione del metodo della liturgia comparata, ideato da Anton Baumstark e utilizzato largamente da Robert Taft nello studio delle strutture rituali. La ricerca comparata, condotta con nuovi criteri, permette di riconsiderare, fra le altre cose, soprattutto il rapporto che intercorre fra l'anafora e la *fractio panis*.
Bd. 4, 2020, ca. 384 S., ca. 39,90 €, br., ISBN 978-3-643-91325-8

Reinhard Demetz
„Sufficiens beatitudo et beata sufficientia" bei Anselm von Canterbury
Teleologie und Eschatologie als Schlüssel zu seinem Denken
Was Anselm zu einem leuchtenden Vorbild für die Theologie heute werden lässt, ist nicht seine Gelehrsamkeit, sondern das Wagnis, auf die Anfragen seiner Zeit durch mutige und eigenständige Synthesen des christlichen Denkens zu antworten. Die hier vorliegende Interpretation gestaltet sich als Versuch, die zuletzt etwas eingefahren wirkende Zugangsweise zum Werk Anselms auf einen neuen Boden zu stellen. Die Komplementarität von Teleologie und Eschatologie, bzw. die Begründung der ersteren in der letzteren bietet dafür den begrifflichen Rahmen, von welchem her sich neue Einblicke in das Denken des Doctor magnificus ergeben.
Bd. 3, 2019, 408 S., 49,90 €, br., ISBN 978-3-643-91161-2

Florian Kolfhaus
Pastorale Lehrverkündigung – Grundmotiv des Zweiten Vatikanischen Konzils
Untersuchungen zu „Unitatis Redintegratio", „Dignitatis Humanae" und „Nostra Aetate"
Das Zweite Vatikanische Konzil wollte pastorale Dokumente und keine dogmatischen Definitionen verfassen. Das ist die Neuheit in der Kirchengeschichte, die die Frage aufwirft, ob und wie die Väter des Zweiten Vatikanums gelehrt haben. Die Einteilung seiner Texte in verschiedene Gattungen – Konstitutionen, Dekrete und Erklärungen – verschärft das Problem, denn die lehramtlichen Unterschiede dieser Dokumente bleiben in der Konzilsrezeption oft unbeachtet. Was also war die wirkliche Intention des Konzils?
Vorliegende Arbeit sucht anhand des Studiums der Konzilsakten zu den zentralen Dokumenten über den Ökumenismus, die Religionsfreiheit und das Verhältnis der Kirche zu den nicht-christlichen Religionen dazu eine Antwort zu finden.
Bd. 2, 2010, 256 S., 59,90 €, gb., ISBN 978-3-643-10628-5

LIT Verlag Berlin – Münster – Wien – Zürich – London
Auslieferung Deutschland / Österreich / Schweiz: siehe Impressumsseite

Theologie des geistlichen Lebens
hrsg. von Prof. Dr. Wolfgang Vogl (Universität Augsburg)

Wolfgang Vogl
Kontemplatives und aktives Leben in der griechisch-römischen Antike
Bd. 5, 2020, ca. 448 S., ca. 49,90 €, br., ISBN 978-3-643-14700-4

Andreas Ring
John Henry Newmans Idee der einen Kirche
Eine Untersuchung seiner Via Media und seines ekklesiologischen Denkweges
„Es war der Versuch, ein theologisches System nach anglikanischem Konzept aufzustellen, gestützt auf anglikanische Autoritäten", stellt John Henry Newman (1801 – 1890) rückblickend fest. Die Idee einer Via Media, d. h. eines Mittelweges der westlichen Kirche zwischen einem Protestantismus und einem römischen Katholizismus, prägte sein ekklesiologisches Denken als Anglikaner. Die Kirche von England verstand er als die wahre katholische Kirche in England. Doch wie ist hier das Verhältnis von Heiliger Schrift zur Tradition der Kirche zu bestimmen? Wie kann das Erbe der frühen Kirche in einer lebendigen Kirche bewahrt werden, die sich diesem Erbe verpflichtet fühlt?
Bd. 4, 2020, ca. 424 S., ca. 49,90 €, br., ISBN 978-3-643-14636-6

Uwe Träger
Wellness als Chance für die kirchliche Praxis
Lebensphilosophische, biblische, praktisch-theologische und sozial-ethische Grundierungen
Wellness kann gut mit dem christlichen Glauben verbunden werden. Denn für beide ist das Wohlbefinden und Wohlgefallen der Menschen sehr wichtig (Lk 2,14). Gott hat seine Schöpfung den Menschen auch zum dankbaren Genießen anvertraut. Von Wellness werden sieben Handlungsfelder für die kirchliche Praxis abgeleitet: spirituelle Wanderung, Stilleübung im Religionsunterricht, Meditation im Thermal-Römerbad, Gottesdienst Auszeit, Anregungen für schöne Gottesdienste und Kirchenräume, Dialogreihe Impuls am Berg und das näfäsch-Hotel als Raum für Balance und Lebensfreude.
Bd. 3, 2018, 390 S., 39,90 €, br., ISBN 978-3-643-50856-0

Stefan Würges
Die allgemeine Berufung zur Heiligkeit im Zweiten Vatikanischen Konzil
Werdegang und Systematik
Die allgemeine Berufung zur Heiligkeit gehört zweifelsohne zu den „vergessenen Themen" des Zweiten Vatikanischen Konzils. Die schwache Rezeption dieser Lehre steht allerdings im Gegensatz zu ihrer Bedeutung, denn schließlich handelt es sich dabei um den „Angelpunkt" der Dogmatischen Konstitution über die Kirche *Lumen gentium* (Kardinal Kurt Koch). Um die ganze Tragweite dieser in pastoraler Diktion dargelegten Lehre zu begreifen, muss sie in der kontextuellen Hermeneutik des gesamten Konzilskorpus gelesen werden. Erst in dieser Sichtweise erschließt sich die elementare Bedeutung, die der allgemeinen Berufung zur Heiligkeit für alle Stände der Kirche zukommt.
Bd. 2, 2018, 436 S., 39,90 €, br., ISBN 978-3-643-13950-4

Wolfgang Vogl; Sebastian Walser (Hg.)
Geistliche Frauen des 20. Jahrhunderts
Neu- und Wiederentdeckungen
Das 20. Jahrhundert wurde auch von Frauen geprägt, die sich in ihrem Denken und Tun wesentlich von ihrer christlichen Spiritualität leiten ließen. In neunzehn Beiträgen legen Autorinnen und Autoren die Biographien verschiedener geistlicher Frauen vor. Einige Frauen sind eher unbekannt und verdienen es, neu ins Bewusstsein geholt zu werden. Daneben gibt es auch Wiederentdeckungen bekannter Frauenpersönlichkeiten, die unter dem Aspekt ihrer christlichen Spiritualität erneut vor Augen gestellt werden. Die Reihe der geistlichen Frauen setzt mit der 1875 geborenen Fürstin Fanny Starhemberg ein und schließt mit der 1971 geborenen sel. Chiara Badano. Wie die gesammelten Biographien der Frauen eindrucksvoll zeigen, war die innere Triebfeder ihres Lebens und Wirkens immer ihre persönliche Gottesbeziehung gewesen.
Bd. 1, 2020, 432 S., 34,90 €, br., ISBN 978-3-643-13949-8

LIT Verlag Berlin – Münster – Wien – Zürich – London
Auslieferung Deutschland / Österreich / Schweiz: siehe Impressumsseite

Einführungen: Theologie

Werner Thiede
Lust auf Gott
Einführung in die christliche Mystik
In einer immer mehr verunsicherten Welt greift die Sehnsucht nach mystischer Erfahrung um sich. Wer sich allerdings als Christenmensch nicht blind auf dieses Terrain einlassen, sondern die Geister unterscheiden möchte, der sollte sich genauer informieren. Die vorliegende Einführung aus der Feder des Systematikers und Weltanschauungsexperten Werner Thiede orientiert in zwei Hauptteilen: Ein Theorieteil beleuchtet theologisch verschiedene Aspekte und Dimensionen christlicher Mystik, und ein breiter Anschauungsteil liefert differenzierend über 30 Beispiele aus 2000 Jahren Christentumsgeschichte.
Bd. 11, 2019, 234 S., 19,90 €, br., ISBN 978-3-643-14263-4

Adrian Marinescu
Die Aktualität der Kirchenväter
Eine orthodoxe Betrachtung
Die Orthodoxie versteht sich als *Kirche der Väter*, als (meta)zeitliche und (meta)räumliche Realität. Die Kirche ist *patristisch*, weil sie vom Wirken des Heiligen Geistes bestimmt ist. Die Theologie muss ihre Kriterien zu jeder Zeit und in der ihr gebotenen Aktualität bewahren, gerade weil jede *Dekontextualisierung* einer entsprechenden *Rekontextualisierung* bedarf. Die *Implizität* und die *Explizität* der kirchenväterlichen Makro-Determinanten (*Autor, Werk, Destinatar*) zeigen deutlich die Gültigkeit der Aktualität der Kirchenväter, indem sie zugleich *Geschichte, Liturgie* und *Theologie* der Kirche einbeziehen.
Bd. 9, 2020, ca. 528 S., ca. 29,90 €, br., ISBN 978-3-643-12410-4

Kaarlo Arffman
Was war das Luthertum?
Einleitung in eine verschwundene Auslegung des Christentums
Bd. 8, 2016, 274 S., 39,90 €, br., ISBN 978-3-643-90669-4

Manfred Niehoff
Lerne Latein mit der Bibel!
Einführung ins "Bibellatein"bzw. Kirchenlatein. 25 Lektionen mit integrierter Grammatik, Tests und Lernwortschatz. Mit einem Anhang: Übersetzungen und Lösungen
Diese neuartige Einführung in die lateinische Sprache vermittelt anhand von Originaltexten der lateinischen Bibel (Vulgata) – vorzugsweise aus dem NT – die für das Theologiestudium notwendigen Grundkenntnisse in Grammatik, Vokabular und Übersetzungstechnik. Der auf nur EIN Semester angelegte Lehrgang wird seit einigen Jahren an der Kath.-Theol. Fakultät der Uni Münster erfolgreich erprobt; er konzentriert sich auf das für die Bibellektüre Wesentliche und Typische nach der Devise „Plurima lectio" (möglichst viel lesen!). Die in die Lektionen eingearbeitete Grammatik wird durch Übungen und Tests ergänzt.
Bd. 7, 2.Aufl. 2020, 298 S., 29,90 €, br., ISBN 978-3-643-14591-8

Frans Wijsen
Christianity and Other Cultures
Introduction to Mission Studies
Bd. 6, 2015, 266 S., 29,90 €, br., ISBN 978-3-643-90579-6

LIT Verlag Berlin – Münster – Wien – Zürich – London
Auslieferung Deutschland / Österreich / Schweiz: siehe Impressumsseite

Religion – Geschichte – Gesellschaft
Fundamentaltheologische Studien
hrsg. von Johann Baptist Metz (†) (Münster / Wien), Johann Reikerstorfer (Wien)
und Jürgen Werbick (Münster)

Hans-Gerd Janßen; Julia D. E. Prinz; Michael J. Rainer (Hg..)
Theologie in gefährdeter Zeit
Stichworte von nahen und fernen Weggefährten für Johann Baptist Metz zum
90. Geburtstag
Johann Baptist Metz (* 5. August 1928) hat seine Theologie im intensiven Austausch mit Philosophie, Geschichte, Rechts-, Politik- und Sozialtheorie, Jüdischem Denken und Welt-Literatur & Kunst
gewonnen und entfaltet – und so nicht nur in der theologischen Diskussion prägende Spuren hinterlassen. Seine Gottesrede lässt sich nicht aus den Katastrophen in Geschichte und Gesellschaft herauslösen, sondern bleibt im Kern herausgefordert angesichts der weltweit steigenden Gefährdungen:
interkulturell, sozial, politisch, ökonomisch, ökologisch … !
Dieser Band führt 150 pointierte Stellungnahmen zusammen, die Zeit-Zeichen setzen: die Beiträ-
ger_innen loten aus, in wieweit sie der Neuen Politischen Theologie und J.B. Metz als Person prägende Inspirationen und bleibende Impulse für ihre eigene Sicht auf Philosophie, Theologie, Geschichte,
Gesellschaft, Recht, Politik, Bildung und Kunst verdanken: eine ungewöhnliche Festschrift voller
Überraschungen und weiterführender Anstöße.
Bd. 50, 2. Aufl. 2019, 600 S., 39,90 €, br., ISBN 978-3-643-14106-4

LIT Verlag Berlin – Münster – Wien – Zürich – London
Auslieferung Deutschland / Österreich / Schweiz: siehe Impressumsseite